Roger Mason
R・メイソン【著】

顕示的消費の経済学

鈴木信雄・高　哲男・橋本　努【訳】

The Economics of Conspicuous Consumption

名古屋大学出版会

顕示的消費の経済学

目次

序

身分やステータスに対する配慮が、今日では様々な購買行為に影響を与えている。近代においては、パーソナル・アイデンティティや生活スタイルが、消費行為を通じて追求されていることは広く知られており、しかもこうしたことは、多くの商品やサーヴィスを、しばしば使用上の価値としてだけではなく、ステータス・シンボルのような社会的価値として積極的に宣伝・販売した製造業者・小売業者・広告代理店などによって促進されてきた。また実際、今日では地位志向的消費行為が新しい消費社会における決定的な要素になってきている。

顕示的消費は、今日の流行現象であるとはいえ、それは最近始まった現象ではない。金持ちや有力者たちの地位表示的消費への執着は、最も初期の社会においても見出されるところであるし、また有力なエリートたちの乱費や浪費も史料によってよく証明されているところである。これら支配者たちは、彼ら以外の人々がステータスを誇示するために顕示的消費を行うことを許容することの社会的・政治的な結果を恐れ、誇示的な見せびらかし行為をするのにふさわしいとは思われない階層の人々のあいだでの、こうした行為へのいかなる傾向も禁止しようと努めた。ローマ帝国の時代には、政府が誇示的な消費の水準に神経質になり、誇示的消費を禁止するための奢侈禁止法が公布された。同様な法律が、ヨーロッパの中世から近代初期にかけて、また中国や日本の後期封建的経済社会においても公布された。

ヨーロッパの奢侈禁止法の制定は一九世紀においてピークを迎えるが、社会的・経済的・政治的現実が変化したために、その後急速に下火となる。また実際、こうした法律の制定が成功した例《ため》しはなかった。というのも、こうした法律を施行することはかなり難しいことであり、またステータスに動機づけられた消費を禁止することなど実際にはほとんど不可能なことであったからである。とはいえ、数百年にわたる奢侈禁止法の制定記録は、顕示的消費の存在とそれがもつ重要性が広く認識されていたという事実を証拠立てているとともに、誇示的な行為に耽る排他的な権利を享受していた政治的・経済的権力者たちが、その権利を確保しつづけようとしていたという事実を証拠立てている。

一七〇〇年までに、法律によって顕示的消費を抑制しようとするヨーロッパの試みは大方放棄されるようになった。というのも、その頃までには、すでに新興の富裕な商人階級が富と特権の分け前をより多く要求するようになるとともに、彼らは自らの経済力をそのことのために用いようとしたからである。また同時に政治経済学者たちも、奢侈的消費や浪費を禁止することの効果を疑問視しはじめるとともに、むしろ、必要とされるものなら何でも供給する営利的な製造業の活動が、国家の経済的・商業的な力を強化することになると主張するようになった。こうして最初の消費社会が出現しはじめた頃には、顕示的消費は次第に黙認されるようになり、その後すべての社会的・経済的階層でこうした消費は商業的な利益のゆえに鼓舞されるようになった。その意味で、あらゆる人に関わりがある今日の地位表示的消費というものは、その起源を一七世紀後半から一八世紀前半にかけて有していると言える。

顕示的消費行為を、金持ちや特権階級の放埒として、あるいは不愉快であるが理解できる社会的・経済的・政治的力の誇示としてみなす、非常に狭隘な見解しか伝統的にもち合わせていない経済学者たちの側からも、増大する顕示的消費行為の重要性のゆえに、こうした現象に対して新たに必要な関心が向けられるべきであると主張されるようになった。社会における「然るべきではない人」による誇示的消費へのいかなる傾向も、道徳的・宗教的見地から、しばしば攻撃に晒されたが、わずかな例外を除けば、誇示的消費の性質が詳細に研究された例しはなかった。誇示的消費に対するこのような無視は、あらゆる社会的・経済的集団において、顕示的でステータスに動機づけられた支出が指数関数的に増加してくる時期まで、殊にヨーロッパやアメリカ合衆国においては消費財に対する大衆的な市場が急激に成立してくる一八五〇年以降の時期まで、つづいた。

顕示的消費の性質やその影響を探究することへの経済学者たちの抵抗といったものは理解できないことではない。というのも第一に、ありとあらゆるマクロ経済学的言説において、長年にわたってこうした現象はまったく取るに足らないものであるとみなされてきたために、現代の経済学の文献が示しているごとく、これらの現象は真面目な議論や分析に値するものとは考えられてこなかったからである。多くの場合、こうした見解には、一方で顕示的消費者というものは少数の裕福でしばしば放埒な人々によって代表されるという理解が、他方で広範な共同社会における廉直な人々によって地位のために消費するということは必要な活動としてみなされてはこなかった、あるいは許容されてこなかったという理解が、含意されている。だが、経済学の外部にいる人々は、名声を維持し高めるために消費を利用するのは、少数の特権的集団だけの関心事であるどころか、あらゆる社会的・経済的階層における人々の主要な関心事であると主張した。異端的なわずかの経済学者たちが、こうした見解を共有したとはいえ、彼らは、同時代の経済学者たちによって、しばしば「社会学者」という軽蔑的な汚名を着せられ、彼らの議論は無視されるか論争の周辺に追いやられていた。

経済学者たちが顕示的消費に不快感を示す二番目の理由は、顕示的消費が、価値や効用といった古典派的あるいは新古典派的な概念によって示されるものに動機づけられた財やサーヴィスに対する需要ではなく、ステータスや威信に対する社会的な顧慮によって動機づけられた財やサーヴィスに対する需要を生み出すということにあった。多くの経済学者たちにとってみれば、消費選択を支えている社会的動機は、昔も今も、他の行動科学の研究者たちにふさわしい考察課題であった。だから彼らは、こうした社会的動機は経済学的論争に影響を与えることはできるかもしれないが、経済学者が焦点を当てなければならないものは、選択された結果を決定している何らかの社会的プロセスではなく、選択された結果そのものであると主張した。社会全体の理論的認識は他の人たちに任せておくのが一番であるという経済学者たちの言い分にも一理あるのであるが、しかしそのことは、経済学者以外の人たちによって後に確認された社会的動機の顕示的消費への影響を無視したり過小評価したりすることを正当化するものではない。だが実際には、消費に関する社会学的議論や消費の社会学が、消費者選好の形成に関する「経済学的論争に影響を与えて」きたことなどほとんどなかったし、また経済理論の内部における、消費者需要の社会的次元と経済的次元の統合という点に関しても、重要な貢献を果たすことはなかった。

そして最後に、経済学者たちの内部における顕示的消費に対するこうした無視は、この学問が厳密な学であるという認知を、すなわち正確な経済システムや経済モデル、さらには正確な経済測定を提供しうる厳密な学であるという認知を執拗に求めようとしたことの結果でもあった。経済学的に見れば、その本性からして、顕示的消費というものは、「非合理」な社会的固定観念として現象せざるをえない、ステータスを鼓舞する消費という様相を帯びるため、それは容易な数量化や数学的定式化に適《かな》うものではなかった。経済学者たちは、顕示的消費のような行為が存在していることを否定しないが、消費者需要の性質を説明したり、それをモデル化したりするとき、ほとんどの場合、そのことは（しばしば脚注で）わずかに触れられるかまったく無視された。つまり、社会的に動機づけられた消費と計量経済学的分析とは、その本質的性質からして、いまだ互いに折り合いのつかないままでいるのである。

もし顕示的な経済的見せびらかし行為の影響が完全に無視されうるようなものであるとするならば、こうした社会的に動機づけられた消費という論点を提出することに対する経済学者たちの抵抗を問題にする必要もあまりなかったであろう。しかし地位に導かれた消費の影響とこうした消費の実際の広がりが無視されうるようなものでなかったため、経済学者たちの顕示的消費への無視により、多くの経済学的想定や経済学的分析は深刻な疑念に晒されることになった。たとえば、理論的なレベルでは、新古典派の需要理論やそれから派生する多くの経済学的推論の根本的教義は、個人の選好形成は他人の意見や選好とは無関係であるとされ、この想定の下に、顕示的消費は、個人の消費選択に幾分影響を与えたり、また人々のあいだでの需要上の変化を多少引き起こしたりしている、「嗜好と選好」という移ろい易いガラクタ箱の中に正に包摂されうるとされていたと同時に、総需要も独立した個人の需要スケジュールを合計することによって基数的に計測されうるとされていた。だが実際には、顕示的消費は容易にそのようなガラクタ箱の中に収容されうるものではなかった。というのも、地位志向的な消費者の購買行為とか消費行為を決定する上で大きな役割を果たしているものこそ、まさに他人の嗜好と選好であったからである。こうした相互依存的選好ということを前提にすれば、消費者のステータスや名声への考慮が重要性をもっている市場においては、「加算的」ないかなる需要概念もまったく妥当性を持たない。総需要はたんなる合計によって計算されえないし、その構成部分に分解され尽くされることもない。新古典派の経済学者たちは、消費理論におけるこれらの欠陥に実際はよく気づいていたのであるが、これらの欠陥を無視し、効用の基数的測定を可能にするために、加算的効用関数を維持することを選んだ。

後に、新古典派的教義が挑戦を受けたとき、そしてまた新古典派的分析が基数的測定から序数的測定へと移行したとき、加算に関する偏った思い入れは終焉した。しかしながら、一九三〇年から一九六〇年のあいだに発展を遂げた新しい消費理論は、高度に数学的になり、限界効用理論の内部にわずかながら残存していた「心理学」的なものが、もはや完全に取り除かれたということを誇るようになった。顕示的消費論は、消費者自身がますますイメージやステータスや名声などに固執するようになった時代においても、それが対人効果や相互依存的選好形成を重視するゆえをもって依然として無視されつづけたのである。最近になって、社会に起源をもつ消費に対してかなり大きな関心が向けられるようになってきたとはいえ、経済学の主流においては、この顕示的消費というテーマは依然として認知されることもなく、また真面目に扱われることもなく等閑《なおざり》にされている。多くの経済理論は、依然として、需要に対する対人効果を認めようとしたり、説明しようとしたりすることに対して「妨害」をしつづけているのである。

社会的ステータスや社会的名声に対する考慮によって動機づけられている消費の性質とその拡がりに関する分析の積年にわたる怠りが、理論としての理論は別としても、多くの市場分析や需要予想を説得力のないものにしてきた。地位表示財というものは、量が比較的少なく、つねに高価で、金持ちによってのみ購入され、ただただ社会的名声のゆえに欲せられるものであると主張することは、依然として、確かに容易な（また、しばしば信じられないほど便利な）ことである。だが、今日では、あらゆる種類の消費財は、それらの実際上の有用性によってだけではなく、「目立つ消費」がその購入者に結果的に与える実際上の、あるいは想像上の社会的ステータスによっても、購入されているというのが実状なのである。このことは、流行の衣裳や家具調度品や自動車にとって当てはまると同様に、食べ物や飲み物や洗濯機にも当てはまる。需要の構成要素であるステータスのもつ意義は、様々な生産物の種類の内部において、また様々な生産物において確実に変化しうるし、また変化しているのに、ほとんどこのことは重要視されることなく無視されてきた。だが、このことは大変に重要なことであったため、需要分析からのこうした要素の排除は、しばしば市場行動の継起解析を無意味なものに、あるいは少なくとも不正確なものにした。

消費者の象徴やステータスや名声に対する執着を理論的に扱うことへのこうした抵抗は、マクロ経済学的な分析や予想を説得力のないものにしたばかりか、より商業的レベルで言えば、理論的詮索には何の関心ももたないと公言する一方で、地位志向的な消費者行動のもつ商売性をつねに理解し、その潜在的利益を引き出そうとし、あらゆる形態での顕示的消費の奨励と制度化の役割を少なからず担ってきた経営者団体と、経済学者たちとのあいだの緊張を高めた。企業の指導者たちは、一九二〇年代から一九三〇年代にかけて、ステータスと結びついた消費財やサーヴィスの広告や販売方法を改善するために、心理学者やその他の人々と密接に共働してきた。彼らは、社会的に動機づけられた消費者需要をよりよく理解するために、経済学以外の諸々の学問は充分に貢献してきているのに、経済学者たちはそうした作業と距離をとっているように見えるし、そうした作業に参加する意志はほとんどないように見えると不平を述べた。確かに、商業的な「需要管理」という論点は、伝統的な経済学者の関心事ではなかったし、こうした方面を研究しようとする意欲は、経済学者にはなかった。またとりわけ、見かけ上「非合理である」消費者のステータスや名声への執着を誘発するとみなされているものに対する研究をしようとする意欲も、彼らにはほとんど存在していなかった。経済学者たちと実業家たちとのあいだのこうした緊張は今日まで続いており、このことが顕示的消費論を詳細に展開することへの多くの大学教員の執拗な抵抗を説明しているかもしれない。

最後に、外的な社会的事情が消費者需要に重要な影響を与えうるし、与えているということに対する認識の欠如は、経済政策や政策立案のレベルで様々な影響を与えてきた。というのも、需要のパターンや購買行為の決定に影響を与えている、起源は主として社会にある消費者の動機に対する、こうした然るべき考察の欠如は、マクロ経済学的な需要管理を、とりわけ価格政策、課税政策、関税政策などをますます不確かなものにし、極端な場合は、社会に大きな影響を与えることになる意図せざる需給の歪みを生み出してしまうからである。しかしながら、ほとんどの場合、マクロ経済学的な政策立案に際し、ステータスに動機づけられた消費に対して真面目な注意が払われることはなかった。こうした無視の考えられる理由は、おそらく、困難な対象に対する理論的道具立ての欠如と、多くの伝統的経済学分析における圧倒的な数学優位の姿勢とにあるであろう。

人々が感じている相対的欠乏感の問題が相当深く議論されている厚生経済学を例外とすれば、ある意味で、消費理論における対人比較 (interpersonal comparisons) や相互依存的選好 (interdependent preferences) の無視は理解に苦しむことである。というのも、経済学者たちは、つねに、社会的名声や社会的威信に対する考慮というものが、特定の市場条件下における消費パターンの決定のある部分を担っていることを理解していたし、承認していたからである。しかしながら、大体はつねに、彼らは、「消費の社会学」として述べられてきた（あるいは、無視されてきた）ものを、正統的経済理論内部に統合しようとすることに抵抗してきた。長年にわたるどちらかと言えば異端的な経済学者たちによる、消費理論の間口を広げようとする絶え間ない努力は、まったく成功することはなかった。だが、今日では、消費行為とイメージ・自己同一性・社会的願望などとのあいだに成立している密接な結びつきに対する関心が、こうしたテーマに対する大きな関心を喚起しはじめるとともに、経済学内部でも消費理論の再考を促そうとするいくつかの徴候がある。

以下では、顕示的消費論の発展を、少数の特権的な人々の放埒というその起源から、大衆消費社会における消費者需要の主要な決定因としての今日の在り方まで考察する。さらにまた、経済学者たちにとって、どうでもよいこととして無視することが次第にできなくなってきているだけではなく、また気になって仕方がないものにもなってきている消費者行動という形態に、概念を与えようとした彼らの試みを系統的に描くこととする。結局、この作業は、葬り去られることを拒絶してきた「問題」を適切に扱おうとする上で、経済学につき纏《まと》ってきた抗争や緊張に光を当てることになるであろう。

第1章　新しき消費社会

一七世紀における経済学の著者たちは、倹約と繁栄とのあいだの密接な関係を洞察していた。一五〇〇年以来の支配的な経済思想を担っていた重商主義者にとって、国内交易や外国貿易に投資されることになる高いレベルの貯蓄は、将来の国富の増進や経済的発展を保証するものであった。消費ではなく生産こそが、重商主義者たちの心底に宿るものであり、また他国を出し抜いて国富を増進させるものであるとみなされていた。また自国での消費を差し控えることによってのみ、国際競争上の優位を確保することができるとされていた。

ちょうど貯蓄と投資が経済的成功や国の繁栄にとって重要であるとみなされていたように、新興の商人階級の一部による非生産的で奢侈的な消費の傾向といったものは声高に非難されていた。だが、こうした非難は見せかけの猫かぶり的なものであった。というのも、数世紀にわたり支配者であったエリート層や特権的な社会集団が、しばしば不埒なほどこれ見よがしに経済的誇示や顕示的浪費に耽っていたのであるが、ほとんどの場合、そうした行為は暗黙裡にあるいは公然と容認されていたことを、重商主義者たちはよく知っていたからである。近代初期におけるヨーロッパの貴族たちの顕示的消費は、帰属している身分と自らの経済力とのあいだの密接な結びつきを示すために必要な手段の一部として理解され許容されてきた。とはいえ、こうした寛容はごく一部の者に認められていただけであり、商人や貿易業者たちなどの奢侈的消費は、国益に反する不必要かつ有害な放埒として、つねに非難されつづけてきた。重商主義者たちは、個人の放埒は将来の経済的成功と調和しないと主張することによって、こうしたエリート層の感情に唱和したのである。

重商主義者たちは、奢侈的支出という悪は実際には決して経済的成功にとって効果的なものではなく、また顕示的消費の水準もすぐに著しく上昇しはじめると警告した。一五四〇年までに、イギリスのロンドンの中央通りは、貨幣が自由に流通し、（ほとんどが輸入されたものであった）奢侈品に対する需要を刺激する「一六世紀のカーナビー通りにすでになっていた」(Thirsk, 1978)。そして、ある流行が、ロンドンに到着すると、すぐにロンドン子たちによって取り上げられ、それは経済の隅々まで競争的な消費者需要を喚起しながら、ただちに各地に拡がっていった。勢いを強めつつあったこのような顕示的消費への性向は、重商主義者たちによって非難されたのであるが、彼らは、顕示的消費という軽薄な消費は、貨幣を投資や生産から流失させ、その結果、国内的に見ても、国際的に見ても、究極的には国家の状態を弱体化させてしまうと主張した。さらに、彼ら重商主義者たちは、高水準の個人消費と持続的な経済成長とは両立しないことを強調するとともに、企業の義務とは顕示的消費から利益を得ることを自己抑制することによって、国家に対する責任を果たすことにあると主張した。人々もまた、重商主義者によって、過度の奢侈を気恥ずかしく思い、控えるように期待された。しかしながら、そうした勧告はほとんど無視され、流行品や奢侈品の市場は繁栄しつづけた。

市場の現状と重商主義者たちの考えとのあいだの対立は、一六世紀から一七世紀にかけてつづいた。しかしながら、一六九〇年頃には、重商主義者たちの質素・倹約の奨励が、他の政治経済学者たちによって疑問視されはじめることとなった。すなわち、倹約と繁栄とのあいだにはいかなる関連も存在しないことが、奢侈を抑圧していた田舎での経験によっていまや明らかになり、「張り合い、妬み、競争、虚栄、流行などの経済的効果」が次第に公言されるようになってきたのである (Mckendrick, Brewer and Plumb, 1982)。ダッドリー・ノース卿は、一六九一年に、次のように述べている。

奢侈禁止法を有する国々は一般に貧しい。というのも、こういう法律によって、人々がそうでない場合よりも支出を一層制限されるならば、彼らの望んでいる支出の全部を投じて、彼らの生活手段を得るために働かせたであろうところの、勤勉と器用の実践を、彼らは同時に阻止されるからである。(North, 1691: pp. 14-15)

ノースが主張しているように、過度の貯蓄の奨励は、貨幣を流通から引き上げ、失業を喚起してしまう効果があった。それゆえ、国家は、金持ちのあいだでの奢侈的消費を抑制するどころか、貨幣流通を増加させ、社会全体の一般的繁栄を増進するために、そうした消費を容認し、奨励さえすべきであった。

経済活動における倹約の必要性への疑念が、他の人たちによっても提起されたが(Barbon, 1690; Locke, 1692)、批判は部分的で散発的であるに止まった。しかしながら、世紀の交わり目に、奢侈と奢侈的消費に関する論理的で非常に論争的な擁護論がロンドンにおいて出版され、広範な経済論争を引き起こすこととなった。

ベルナルド・マンデヴィル(Bernald Mandeville)(旧名ベルナルド・ド・マンデヴィル Bernald de Mandeville)は、一六九〇年代にロンドンに移住したオランダからの移民者であった。彼は、イングランドに移る前にライデン大学で医学を学んだが、その地で、一七〇五年に、『ブンブンうなる蜂の巣』という詩を出版した。この詩は、一七一四年に、『徳の起源に関する考察』という散文の評注と、詩に関する約二〇編の「注釈」と一緒に、『蜂の寓話――私悪すなわち公益』という書物の中に採録された。

この書物は直ちに人々の注目を惹くこととなった。この書物は、分業の理論を提出し、自由放任の経済体制について論ずるとともに(この議論は、後にアダム・スミスに重大な影響を与えることになる)、奢侈的消費に対する熱烈な擁護論を展開したものであった。マンデヴィルには、ロンドンではなく、質素な消費を支持する重商主義者の議論が下火になりつつあった、彼の故郷のオランダで得られた己れの個人的な観察を、議論をする上での参考にできたために、彼の奢侈の擁護は、用意周到になるとともに、極めて説得力をもつものとなった。その理由を理解するために、当時のオランダ共和国の発展の様子を、多少詳しく見ておく必要がある。

一七世紀におけるオランダの経済的成功は、黄金の時代として言及されてきたものを生み出した。当初、繁栄は生産の効率性に負っていたのであるが、後に商業と交易に負うことになった。オランダは二世代の内に世界帝国となり、その勢力は地球をまたがって拡張していった。そして、「比類なき勢力と驚くべき富は、ついには、エムス川からスケルト川のあいだの狭苦しい空間を覆い尽くしてしまった」(Schama, 1987)。

重商主義者たちの教義は、オランダの成功を勤勉と保守的な経済活動の所為《せい》にした。カルヴァン派の宗教的教義は、簡素な習慣こそが繁栄を支えているのだという考えを強化するとともに、教会の指導者たちは、あらゆる種類の顕示的消費を拒んだことの報酬を、オランダは手に入れているのだと好んで主張した。しかしながら、実際は、教会の教えに従おうなどと露ほども思っていなかった商人階級は、大変な浪費家であったのであり、彼らはヨーロッパのどこにも見出すことができないほどの、奢侈的消費と誇示的な見せびらかし行為に耽っていたのである。しかもこうした奢侈的な財やサーヴィスを消費しようとする傾向は、商業と交易の繁栄と共存していた。

『蜂の寓話』の中でマンデヴィルは、禁欲こそが経済的成功のための前提であり、そのことの非常に有効な例証としてオランダでの経験を挙げることができるという主張が一つの神話にすぎないということを暴いてみせた。とりわけ、顕示的消費は、(よく知られた現象であることに違いないが)伝統的な社会における支配的エリートに限定されるものではなく、「近代」の成功した商人階級が、社会的信認や社会的ステータスを求めて競争しているような、より平等な社会においても観察されうる、と彼は主張した。

その他の国々においては、君主の所有物である実に広大で堂々とした宮廷や宮殿に遭遇するかもしれないが、ここの場合のように平等が守られている共和国においては、誰もそうしたことを期待することはできない。しかし、ヨーロッパ中のどこへ行っても、アムステルダムやその小さな州に属するいくつかのそれ以外の大都市に見られる、商人や紳士たちの夥しい数の館ほどに壮大で豪華な私邸は存在しないであろう。また、そこに館を建てているほとんどの人たちは、この世のいかなる人々よりも大きな割合の財産を自分たちの住む館に投じているのである。(Mandeville, 1714, I : pp. 188-189)

黄金時代という時代の最盛期に利益を得ていたオランダの商人たちの耽っていた奢侈的消費の水準が、このようなものであったであろうことは疑いえない。ある商人たちは、早くも一六三〇年には、大都市を離れることを決意し、田舎に瀟洒な邸宅を建てた。他の商人たちは、「激しくも優雅な競争によって」出現した、こうした町の近くに洒落た別荘や館を建てた。また、消費が最も過熱状態になっていたアムステルダムでは、運河沿いに豪奢な邸宅が出現し、最高の豪華さを競って、調度品が整えられ、飾りつけられていた。

つまり、財産は物質的豊かさを誇示するために使われ、すばらしく際立った高価な私宅を建て、調度品を整え、お金を使って、人々は物質的豊かさを互いに競い合ったのである。こうした支出は、実用的な目的のためにのみなされたわけではなく、疑いもなく誇示的な見せびらかし行為のためにもなされたのである。こうした支出の成功や不成功は、ある部分、他人に対する衝撃によって、つまり富や嗜好を見せびらかすことによって他人があっと言わされる程度によって測られた。それゆえ、消費というものは、実用的な考慮によってだけではなく、対人効果によっても喚起されるものなのであり、支出が顕示的で浪費的になればなるほど、「外部効果」は大きくなってくる。

オランダの商人階級は大変な顕示的消費者であり、またこうした顕示的消費は競争であり、それは富をこれ見よがしに見せつけることによって、他人をあっと言わせるために意図されたものである、とマンデヴィルは主張した。「途轍もない顕示的浪費に対して、アムステルダム市は、貴族からの干渉のないことを望んだ」、とシャーマは指摘している。そして誇示的な見せびらかし行為は、仲間の商人たちをあっと言わせるためのものであったと同様に、ある意味では「新参者のお稽古として家をピカピカにする」ためのものであったことも事実である。マンデヴィルは、ヴェブレンが二〇〇年近く後に指摘したように、顕示的消費というものは、大金持ちに固有なものではなく、あらゆる社会的階層において見出されるものであると主張することによって、さらに議論を前進させたのである。社会は、人々の持ち物によって、とりわけ社会的に目立つ人々の持ち物によって彼らを判断する、とマンデヴィルは主張した。とはいえ、大金持ちにしてみれば、所有地、資産、顕示的閑暇《かんか》、顕示的浪費などによって、富をこれ見よがしに見せつけることは容易なことであったが、あまり恵まれていない人々には、他人に目だつ方法を選ぶための工夫が必要であった。それにもかかわらず、マンデヴィルには、あらゆる社会階層の顕示的消費への性向は疑いえないことであった。マンデヴィルによれば、より上流の社会的・経済的集団の消費への同一化と、それとの競争は、様々な階層を越えて観察されうるものであった。とりわけ衣裳は、誇示的な見せびらかし行為のために役立ったとされた。

薬種屋、呉服屋、服地屋、及びその他の信用ある店主たちは、彼らと貿易商とのあいだの違いを認めることができず、貿易商のような衣裳をつけ、彼らと同じような暮らしをする。そのような卑しい連中の厚かましさに耐えきれない貿易商の婦人は、そういった連中を避けるために街の反対側に逃げ、そこで得られる流行の他は追うことを潔しとしない。そうすると今度はこのような貿易商の婦人たちの高慢さに宮廷はびっくりし、上流の女性たちは貿易商の妻や娘が自分たちと同じような衣裳を纏っているのを見て仰天する。彼女たちは市井の人たちのこうした厚かましさに我慢できないと叫ぶ。こうして婦人服裁縫師が呼びにやられることになり、生意気な市井の民が流行《はや》っている流行を模倣しはじめるとすぐ、いつでも新しい流行を創始できるようにいろいろ流行を考案することが、彼女たちの最も大切な仕事となる。(Mandevill, 1714: p. 129)

このように、「彼らであるところのものとしてではなく、彼らがそのようなものと見えるところのものとして」判断されたいという人々の願望は、社会的階層を越えて伝搬されていった。また、尊敬と承認への欲求は大層強いものであったので、こうした欲求は、しばしば非常に貧しい人々をして「きちんと」装うために食事を抜くよう導いた、とマンデヴィルは書いている。このように、消費に対する外部効果は、あらゆる社会的・経済的階層にわたって、大きな影響力をもっていたのである。そしてこうした影響力は、決して衣裳の流行だけに見出されるものではなく、社会的に目立ち易い、その他の非常に多くの財やサーヴィスに対する消費者行動の中においても観察された。

マンデヴィルの考えによれば、道徳家や神学者たちによって長いあいだにわたって非難されてきた、人々による奢侈とステータスの追求は、肯定的なものとしてみなされるべきものであり、また競争も、人々を勤労に導き、生産性と富の増大の手段として利用されうるものであるとされた。また彼によれば、奢侈は人々を腐敗させ資源を無駄遣いさせるという固定観念は、経済的に見ればかなり危険なものであるとされた。否それどころか、奢侈の追求は、偉大な国家と不可分なものであるばかりか、国家を偉大なものにするために不可欠なものであるとされた。

こうしたマンデヴィルの奢侈の擁護は時機を得ていた。というのも、一七世紀後半になると交易と商業が盛んになったおかげで、富と奢侈とが一対のものであることが次第に明らかになってきていたからである。しかしながら、マンデヴィルが登場するまで、富の追求と富を発生させている虚栄や奢侈に対する非難との矛盾は埋められないままでいた。

マンデヴィルは、その頃に流行していた考えの中にあったが、彼の同時代人の注意を惹くことはなかった、人々の矛盾した意識を効果的に利用した。彼は、人々の矛盾した意識を利用することによって、またいつものやり方で理想と現実を対比させることによって、現代の読者が想像するであろうよりも大きな影響を同時代人に与えた。マンデヴィルの言う公衆にしてみれば、奢侈とは道徳的にみて邪悪なものであったのだから、国家の繁栄と奢侈とは不可分なものであることをマンデヴィルが証明したとき、彼はたんに正統的な経済理論に挑戦しただけではなく、私悪は公益という道徳的パラドックスを、もう一度、力強くうち立てようとしたのである。

(Kaye, 1924, I : p. xcviii)

マンデヴィルの奢侈擁護論は、一七世紀の奢侈的消費に意味と正当性を与えた。しかも、奢侈的消費は、あらゆる社会的・経済的階層において見出されうるものであり、有益なものとして鼓舞されうるものであるという彼の議論は、経済理論にとってより重要な意味をもった。重商主義理論を非難する初期の少数の人たちは、時折、豪勢な奢侈的消費について論じてはいたけれども、彼らはこうした消費者行動が大金持ちに特有なものであるとみなしていた。彼らは、誇示的な経済的見せびらかし行為のもつ雇用への「波及」効果によって、他の人々が利益を手に入れることができるという理由から、新興の金持ちである商人階級の奢侈的消費を問題にしたのである。たとえば、フランスでは、金持ちによるフランス絹に対する大量消費が、そうした需要が貧しい人間のための雇用を創出するという理由で奨励された。同様に、イングランドにおいても、「興行や煌びやかな見せ物や凱旋門」に対する支出は、醸造者やパン屋や洋服屋などに現金収入を与える手段であるとみなされていた (Petty, 1662)。だが、マンデヴィルは初期の重商主義批判者たちよりも一歩先をいっていた。というのも、彼は、奢侈とかステータスに関する感覚は相対的なものであることを指摘するとともに、絶対的もしくは相対的な豊かさがつねに消費の制約として作用したとしても、またカルヴァン派の宗教的教義にもかかわらず、人々は、彼らの制約の範囲内で顕示的消費ができたし、現にそのような消費をしていたことをオランダの経験が示していること、また人々は自らの制約の範囲内で顕示的な消費をすることによって、あらゆる人にとって利益となる広範囲の財やサーヴィスに対する需要を生み出していたということを、指摘しているからである。

マンデヴィルは、奢侈的消費や顕示的な経済行為は、もはやたんに金持ちだけの放埒として無視することはできず、あらゆる消費者の経済的行為を決定する上で、また国家の繁栄を導く上で、主要な要素であるとみなされねばならないと論じることによって、奢侈的消費や顕示的な経済行為を正統的経済思想の考察課題にさせようとした。だが結局、こうした試みは、何ら直接的な消費理論の再検討をもたらすこともなく、対人効果の消費に対する影響は、ほとんど無視されることとなった。事実、『蜂の寓話』は、一七二三年に、ミドルセックスの大陪審によって、「公共を紊乱《ぶんらん》するもの」として断罪されている。後（一九三六年）に、ケインズが書いているように、

　このようなつむじ曲がりの考えが、二世紀にわたって道徳家や経済学者たちの非難を招いたことは不思議ではない。彼らは、健全な救済策は個人および国家による極度の節倹と倹約以外にないという峻厳な教義をもつことを、この上もなく道徳的であると考えていた（Keynes, 1936: p. 362）

のである。つまり、マンデヴィルの作品は、まさにそれが当時の道徳的・経済的教義を攻撃しているという理由で批判され非難されたのである。だから、一八世紀初頭においては、このようなマンデヴィルの見解はとても許容されうるものではなかった。当時は、あらゆる社会階級における取得本能を奨励するような動きはいかなるものでも、全体的な階級システムに対する大変な脅威であると主張されていた。事実、競争心の公式的承認は、それがどのようなものであれ、階級的差別はたんなる購買力の差に基づいていることを示唆せずにはおかなかったであろうし、

また同様に、打算的な快楽主義に基づく消費倫理を正当化せずにはいなかったであろう（Appleby, 1978）。

既存の価値や社会構造を擁護せよという圧力は、一方で、顕示的消費や奢侈的支出の発生に関するマンデヴィルの考察には充分な根拠があることを人々に分からせたが、だが他方で、こうした顕示的消費や奢侈的支出という行為は、境遇や個人的動機とは無関係に、あらゆる社会的階層において奨励されるべき利益を押し進める源であるとする彼の主張は人々に拒否された。ヒュームは、金持ちが贅沢で誇示的な生活をすることによって貧乏人に恩恵を与えているとする点において、マンデヴィルに同意したが（Hume, 1739）、彼は、そのような金持ちの行為の動機を、所有や占有を自慢したいというところに見ていた。対人効果は認識されていたけれども、しかしマンデヴィルとは異なって、それは金持ちのあいだでは消費のための主たる動機であるというよりは、意図されていない副次的な動機である、とヒュームは考えていた。彼によれば、「無邪気な見せびらかし行為」や奢侈的消費の核心を占める所有の自慢などは道徳的に許容できることであるが、それとは対照的に、個人的な虚栄心に耽ることだけが意図された過度な見せびらかし行為は非難されるべきものであるとした。

それならば、まさに誤りや欠陥としてみなされている虚栄とはいかなる点に存するのか。それは主にわれわれの優越性、名声、才覚の表明といった放埒な見せびらかし行為の中に、また、他人にとって無礼である称讃や感嘆へのしつこくあからさまな要求の中に存しているように思われる。虚栄というものは、どのような人物にあっても大層素晴らしい資質である真の精神の品位や高潔さへの欲求の確かな徴候とは、別ものである。

(Hume, 1751: pp. 265–266)

このように、ヒュームは無垢な奢侈と不純な奢侈とを明確に区別しているのである。後者は、「まったくもって人間を支出に夢中にさせ、彼の境遇や財産に適い、本分を弁《わきま》え、節度のある行為のための能力を取り去ってしまう」ような消費として定義された。このような不純な奢侈は、ヒュームにしてみれば道徳的に悪であった。だから、そうした行為に対する道徳的論難は完全に無視されうるとするマンデヴィルの見解が、ヒュームによって名指しで攻撃されることになるのである。

ある著者が、ある頁では道徳的栄誉は政治家が公益のために創り出したものだと主張し、他の頁では悪徳が社会にとって有益であることを主張していることは、甚だしい矛盾ではないか。そしてまったくのところ、社会にとって一般に有益なものとして、悪徳というものを論ずるのは、どのような道徳体系にとっても、用語上の矛盾以外の何物でもないように思われる。(Hume, 1752: p. 31)

だがヒュームだけが、人間のもつ悪徳が社会的・経済的発展にとって有益であるとみなされることは決してできないという考えを抱いていたわけではない。一八世紀中葉を通じて、少なくともイングランドにおいては、マンデヴィルの見解は不適当で有害なものであると一般には考えられていた。しかしながら、重農主義者たちが奢侈的消費に関して遥かに実利的見解を示していたフランスではそのようなことはなかった。彼らによれば、経済成長を確かなものにするために、どのような所得であれ直ちに再循環される必要があるとされ、またこの再循環という性質は現実の成り行きから自然に帰結するものではないとされた。それゆえ、コワイエ (Coyer, 1756) は、誇示的行動を非難するどころか、高い生産水準を維持するために、高貴な人間は奢侈的支出と奢侈的消費を増加させる必要があると考えた。他方、ミラボー (Mirabeau, 1763) やビュテル・デュモン (Butel-Dumont, 1771) やコンディヤック (Condillac, 1789) やその他の人たちも、もし「生産的な」浪費というものが中断させられることがあるならば、国家は没落するであろうと予言していた。重農主義者によれば、順調な経済的活動にとって、貨幣や富の循環と消費との結びつきは最も重要なことであるとされ、消費のある形態が倫理的に許されることができるか否かに関する哲学談義は、ほとんどもしくはまったく彼らの考慮の外にあった。フランスが、奢侈品の主要な製造地であり、ルイ一四世と彼の大蔵大臣であったジャン・B・コルベールの時代以来、奢侈財に対して非常に積極的な投資をしてきたことからすれば、こうした考え方は当然のことであると言える。奢侈的支出を止めさせるなどしたら、フランス経済一般に深刻な影響を与えたに違いないし、フランスの経済学者たちも完全にこうした事実に気づいていたのである。

消費者の支出が奨励されるとともに、ケネーやテュルゴーの仕事を通じて、重農主義者たちは真の経済システムの建設者となった。また、最も密接にアダム・スミスと結びついている経済学の古典的時代の偉大な作品が生み出されたのも、この時代であった。スミス自身は、イギリスの多くの経済学者たちよりも、好感をもって消費の経済学に興味を示していたし、また彼によって、経済成長や経済的繁栄にとって消費性向が重要であることを認識させる経済成長モデルがまさに生み出されんとしていた。このモデルでは、需要弾力性の概念とその概念の生産的活動に対する関係が非常に詳細にわたって考慮されていた。消費は、「あらゆる生産の唯一の目標であり、目的なのであって、生産者の利益は、それが消費者の利益を促進するのに必要な限りにおいてのみ考慮されるべきものである」という有名な一文を書き残しているように、スミスは、消費の概念を彼自身の著作の中心に据えていたのである。だが、彼の奢侈的消費の是非に関する態度は流動的であった。

一七五九年に公刊された『道徳感情論』では、読者にもっともらしく思わせてしまうマンデヴィルの議論の巧みさが、私悪と公益との関係を誤って理解させてしまうと述べ、スミスはマンデヴィルの奢侈擁護論を攻撃している。

この著者［マンデヴィル］の見解は、ほとんどあらゆる点で間違っているとはいえ、しかしながら、人間本性におけるいくつかの現象は、一定の見方で見られた場合には、一見したところでは、マンデヴィルの見解を支持しているように見える。そしてこうした見解が、マンデヴィル博士の粗野で田舎風ではあるが、生き生きとしてユーモアある雄弁によって叙述され誇張され、彼の学説に不熟練者を大変欺きやすい正しさともっともらしさの雰囲気を与えているのである。（Smith, 1759: p. 308）

スミスは、悪徳や消費や公益に関するマンデヴィルの考えに対して反対していた。だが、虚栄心が途轍もない誇示的な見せびらかし行為を促すことによって、消費に対して重要な影響を与えることができるということを彼は理解していた。

虚栄的な人間は、身分と財産に対して払われる尊敬を見て、この尊敬を才能や徳性に対しても同様に手に入れたいと願う。それゆえ、彼の衣裳、彼の身の回りの品、彼の生活様式などすべては、実際に彼にふさわしいものよりも高い身分と大きな財産とを表示する（Smith, 1759: p. 256）

と、スミスは述べている。さらに、虚栄心は、他人からの称讃と感嘆に対する欲求という、人間につきまとって離れない欲求を生み出すとともに、この称讃を確かなものにしようとして不必要なほど人間を誇示的にしてしまう、とスミスは述べている。この意味において、彼はマンデヴィルがいう「私悪」というものが観察しうることを認めていたのであるが、同時に、彼は顕示的消費が公益のために作用することができることを示唆するような、あるいは作用していることを示唆するような、それ以上の議論の敷衍化をしてはいない。

スミスにしてみれば、彼らの目上の人と競争しようとするほどの虚栄は決して報償されるものではない。というのも、「彼らは、彼らの上長者たちの調度品や素晴らしく立派な生活様式を、それらが称讃に値するものであるかどうかについての何の考慮もなく採用し、そうした行為の報償と適切さを、そうした支出を必要とし、またそうした支出に容易に応えることができる境遇や運命とそうした行為との適合性から引き出す」からである。つまり、金持ちや高貴な人のように、真に社会的ステータスのある人は、彼らの社会的・経済的優越性の表明として、正当に顕示的な消費をすることができるけれども、虚栄心が社会的ステータスの低い人々に顕示的な消費を真似させるようにした場合には、そうした行為は支持されえないし、報償もされないとするのである。

このように、スミスは、野心や妬みだけによって動機づけられているあらゆる顕示的消費に対しては非難をしたけれども、特定の境遇の下では、他人の目というものが効用よりも大きな影響を消費や消費者行動に与えているということを認めていたし、そうした境遇は社会的敬意や社会的名声と密接に結びついているとした。また、他人の目を気にするなどということは虚栄心のなさしめるところであるとはいえ、こうしたことはあらゆる社会的・経済的階層における必要な考慮事項であるとみなされていた。一七七六年に出版された『国富論』において、「それを持たずしては、最下層の人々でさえ、信用のおける人としての作法に欠けさせてしまう」ある特定の商品の所有は、生活における奢侈品というよりは必需品としてみなされうるであろう、とスミスは述べていている。労働者たちは、「亜麻布のシャツを着ることなく、公衆の面前に現れることをきっと恥じるに違いない」し、革靴の所有は社会的ステータスの重要な表明としてみなされているとされた。

それゆえ、スミスにとって必需品とは、「自然が、最下層の人々にとって必要不可欠としたものばかりではなく、礼節という既成の通則からいってそうであるようなもの」として、まさに描かれるものであった。要するに、一方で虚栄心や社会的優越性を競おうとする欲求だけによって動機づけられた奢侈的消費を非難しながらも、仲間たちのあいだでの個人的立場を守るための購買行為の重要性と正当性を進んでスミスは承認しようとしたのである。また彼の「虚栄の人」の顕示的消費に対する反感は、裕福な人々の場合誇示的な消費は、顕示的競争の刺激剤としてより、社会の進歩のための勤労の刺激剤として必ず作用するという彼の信念に由来していた。この勤労が、時間を経て、諸個人がそれを蓄えることによって成功し、彼らが金持ち階層に加わることのできるようになる富を、それゆえにまた、彼らの新しい社会的ステータスを個人的消費を通じて正当に見せびらかすことのできるようになる富を生み出していくのであるとした。

社会進歩と物質的消費に関するスミスの見解は、当時の正統的な道徳的・宗教的感情とよく合致していたが、彼の政策的処方箋は明らかに当時の市場の現実とは調和していなかった。一八世紀の新しい消費社会における奢侈的消費と誇示的な見せびらかし行為の現況は、顕示的消費がいまやあらゆる社会階層において成立し、もはや経済的にどうでもよいこととしてみなされることはできないということを示していた。社会的階層秩序の頂点に立っていた金持ちたちは顕示的消費に耽りつづけていた。一七〇〇年から一八〇〇年にかけてイングランドの貴族たちによって享受された富は、豪華な田舎の本邸、造園された庭園、ゴシック風の別荘、イオニア様式のアーチの建設――これらすべては経済的・社会的優越性の証しであったが――に示されているように、今までのどのような階級が享受したものよりも莫大なものであった。同時にまた、産業やコミュニケーションや交通の発達は、ほとんど特権を持たない人々のための広範な経済活動の機会を開拓しつづけ、効率的に開拓された新しい市場を創造しつづけていた。財やサーヴィスの「流行」はますます巧みに操作されるようになり、生産物はいまだかつて手に入れたことのない社会的名声を人々に与えうるようになった。たとえばフランスでは、貴族たちが所有している奢侈品の安っぽい模造品に過ぎない「大衆向け」の商品や生産物に対する大きな需要が、下層階級のパリっ子のあいだで生まれた。これらの生産物は、それらのもつ効用のゆえに欲せられたのではなく、それらのもつ貴族的生活様式の象徴的価値のゆえに欲せられたのであるが、一七二五年から一七八五年のあいだにかけて、これらの大衆向け商品を所有している下層階級の家庭の割合が劇的に増加した（Fairchilds, 1993）。一八〇〇年までに、消費に与える対人効果の重要性は、ヨーロッパの首都や主要都市のあらゆる社会的・経済的階層によってはっきりと認識されるようになるとともに、ますます精巧になった生産システムやマーケティング・システムによって積極的に推奨されるようになった。

生産物を象徴として扱うことや顕示的消費に対する商業的に組織化された後援者の出現は、消費者需要に関する経済理論の展開に否応なく影響を与えざるをえなかったが、結局は、こうした新しい現実は経済的関心の対象というよりは、文化的関心の対象であるとみなされるようになり、ほとんど注目されることもなくなった。ベンサム(Bentham, 1789)は、満足というものは、ほとんどの場合、「心の内」から生じるという見解を採ったため、功利主義の快苦の原理を練り上げる上で顕示的消費を扱う余地がないことに気づいた。彼は、貨幣では計測できない一定の質的な満足が、消費者選好を形成する上である役割を担いうるし担っているということを充分認めていた。だが、消費者にとっては必需品も不必要な奢侈品もともに現実的価値をもつものであると主張し、両者を区別するアダム・スミスの試みには同意しなかった。ベンサムの見解によれば、たとえば、ダイヤモンドは交換のための大きな価値を有しているが、使用上の何の価値も有していないとした点においてスミスは間違っていたとされる。その点について、「社交界や舞踏会では、ダイヤモンドによって最も金持ちらしく着飾った女性こそが、あらゆる彼女の競争相手たちの輝きを奪ってしまう」と、ご婦人であったら誰だってスミスに言いたかったであろうと、ベンサムは述べている（Bentham, 1801: p. 87)。

「競争相手たち」について、また何らかの所有物や社会的に目立つ消費に対する他人の反応から手に入れた密やかな満足について言及していることから知られるように、ベンサムは効用や使用価値が社会的な位相をもちうることと、さらに他人の意見もしばしば消費の喜びの一部になりうることを認めていた。さらにまた、彼は、特定の社会階級内部での顕示的消費は自然なものであり奨励されるべきものであるが、見栄っぱりのゆえに稀少なものをやたらに見せびらかすことによって上流の人と競争しようとする人間は許容することはできないという点では、スミスに同意していた。だがより重要なことは、社会的に基礎づけられた一定の質的な「快楽」の尺度に関する彼の考察が、功利主義思想の中にほとんど組み込まれてこなかったことである。

このような消費者需要に対する対人効果をほとんど無視するということは、一九世紀初頭までつづいた。リカードウは奢侈財の生産や消費に対して基本的には反対していたのだけれども、一八一七年に多少この問題について言及している（Ricardo, 1817）。彼は、奢侈財に対する税は、そうした生産物を消費する人々に対して直接的かつ排他的に課税されるのであるから、またそれゆえに社会における貧困層に対して広範な影響を与えないのであるから、これらの財に対する課税は奨励されるべきであると主張した。だが、一貫して、彼は、あらゆる生産資源が製造業に割り当てられ、それが確実に必需品製造のためだけに供給されるように国家は努めるべきであると考えていたが、こうした考えは議論を呼んだ。一八二一年に、リカードウへの手紙の中で、マルサスは、ある割合の非生産的と思われる消費が「一国の資源を活動させるために」つねに必要であると書いた（Malthus, 1821）。

だが、リカードウのみならずマルサスも、ステータスを表示するための奢侈財の消費というものが、当時の経済的関心の中心を占めるものであるとみなしていたわけではなかった。第一次産業革命が急速に国際的な市場条件を変化させ、人口の大規模な増大が至る所で関心事となって、ミクロ経済学的論点よりもマクロ経済学的論点の方が重要であることが理解されうるようになってきていたが、実際には、個人の嗜好や選好に対する、また消費者需要の形態に対する奢侈的消費や地位表示的消費の影響と、その経済的重要性に関する研究は、一八三〇年代までほとんどなされることはなかった。

第2章　ジョン・レーの奢侈的消費論

ジョン・レーは、一七九六年に、スコットランドのアバディーンに生まれた。彼は、一八一五年にアバディーン大学を卒業後、引き続き医学生としてエディンバラ大学に進学したが、家業が倒産した一八一七年には医学の勉強を諦めざるをえなかった。その後、フランスで医学の勉強を再開することになるが、結局、彼は、一八二二年に、医者並びに学校の教師として生計をたてることになるカナダに移民することになる。後に、彼は合衆国に移り、まずボストンに、次いでニューヨークとカリフォルニアに移り住み、その地で働いた。その後、彼は、ハワイのマウイ島で、農業をしたり、教師をしたり、さらには地元の民衆に医療を施したりしながら二〇年ほど過ごし、最後には合衆国に戻り、一八七二年にニューヨークで亡くなった。

一八二〇年代から一八三〇年代の初めにかけてのカナダ時代に、レーは、自国の植民地的地位に関する政治的・経済的論争に深く関わった。彼は、カナダにとっての最善の利益はイギリスとの結びつきを維持することに存すると主張した移民者であるスコットランド出身の商人たちに共感を示していた。こうしたレーの考え方は、一八三〇年まで彼がカナダにおけるスコットランド教会（Scottish Kirk）の有力メンバーであったということに強く影響されていたのであるが、長老派的伝統の存続を確固たるものにする最もすぐれた手段は母国との継続的な連合である、と彼は考えていた。しかしながら、彼は、植民地主義に賛成する彼の議論が広範に受け容れられ、合衆国の共和主義を論拠にますます攻撃を強めているフランス系カナダ人の急進主義に対する反対説になりうるためには、植民地の経済事情が分析されねばならないことを承知していた。この目的のために、彼は、体系的な経済学を書き上げるとともに、カナダに関する統計調査をした。

レーの研究調査は、一八三四年に、彼の唯一の著書である『自由貿易体制の誤りと〝国富論〟において主張されている、その他の教義の誤りを明らかにする経済学的問題に関するいくつかの新原理の宣言』が出版されるまでつづいた。レーにとってみれば、同書は植民地状態のもたらす利益を論理的に擁護するためのものであったが、同書のタイトルは、一般的には自由貿易に対して、個別的にはアダム・スミスに対して、論争を仕掛けていることを示唆するものであった。同書は、合衆国において保護主義者の主張を鼓舞しようとしていた人々のあいだでしばらく人気を博したが、すぐに話題に上らなくなった。

レーの『新原理』の大部分は、資本蓄積の重要性と、彼が長期間の経済成長を確かにする手段として「発明の才(inventive faculty)」と名づけたものの重要性に関連するものであったが、この研究の最も重要な点は、レーが資本蓄積や消費者行動に関する社会学的影響について詳細に探究し、それを当時の経済思想の中に取り入れようとしたところにあった。彼は、マンデヴィルのように、「公益のための私悪」を擁護することはなかったが、消費者需要に対する対人効果についての議論を経済学の中心的思潮の中にもち込んだ。

レーは、資本蓄積も社会における発明の才も、ともに経済発展や経済的繁栄を可能にさせるものであると論じた。同時に、彼は、経済発展や経済的繁栄という前向きな過程を減速させるように、あるいは逆転させるように作用している他の諸々の力や「対抗する原理」が存在していることも承知していた。そしてこれらの力のひとつとして、彼は途方もなく奢侈的消費に耽るという人間の傾向を挙げた。プロテスタントの職業倫理に強く影響を受けている宗教的人間であったレーにしてみれば、奢侈的支出が国富を増大させるというマンデヴィルの主張は決して納得できるものではなかった。しかも、彼は、個人の私的利益と国家利益とはひとつのものであり同じものであるという主張を認めることができず、アダム・スミスに対しても異議を唱えた。

レーは、大変簡潔に、奢侈を「虚栄の感情によって引き起こされる消費」として定義し、さらに、虚栄心を次のように定義した。すなわち、

たんに他人を凌駕したいという欲求、……純粋に利己的な感情であり、その喜びは人の心の中心を占めている。他人の喜びを減少させようとしないまでも、少なくとも他人の喜びを増大させることは、決して虚栄心の直接的な目的ではない。われわれの主題に関するあらゆる場合において、虚栄心が目的としているところは、他人が所有できないものを所有することにある（Rae, 1834: pp. 265–266）

と。彼は、こうした虚栄的消費の価値というものは、それが他人にとってどれだけ顕示的であるかの程度によって、すなわちそれが稀少であるかどうか、それが高価であるかどうか、あるいはそれが贅沢であるかどうかによって決まると理解していた。高い水準の効用や使用価値を提供しても、「社会的な顕示性」が欠如している財やサーヴィスは、それらの財やサーヴィスの費用とは無関係に、虚栄心の強い人間にとってはほとんどもしくはまったく価値はない。というのも、それらの財やサーヴィスは、実用上の目的に供せられたものであり、しかじかの購入価格として支払われた貨幣額に見合う価値を供与しているとはいえ、誇示的な見せびらかし行為の機会を提供しているわけではないからである。

したがって、顕示的な奢侈財の消費は、財やサーヴィスに対して他人が支払うことができない価格を支払いうることを示すことによって首尾よく富を見せびらかしえたとき、あるいは途方もない水準の顕示的浪費を行ったとき、最も効果的であるとみなされる。レーは、例証として、バビロンやローマ帝国から「アジア的専制国家」までの、

初期文明社会の浪費と濫費の例を引いている。こうした浪費はよく記録によって実証されているところであるが、これらの例証は、奢侈的消費というものが、それが社会的に目立っているということと、社会的に見て贅沢であるということをつねに必要条件としているという彼の主張に適ったものであった。さらに、彼は、奢侈禁止法を導入することによって、他の人々の奢侈的消費を抑制しようとしている、特権的な少数派の度重なる企てについても言及している。彼は、何故に、そのような法律が必要であるとみなされたかの理由として、顕示的消費への性向がまさに社会的・経済的位相において成立していることと、誇示的な経済的見せびらかし行為の唯一の前提条件が虚栄心と支払い能力であることを指摘している。市場経済の下では、顕示的消費に耽るための糧を見出すことができる多くの人々が、虚栄心のゆえに、たとえ社会全般に対して損害を与えることになったとしても、顕示的消費に精を出そうとするといったことは必ず起こる、とレーは確信していた。

レーは、原則的には、あらゆる顕示的な見せびらかし行為に反対していたが、尊敬に値する自分自身の社会的ステータスを手に入れようとする人々の欲求は自然なものであり、こうした欲求が個人による濫費的支出というよりは必要な支出であるといえる、社会的に目立つための顕示的消費を生み出しがちであるということに関して、アダム・スミスに同意していた。このような社会的強制力を考慮に入れれば、レーにとって、顕示的消費という支出は少なくとも理解可能なものであった。

虚栄という感情が引き起こしている愚行に追従するゆえをもって、人を非難することはできない。またこうした愚行に伴う不条理を容易に除去しうると想像することは大変な誤解である。どのような人間にとっても、社会の一般的な考え方や一般的な行動の仕方に反対することは、そのような考え方や行動に追従することがいかに愚かしいことであっても、困難なことである。もし誰かがそうしたならば、彼は、攻撃しようとしている社会の慣習に追従するよりも、間違いなく大いなる災難に遭遇することになるであろう。実際よりもよく見せようとすることは貧乏人がよくやることであるが、それを上手にやり遂げることは滅多にない。また、貧乏たらしくしないというのも彼ら貧乏人がよくやることである。(Rae, 1834: p. 281)

このように、レーは、自らの顕示的な見せびらかし行為が社会的な重要性を獲得しているようないまだ理想的ではない社会において、人が社会における己れの立場を守るために顕示的消費が必要であると感じたとしても非難することはできないとした。そのような支出は奢侈品への支出というよりは必需品への支出としてみなされるべきであり、人の虚栄心によって奢侈的消費が引き起こされたときにのみ、それは何ら正当性を持たない、社会全般に損害を与える支出としてみなされるのであるとした。

あらゆる社会に存在している奢侈的消費の有害さの程度は、あらゆる文明化された社会に存在している二つの「慈善的（benevolent）」な要素の相対的な強さによって決まる、とレーは述べている。第一は、人間の「知的な力（intellectual powers）」である。この要素は、顕示的消費と結びついているあらゆる形態の俗悪さと卑俗さを、まさに増長させたり押さえ込んだりする。第二は、「社会的・慈善的な情動（social and benevolent affections）」である。この要素は、人間の社会的良心によって高められるとともに、優れていると思われるところを見せびらかすという自己中心的な行為によって貶められる。理想的な社会では、これら二つの慈善的な要素はともに強く顕示的消費を最小限に止めているとされる。同時にまたそこでは、蓄積への活発な要求が強いであろうし、物質的・精神的な進歩が持続しているとされる。要するに、顕示的消費の水準と国家の繁栄や安寧とのあいだには、はっきりとした反比例の関係が存在しているという、マンデヴィルなら直ちに否定したであろうことをレーは主張するのである。

虚栄心から自由な社会的・経済的システムの確立がつねに長期的な国家の課題であるべきなのであるが、消費に対する二つの慈善的力というものは、ステータスに動機づけられた顕示的消費性向を完全に除去するほどには強力ではないことを充分知っている、またある程度の顕示的消費は最もよく統治された社会においてもつねに存在していることを充分知っている、レーは現実主義者であった。しかしながら、どのような社会であれ、その社会における顕示的な経済的見せびらかし行為の性質や傾向は、あらゆる場合に、二つの慈善的力の相対的強さによって決定される、と彼は考えていた。知的な力がより強いときには、消費者やその他の人々によって、本当に知的な真実の価値があるとみなされた「永続的に卓越している」対象に顕示的消費が向けられる傾向があるのに対して、社会的情動が支配的なときは、それとは対照的に、ステータスを与える財やサーヴィスの消費を共有するために他人を招いて富や社会的ステータスを誇示しようとするとされた。

レーにとってみれば、マンデヴィルが指摘するオランダの商人たちの顕示的浪費は、知的な力が強力な文化的環境の中での社会的ステータスの改善への願望の反映であった。こうした願望は、顕示的消費を、洗練された家や絵画や家具といった、所謂《いわゆる》、永続的に卓越している品物に向けさせた。同様に、レーは、一九世紀の北アメリカの裕福な商人や貿易商たちのあいだの奢侈的消費に影響を与えたのも、さらに北アメリカの下層社会における洗練された家や不滅の価値をもつ金時計への支出に影響を与えたのも、ともにこうした知的な力であったと考えた。それとは対照的に、イギリスは、知的な力は脆弱ではあるが、社会的・慈善的な情動が重要な役割を担っている国である、と彼はみなしていた。そして、このような所では、虚栄心の発現は、歓待するに必要な奢侈品に、珍しいワインに、また「優雅な食卓」を演出する濫費に向けられることになるとされた。

さらに、徳の力（virtuos powers）も、顕示的消費が制御されうる水準に保たれるように作用している、知的な力と同等なものとしてみなされていた。また同時に、レーは、奢侈的消費を強めたり、弱めたりしているその他の要素も承知していたし、都会と田舎とのあいだで、顕示的消費性向に顕著な違いが存在していることが、長いあいだにわたって認められてきているという理由から、奢侈的消費者行動には人口学的・地理学的要素が働いていると考えた。モンテスキューが指摘しているように、主要都市の、とりわけ首都の住人は「虚栄という観念で満たされており、つまらない物で己れを際立たせようとする野心に基づいて行動している」とされた。こうした事実の多くは、人口の多さと、ほとんどの人々が互いに見知らぬ他人であるということに依っている。そしてまた、このような冷めた人間関係や競争的な環境が、顕示的な見せびらかし行為を「優れた境遇を示す証拠」として、まさに人々に奨励したのである。それとは対照的に、田舎では、とりわけ「新しい田舎」では、虚栄心にそのような要求が課せられることはなかった。レーにしてみれば、「人口の非常に過疎な状態は、効果的に虚栄心を沈静化させる。……それゆえ、放埒なヨーロッパ人にとって、辺鄙《へんぴ》な未開地以上に優れた学校は存在しない。そういうところに一、二年も住んでおれば、彼は完全に変身した人間になる」(Rae, 1834: p. 281)。

内面的な虚栄心を満足させることを意図した奢侈的消費に対するジョン・レーの非難は、たんに個人に向けられたものではなかった。というのも、そのような虚栄心に駆られた奢侈的な消費者行動は、あらゆる国家に対して大変深刻な経済的影響を与えることになる、と彼は考えていたからである。レーにしてみれば、誇示的な見せびらかし行為への欲求を満足させるための奢侈財の製造は、社会にとって本質的に損失であり、何の実用的欲求を満たすものでもなかった。また、ある人間の虚栄心を満足させる財やサーヴィスは、他の不幸な人々の犠牲によってのみ生産されうるものであり、こうした行為は、全体的な公益に何も資することなく莫大な資源を浪費する、本質的な意味での富の濫用であるとされた。

だが、当の奢侈財が「その内部に効用の実体」を含んでいるときには、例外的に、奢侈財生産への投資によって社会が公益を手にする場合もあることを彼は進んで認めた。そのような場合には、当初奢侈的生産物がもたらす高価格に惹きつけられていた製造業者たちは、次第にもしこの奢侈的財が大量に製造されるようになり、はるかに低コストで生産しうるようになったとするならば、この奢侈財の大衆市場が潜在的に儲かる市場であることを理解できるようになる。すなわち、これらの改善が達成され市場価格が下落すれば、この奢侈的生産物の地位表示的価値は、価格の下落に呼応して下落するであろう。また当然にも、この奢侈的生産物は地位表示を求める消費者には見放されることになるであろう。そうなったときには、地位表示的価値のゆえではなく、正真正銘の効用のゆえに、この奢侈的生産物を購入しようとする新たな消費者集団の需要が喚起されることになるであろう。またそのとき、製造業の奢侈財への投資として始まったことが、一般民衆に真実に価値ある生産物を供給するということに辿り着くことになる。

このような肯定的な市場効果のいくつかの例として、レーは、石鹸や絹織物や綿織物、さらにはガラス製品といった、当初は奢侈品とみなされていたが、次第に平凡な品物となりまったく実用的目的に供せられるようになった様々な生産物の発達の例を指摘している。とはいえ、彼は、こうした商品の発達の例は、「奢侈の偶然的効果」であることを強調するとともに、一般原則としては、奢侈財製造は国富の一部を浪費するだけで実用上の目的に役立つものではないことを力説した。

レーの分析は国際貿易における奢侈財の需要と供給の経済分析にまで及んでいた。彼は、奢侈財の輸入に対する需要は、もっぱら奢侈的生産物の稀少性と、その結果として生じる奢侈的生産物のもつ地位表示的価値とによって左右されていると主張した。外国産の奢侈品は、「上流階級の半ダースの人々が、彼らの優越性の証として、それら外国産の商品を使用するようになれば」、すぐに無くてはならぬものになる。さらにまた、間もなくして、その他の人々も外国産の奢侈品の市場の先導者を競い合いはじめることとなり、外国産の奢侈的生産物への需要はすぐに急増しはじめる。それゆえ、自由市場という条件下では、こうした外国産の奢侈財に対する需要は、次第に多くの供給者の注意を惹くこととなり、その価格は下落することになる。そうなると今度は、「上流の人々」がこの外国産の奢侈的生産物は地位表示的価値を失ったとみなすようになり、市場から去って行く。さらに元々の動機が、本質的に物真似的なものであった人々によって、当然にも同じ順序が繰り返されることとなり、彼らもその生産物に対する関心を失う。そのとき、オピニオン・リーダーたちは、新たな稀少な生産物に関心を移行させることになる。そして、レーの考えによれば、

この過程の終わりに観察しうる大きく違う点は、もしその品物がまったくの奢侈品であったとすれば、流行の変化である。蓄積の原理が原料の大きい範囲を支配するにいたっておらず、また社会の一般的ストックに何も付け加えられておらず、一連の新しい差別化の象徴がたんに導入されているだけである。(Rae, 1834: pp. 307–308)

自らの社会的優越性を競い合いたいという人々の欲求は、当初奢侈財として市場に供給された生産物の価格の下落を結果として引き起こす。それゆえ、こうした奢侈財の市場は、自由市場という条件下では、長期的には輸出業者にとって魅力的なものではない。しかしながら、奢侈財の市場は、ある特別の条件の下では、長期にわたって高価格を維持することができる、とレーは主張した。第一は、自由市場という状態が完全ではない場合である。この場合は、市場への参入は厳しく制限されることになり、割高の価格付けが維持されうる。第二は、市場供給の増加に応じて、それらの価格を著しく生産者が下げなくてもよいほどに需要が充分に強力な場合である。これらの条件の下では、増大した需要の価格への影響は著しく減殺され、長期間にわたって高価な市場価格を維持することができる。

レーは、彼の立場からみて、実用的な財の自由な市場競争から得られる真の利益と言うべきものと、奢侈財の国際的取引から生じるいかがわしい利益とのあいだの区別を明らかにしようと努めた。奢侈財の市場において儲けを

維持できるような特別な条件が与えられたとしても、奢侈財の市場から得られる社会の利益はほとんど確保できない、とレーは述べている。とはいえ彼は、奢侈財の市場から得られるとされる社会の利益というものはそのほとんどが錯覚であるけれども、社会はいくらかの恩恵をこうした市場から受けられることもあるとした。まず当然にも、奢侈財産業の商人、製造業者、労働者たちは貿易を存続させることによって利益を得ることができるであろうし、またもし彼らの利潤と給料が「奢侈品に浪費され」なければ、彼らの利潤や給料は、結果的にその他の財やサーヴィスに対して支出されることになり、社会一般に恩恵を与えることになる。同様にまた、奢侈財に「法外な高値をつけること」は、商人たちに準独占的利潤を形成させる機会を与え、その利潤がその他の経済活動に投資されることになれば、究極的には広範な住民に恩恵を与えることになる。しかしながら、レーにしてみれば、こうした利益は、経済の奢侈財部門への投資の極大化を直接目指しているどのような政策をも、決して正当化するものではなかった。

奢侈財の生産や消費から生じる国際貿易の利益は市場への参入制限を要求する。だが、レーは、自由市場の下で、純粋に奢侈品の製造や貿易を奨励することを正当化するいかなる根拠も見出すことはできなかったし、また国家は、実用的な生産物への投資を奨励したり、報償したりすることによって、さらにまた人々を奢侈財や奢侈的消費に夢中にならないようにさせることによって、奢侈財の国際貿易を方向付ける責任があると考えていた。もし誤った政策決定がなされたとすれば、そのときは政策目標とは反対の社会的・経済的帰結がすぐに現れるであろう、とレーは考えていた。たとえば、ナポレオン戦争の終結から戦時中に設けられた貿易制限の撤廃へとつづく時期のイギリスと大陸ヨーロッパとの貿易は、長きにわたって国の利益となるであろう国際貿易の仕組みを再構築する機会をイギリスに与えたにもかかわらず、イギリスの製造業者は奢侈品に心奪われ「ほとんど奢侈品の製造に没頭していた」が、「このようなことが行われたことの直接的結果は、社会にとって無益であったというよりは、有害であった」、とレーは述べている。さらにこのことは一般的貧困と困窮を引き起こし、その結果、国民は、長期的な国家の繁栄はまさに「真実」の欲求を満足させる生産物の製造と貿易に依存していることを学ばねばならなかったとしている。

それゆえ、レーは、彼の考えでは自由貿易という条件下で最も成功する貿易である、実用的な財やサーヴィスの貿易を奨励する必要性を強調した。だが同時に、彼は、過去（戦時中）の貿易制限は公益に適うものでもあったことが度々証明されてきたと述べ、保護貿易主義者たちにも多少の気配りを示していた。戦争前にはフランスから夥しい量を輸入していたガラス、紙、絹、銅や真鍮製品のような基礎的商品の製造部門に、一八世紀のフランスとの戦争中にイギリスはかなりの投資を行ったが、レーは、これらの投資は公益に大変適ったものであったと述べるとともに、ある特別な条件下では、保護主義が生産的な部門に産業投資を振り向けるためのよき力になりうることを示唆した。

レーとアダム・スミスはともに、無分別の顕示的消費は道徳的に不埒《ふらち》なことであり、また経済的にもしばしば非効率なものであると考えていた。だがレーは、野放しのままにしておけば、顕示的消費は不可避的に国家経済を衰退させるとし、スミスよりも先に踏み込んだ議論をしている。レーは次のように主張する。たとえば、徳の力が強力でよく秩序づけられた経済においては、社会の共同体的価値が有力な役割を演じており、家族内の誇示的な経済行為は埒もなく無価値なことであるとみなされているであろう。またそうした所では、社会的に必要な限られた顕示的な見せびらかし行為だけが、つねに家族の社会的ステータスを向上させ将来の世代の利益を確保するための確かな手段であるとみなされている。それゆえ、こうした支出は、合理的な範囲内でつづけられるべきであるし、またこうした支出は、限られた範囲内であるならば、経済が全体として繁栄していると感じるに足るための、蓄積への実効ある欲求を強く保つことのために確かに必要であろう。さらにこうした経済においては、社会は階層的なままでであり、社会的階層移動が制約されているが、このことが却って社会集団間の距離を、長いあいだ、安定的に保つのに役立つのである、と。

レーの考えによれば、以上のような社会的・経済的安定性は、高い水準の顕示的消費に抵抗するように作用している力が弱くなったり無力になったときに、脅威に晒されることになる。またレーによれば、そうなったとき、顕示的な消費をしようという最も強い性向を帯びている資本家階級は、必ずや、より自由に、より開けっぴろげに、誇示的消費に現《うつつ》を抜かしはじめる。そしてこうした濫費は、個人的な虚栄心にのみ操られた顕示的支出という行為に結局は堕してしまうことになる。そうなれば、長いあいだ安定していた階級間の社会的・経済的距離は拡大するに違いないし、また必要とされる社会的団結力は弛緩してしまうに違いないとした。

またレーの考えによれば、このような崩壊は重要な経済的含意を帯びていた。というのも、労働者は、この事態に直面して、彼自身と上流階級の集団とのあいだにある、橋渡すことが不可能な溝を察知するであろうし、時間をかけて徐々に上昇転化するというあらゆる希望を捨て、貯蓄や蓄積を顧みなくなるに違いないし、また「美しい装飾品の買い物に浪費的な支出をしたり、ビヤホールで仲間を歓待したり、その他の同様な濫費」を通じて、同輩のあいだで一目置かれようとするに違いないからである。おそらくそのとき、家族は蔑ろにされるようになり、生活必需品が不足する状態となり、労働者自身も仕事嫌いになり、終《つい》には懶惰になり、将来起こりうる困難に備えるために充分な貯蓄を、ほとんどもしくはまったくしなくなるであろう。また貧富の差が極端に拡大し、発明の力も消え失せてしまう。要するに、社会の道徳的安寧と経済的厚生が著しく傷つけられてしまう。

さらにレーの考えによれば、経済成長や経済復興に重大な影響を与える、社会的・経済的な腐敗・堕落を直接的に招来するものこそ、まさに資本家階級の虚栄心であった。社会の中流階級や上流階級が過度な顕示的消費に夢中になったとき、彼らは、知らず識らずのうちに、自らが支えられている下層階級の勤勉さとやる気を打ち砕いてしまうのである。また、「土台が腐敗するときは、建物は必ず崩壊する」。それゆえ、虚栄心とそれに付随する邪悪な感情は国家衰退の根本原因であり、道徳的・経済的立場の双方から拒絶されねばならないとした。

それゆえに、レーは、虚栄心に操られた誇示的で顕示的な消費は抑制され根絶される必要があると考え、奢侈的消費への傾向を阻止する一連の政策を提案した。彼によれば、本質的に何の実用的価値も持たない「純粋な」奢侈品に対する税金は、ただちに増税されるべきものであった。すなわち、この増税それ自体は、高価格に依然として惑わされている顕示的な浪費家たちの支出を思い止まらせるものではないが、より生産的な使用法に回されうる大蔵省の実質的な資金を必ず増加させるであろう。またこの増税によって、第二に、奢侈財生産部門への新たな国内投資は著しく抑制されるに違いないし、禁止されていた保護関税が輸入される奢侈品に課せられ、奢侈品輸入の動きが抑制されることになるであろう。さらに第三に、はっきりとした実用的価値を含んでいる奢侈財の価格を下落させるために、またそれらの奢侈的生産物を一般公衆がより広く利用できるようにするために、これらの財の競争が盛んに奨励されるに違いない。そして、これらのすべての政策は、奢侈財市場における既存の供給者や新規参入の供給者のあらゆる利益を消失させることになるであろう、とレーは主張した。

このようにレーは、奢侈品生産と顕示的消費という双子の脅威と彼がみなしていたものを改善するための政策や処方箋を考えながらも、本心では、この問題の根本原因、つまり虚栄心それ自体を問題にすることにより強い関心を抱いていた。もし虚栄心が根絶されれば、そのとき、浪費的な奢侈的消費もまた永遠に消え去るであろうが、レーによれば、人間の行為は、とりわけ人間の経済的行為の大部分は、社会において支配的な社会的態度や意見によって条件づけられており、またそれらの社会的態度や意見も決して固定的なものでも不変のものでもないとされた。そして彼は、こうした社会的態度や意見は、共に社会的価値を積極的で生産的なものにしている二つの力によって変化しうると主張した。

第一は、強力な宗教的信念である。宗教的信念は、人々をして、個人的な放埒よりも共同体の安寧と繁栄を促進させることにより関心を持たせるようにする。このような大切な宗教的基盤が欠けていれば、「虚栄と悪徳と愚行」は、人々に有害な影響を与えるとともに、社会の資本蓄積や発明の力にも有害な影響を与えるようになるであろう。しかしながら、「家庭の中の教会」を持てば、適切な道徳的・倫理的基盤が築かれることになる。

それゆえ、宗教教育とそうした教育が培う道徳的価値は、社会の健全な秩序化にとって主要な要素としてみなされる。とはいえ、宗教教育は必要条件であっても十分条件ではない。だから第二に、様々な社会は、社会の健全化を達成するために、高度の水準の普通教育を実践する必要がある。「知識の力は、人類の最善の利益を増進するのに、欠くべからざるものである」、と彼は『モントリオール新聞』に書いた。つまり、宗教と教育が、互いに相携えて、虚栄心と顕示的消費を効果的に一掃し、社会の健全な秩序化を達成すべきであるとされたのである。

ジョン・レーの『新原理』という著作は、個人の私的利益と国民の利益はまったく同じものでありうるとする主張に抗して書かれたものである。個々人は現存する国富の彼らへの分け前を増大させることによって、彼らの社会的・経済的ステータスを改善することができるが、国民全体が豊かになるためには、その前に富の絶対量が増加しなければならないことを、彼は奢侈的消費に関する研究を通じて明らかにすることができた。また、国富の増大は、必ずしも商業的活動の活発化によって保証されるものではなく、高い水準の資本蓄積と生産的投資が確保されたとき、そしてまた産業システムにおける技術の進歩と改善を保障するための発明の力を社会が育成するとき、確かなものになるとされた。

それゆえ、レーにしてみれば、奢侈的消費は国民の繁栄にほとんど貢献するものではなかった。確かにレーの心の中にも、奢侈的消費が発明を刺激するであろうといういくつかの淡い期待が、とりわけ当該の奢侈財が公益を増進させうるという副次的な効用をもっているような場合には存在していたけれども、ほとんどの場合、奢侈財産業への投資は資源の無駄使いであるとして理解されていた。

要するに、敬虔な長老派であったレーは、最終的には顕示的消費の道徳的側面に関心があったのである。そして彼は市民社会にとって不可欠な根本を形成していると彼には思える「知的で道徳的な共同体」の擁護者であった。また同時に、奢侈や濫費、さらにはそれらに付随している悪徳は拒否されるべきであることを、経済学的用語で根拠づけることに成功しない限り、奢侈や濫費に関する道徳談義はほとんど重要性をもちえないということも彼は理解していた。顕示的消費に抗する経済学をうち立てることによって、彼は、事実上、マンデヴィル的な見解に対抗する考え方を提出したのである。

一八三四年に『新原理』が出版された後、奢侈的消費に関する議論や、国家の道徳的基礎を存続させる必要性に関するレーの議論は、ほとんど直接的な関心を惹くことはなかった。その後、ジョン・ステュアート・ミルが多少の関心を示したけれども（次章の当該箇所を参照のこと）、消費や消費者行動に関する『新原理』の議論は、一九世紀中葉における経済学者の集団にほとんど影響を与えることはなかった。こうしたことの原因の一半は、経済的活動の大半を文化的・社会学的見地から考察せねばならないとするレーの信念にあった。こうしたレーの信念が、『新原理』を経済学の主流から排除させる影響を与えるとともに、経済学者のあいだで『新原理』を認知させなくしたり、議論させなくする影響を与えたのである（この問題は、メイヤーがすでに指摘しているように（Mair, 1990）、「真面目であるとみなされんと欲している経済学の書物にとって死の接吻であるような」タイトルである『資本の社会学的理論』というタイトルの下で、一九〇五年に、ミックスターが『新原理』の修正版を出版したとき和議が結ばれることになる）。

レーの仕事はまったく無視されたままであったわけではない。シーニア、ジョン・ステュアート・ミル、さらにはベーム・バヴェルク、フィッシャー、シュンペーターなどが、資本蓄積論の発展に対する彼の貢献に対して惜しみない賛辞を送っている。そしてまた顕示的消費や誇示的な見せびらかし行為についての彼の分析は、現在でも、経済学の制度学派に対して、とりわけソースティン・ヴェブレンと一八九九年に執筆された彼の『有閑階級の理論』に対して重要な影響力をもっていたと考えられているとともに、顕示的消費や金銭的張り合いなどの現象に関する基本文献であるとされている。

「顕示的消費」という用語に関して言えば、レーによって文字通りこの言葉が使用されていたわけではない。レーは、『新原理』の中で、「顕示的である」消費について語り、ステータスに動機づけられた買い物や、見せびらかし行為の中に含意されている社会的顕示性の重要性を強調した。「顕示的消費」という正確な語句は、まさにヴェブレンに帰せられるであろうが、消費における「顕示性」という概念とその役割、さらには「顕示性」のもつ地位表示的価値に関しては、おそらく、より正確にレーに帰せられるに違いない。

ヴェブレンは決してレーに対する負債を認めなかったし、彼はレー自身やレーの仕事に対して数回言及しているにすぎない。ヴェブレンは、出版されている彼の書物 (Veblen, 1909) 中で唯一レーに言及した箇所で、「優れた、信頼のおける功利主義理論家」として、レーに対して軽い賛辞を贈っているが、決してレーの考えを彼自身の仕事とはっきりと関連づけることはなかった。奢侈的消費に関するレーの仕事がヴェブレンには知られていなかったとされているけれども、レーの仕事が、奢侈的消費に関するヴェブレンの議論に、知ってか知らずか、影響を与えていたことを示唆するに足る類似点が、『新原理』と『有閑階級の理論』とのあいだには存在している。

晩年、ヴェブレンは、確かにジョン・レーを気にしていたし、彼自身の仕事にレーが大きな影響を与えているとする他人の憶測にも気づいていた。ヴェブレンの伝記作家であるジョゼフ・ドーフマンは次のように回想している。

一九二四年頃、ある学生によってJ・M・クラーク教授に語られた、ヴェブレンのレー問題に対する対応を示す面白い話がある。その学生はクラーク教授の同僚の家でのパーティに出席したのであるが、そこにヴェブレンも出席していた。クラーク教授の同僚はジョン・レーを巡る話を盛んにしていた。ヴェブレンとその他の出席者たちは何かが起こりそうだと感じた。……そのとき、「ジョン・レーの仕事をあなたはご存じですか」と、ヴェブレンに（その同僚は）訊ねた。「知っているよ」と、また「ある人々は私の考えは彼からの剽窃だと私を非難したものだ」、とヴェブレンは例の朴訥とした口調でぼそぼそと語った。(Dorfman, 1973: p. 31)

これらの告発者たちが誰であったかははっきりしないが、確かにヴェブレンは、ドーフマンが「レー問題」として言及したことについて不安を感じていたことも事実である。しかし結局は、ジョン・レーが疑いもなく奢侈的支出や地位志向的消費に関する業績に重要な貢献をなしたにもかかわらず、彼とヴェブレンとの関係は明らかにされることなく、彼の業績は後の顕示的消費や嗜好の形成に関するヴェブレンの研究によってつねに覆い隠されることとなった。

だが、奢侈的消費に関するジョン・レーの分析にも、また理論的前進としてよりは理論的後退とみなされている彼の対人効果に関する彼の経済学にも、ある意義が認められてしかるべきである。一六〇〇年より以前には、誇示的な経済的行為に対する反対は、ほとんど精神論に終始しており、過度な消費に耽ることは神の目から見て罪深いものであるとされていた。一六〇〇年以降になると、これらの問題は道徳的領域から社会的・経済的領域に移されるようになった。その結果、倹約の欠如は、まずもって秩序だった社会組織に脅威を与えるとみなされたがゆえに非難され、次いで国民の生産能力を弱体化させるとみなされたがゆえに非難されるようになった。

レーの奢侈的消費に対する拒絶はこれら二つの伝統を橋渡ししたと言ってよい。というのも、彼は、「放埒な」経済的行為は社会秩序に脅威を与えるだけではなく、社会それ自体を成り立たせている精神的・社会的価値をも傷つけると論じていたからである。こうしたレーの主張は、顕示的消費のもつ相対的便益に関するマンデヴィルの過激な解釈に対立するとともに、顕示的な消費者行動は、遺憾ではあるけれども、自由市場体制における消費者の選択の自然な表明であるとするスミスによる暗黙の承認にも対立する保守的な主張であった。レーの議論は、当時、アダム・スミスと『国富論』に対してなされた広範な（そして一般には信用されていない）論争の一部であったとされているが、その時代の経済学的考え方に影響を与えることはまったくなかった。だがしかし、レーの議論は、奢侈的支出や顕示的消費に関して、マンデヴィル以来最も一貫した分析を加えたものであった。

第3章　一九世紀における経済学の潮流と奢侈的消費論

ジョン・レーの『新原理』は、一八三四年に出版されたときには、経済学者たちによってあまり注目されないでいた。こうした黙殺にはいくつかの理由があった。ジェームズは、その点を次のように指摘している。すなわち、レーは、「まさに、様々な肌の色の野蛮人、流刑された重罪人、さらには原始的な生活条件などといった絵に描いたような植民地を連想させる時代における植民地の人間であった。だから、レーのような植民地の人間にすぎない者が、政治経済学にとって重要な貢献をすることができるなどと考えることはおよそ不可能なことであった。ましてやアダム・スミスの正統的見解に挑戦したレーの著作をまともに考察しようとすることなどあり得べからざることであった」(James, 1965, I : p. 171)、と。

レーの『新原理』が公刊されてまもなく、オックスフォード大学の経済学教授であったN・シーニアが、『経済学概説』(Senior, 1836) を出版した。シーニアは、スミスと同様に、大金持ちの誇示的行為をよく理解し、それを容認していた。彼は、「もし社会において上流階級を占めている人々が、富を誇示することによって大衆の尊敬を勝ちうることができないとするならば、彼らの義務というものがよく果たされることは滅多にないであろう」と述べた (Senior, 1836: p. 56)。同時に彼は、顕示的消費をするということに、あらゆる社会的・経済的階層の人々の欲求が存することを完全に理解していた。

差異化への欲求も強いけれども、差別化への欲求に較べればものの数ではない。この欲求は、あらゆるときにあらゆる人々に作用し、揺り籠とともに始まり墓場に至るまで、人々につきまとうほど普遍的かつ恒常的な感情である。それゆえ、人間の情念の中でこの差別化への欲求こそが、最も強烈な情念であるとみなしてよいであろう。

差別化する最も確かな方法は、他人に勝る富を所有することである。人類の大部分の感嘆の情を最も喚起するのも、また彼らが自ら手に入れたいと感じているのも、まさにこの他人に勝る富なのである。自らの比較の対象内にいる人々よりも、金持ちであると思われたい、あるいは下世話な言い方をすれば、その人々よりも見かけをより良く保ちたいということは、日々の欠乏に対する気遣いが不要になったほとんどすべての人間にとっての支配的な行動原理である。感覚に訴えるどんな苦痛も快楽も人々を導いて遭遇させることのない、またたとえ奴隷でも非難されたり、奪われたりすることのないこの目的のために、人々は骨を折るのである。(Senior, 1836: p. 12)

シーニアは、人間たちによる「自らの比較の範囲内」に存在する人間に対してだけに向けられた差別化（彼はこのことを非難していない）への欲求を理解していた。彼は、社会的に上昇転化しようとしている人々に対して何の論評も加えていないが、スミスと同じように、そうした行動を大目に見ていたであろうと思われる。次いで彼は、ベンサムの快楽と苦痛に関する幸福計算が、こうした社会的差別化の追求と折り合いがつかないことも暗黙の裡に知っていた。

スミスと同様に、シーニアも、必需品や奢侈品だけではなく、社会における立場やステータスを維持するために人々が購入したり消費したりしようとする「体面のための商品」も含めた商品の三つのカテゴリーについてはっきりと理解していた。人々が、社会的にまた経済的に成功したり出世したりするにつれて、これら体面のための商品は様々に変化するが、これらの商品は、家族集団の幸福を保証している重要な品物であるとみなされなければならないとした。

一八三六年に出版されたシーニアの著書においては、ジョン・レーに対して何の言及もされてはいないけれども、一八四七年以前に、彼がレーの著書を確実に読んでいた証拠が存在している（Bowley, 1937: p. 161n）。しかしながら、シーニアの注意を惹いたレーの業績は、奢侈的消費やそれに関連した論点に関するものというよりは、資本蓄積に関するものであったように思われる。また、ジョン・ステュアート・ミルは明確にレーの著作を知っており、一八四八年に出版された『経済学原理』という著書の中で彼に賛辞を贈っている。この場合もまた、ミルに深い感銘を与えたものは、資本蓄積に関するレーの業績であったのだけれども、ミルはまた同時に奢侈的消費の理論についても、とりわけ課税政策との関連で関心を示していた。

ミルは、奢侈的支出や顕示的消費というものは、しばしば虚栄心と社会的名声を手に入れようとする欲求のゆえに引き起こされるという点に関して、レーに同意した。ミルもまた、虚栄心が奢侈的支出や顕示的消費の唯一の動機であるような場合には、そうした行動に何の功績も見出さなかった。彼は、奢侈財がその使用上の効用や個人的な満足のゆえに購入された場合には、そうした購買行為はことさら非難されるに値しないと考えていた。だがしかし、社会的ステータスを手に入れようとして、他人に対して富を見せびらかすような支出が行われる場合には、そうした支出は擁護されえないとした。同時にまた、租税制度を使えば、このような放埒を公共的利益に資するようにさせることができるようになる、とミルは主張した。

レーは、一八三四年に、顕示的消費者の目からすれば、富を見せびらかすことだけのために購入されるような財は、その価格が高いことが価値の真実の尺度となるのであるから、こうした生産物に対する課税によって引き起こされる価格の上昇は、需要に対して悪い影響は与えないと主張した。また、たとえこうした富を見せびらかすことだけのために購入されるような財の生産費用や分配費用が下落したとしても、もしそれらの財の高い購入価格を維持する効果をもっている税金が、それゆえにまたこうした財の社会的価値の存続を保証することになる税金が課税されるのであれば、それらの財の地位表示的価値は維持されるであろうと主張した。ミルは、こうしたレーの分析に同意するとともに、顕示的な見せびらかし行為のための奢侈財に課税することは誰にも不利益を与えることなく、国家収入を増大させるための最良の方法であるというレーの主張にも同意した。さらにまた、ミルは、奢侈品に対する課税は、「有効な、唯一有効な一種の奢侈禁止令」として作用することができると主張した。

私は、禁欲主義というものには同意しえない。そしてモノそのものに対する純粋の欲求によって求められ、あるいはモノそのものを使用するために求められるところの奢侈品が（ただしそれを使用する人の資力および債務と両立するかぎり）法律あるいは世論によって禁止されるのを見ることを決して欲しない。だがしかし、多くの国々の上流および中流階級の支出の大部分が、我が国のそれらの階級の場合には支出の最大部分が、貨幣が支出される対象の様々な物によって与えられる喜びのために必要とされるのではなく、世評に対する顧慮ゆえに、そしてまた自分のステータスにふさわしいある種の支出が期待されているという考えゆえに必要とされることになる。私は、この種の支出は最適な課税対象だと考えざるをえない。もしも課税がそれらの支出を抑制するならば、それは一種の有益なことをなすことになるし、もし抑制しなかったとしても、何ら害をなすことにはならない。何故ならば、この種の動機から欲求され所有される物に対して租税が賦課されるのであるかぎりでは、何人も、その税のために困ることがないからである。ある物が、それが有用であるからではなく、それが高価であるために購入される場合には、それが廉価であるということは、それが選択される理由とはならない。

シスモンディが言っているように、虚栄心の対象である物品を低廉ならしめると、そこから生ずる結果は、それらの物に対して支出されるものが少なくなるということではなく、購買者たちが、その廉価となった物品の代わりに、他のより高価なもの、あるいは同じ物のより高級なものを購入するということである。またより品質の劣った品物でも、それが高価であるときには、同様に充分に虚栄の目的に適うのであるから、この品物に対する税は、現実には何人によっても支払われない。それは、それによって何人も損失を被ることなき、政府収入の創造である。(Mill, 1848, V, vi: p. 869)

(ミルによる、スイスの歴史家であり経済学者であったシスモンディに対する言及は興味深い。というのも、この二人の人物はほとんど共通性をもっていないからである。シスモンディは、スミスやリカードウやミルなどの古典派的自由放任の経済学に強く反対していたし、また、一九世紀中葉に経済過程への国家の介入は経済を円滑に進行させるために重要であるという考えを流布しようと登場した、社会主義的経済学派の多くの点における先駆者でもあった。とはいえ、シスモンディとミルは、ともに、道徳心の荒廃によって生じる顕示的消費というものは資本主義社会における不可避的帰結であること、またこうした消費は、適切な課税政策を行うことによって公共的利益のために有効に利用しうるということに関して同意していた。したがって、少なくとも、この点に関しては、古典派経済学の考え方と社会主義的経済学の考え方とは一致していたのである。)

奢侈的消費やステータスを見せびらかすための経済的行為というものに対する道徳的非難は、宗教的・社会的理由のゆえに、一八三〇年代から一八四〇年代にかけても、依然として盛んに行われた。だがこの時期のイギリスや大陸ヨーロッパそしてアメリカにおける様々な出来事は、経済的組織を変容させはじめるとともに、経済的・社会的考え方に重要な影響を与えはじめていた。工業化の進展とそれに付随する工場制度は、サン・シモンやシスモンディの社会主義を生み出したばかりではなく、経済過程の工業化が利益を伴うことを大いに主張する動きも生み出した。このような初期の工業経済学は、イギリスではしっかりと定着することはなかったけれども、貿易において比較劣位にあると自覚していたドイツやその他の国々で強い発言力をもった。新しい工業経済学者たちの中の第一人者は、フリードリヒ・リスト（1789-1846）であった。彼の経済理論への最も重要な貢献である『経済学の国民的体系』は一八四一年に出版された。ドイツの政治運動の活動家であり、ドイツ商工業同盟の指導者であったリストは、ドイツにおける製造業の利益の擁護と増進に主たる関心をもち、この目的のために経済理論を構築した。彼は、関税改革の熱心な支持者として、当時のドイツは完全に工業化された国ではなく、ドイツをイギリスやその他の国の輸入品から保護する必要があると主張した。

リストは、保護主義者としての活動に熱心に励みながらも同時に、消費財市場を活性化し育成する必要性を感じていた。彼は、レーやミルやシスモンディなどとは異なって、社会的・経済的秩序を弛緩させている奢侈的消費と競争心を、ある面では経済成長の原動力とみなし、それをまったく非難しようとはしなかった。

金銀の細工品や調度品は鉄や錫で作られたものよりも使って便利であるということはない。しかし、これを所有しているとどうしても人よりも優れて見えるということが、肉体や精神の努力への刺激や秩序や節倹への刺激を生むのであって、社会は生産性の大きな部分をこの刺激に負っている。（List, 1841: p. 381）

リストにしてみれば、奢侈財の購入や消費に執着している、さらには途方もない誇示的な見せびらかし行為に現《うつつ》を抜かしている「自立した金利生活者」も、公益のための力であったのである。自立した金利生活者は、「彼の奢侈によって、すべての階級の競争心を駆り立て」、またそれゆえに、他の人々を自らも金持ちになれるであろうという期待の下で勤労に駆り立てる。だが、富が手に入らなくなり、幸運な少数者だけがあからさまに享楽に耽るようになると、こうした金利生活者の恵み深い影響は消え失せてしまうとされた。

要するに、奢侈的消費が製造業の生産性を向上させ、競争の激化と全体的な繁栄の分け前の増大によって、生産性はさらに増大すると言うのである。しかもその上、リストは、「人々は私のネクタイを見るけれども、私の胃を見ない」というドイツの諺を引用して、公衆の面前での見せびらかしのための財の消費は、個々の消費者自身の生活において、重要な役割を担っていると主張した。顕示的消費を擁護する必要はないが、それは公衆の利益や商業上の利益に抵触するものではない、と彼は考えていた。だから、奢侈禁止法は、「大衆のあいだでの競争を無くしてしまう以外の効果はなく、怠惰と旧習を奨励するだけである」とされた。顕示的消費を、公益にとって有用で、重要な貢献者としてみなす点において、事実上、リストはマンデヴィルと一致していたのである。だが同時に、ここで、ドイツの製造業に利益があるのであれば、奢侈財の消費に対する道徳的批判などものの数ではないとする、彼の議論に存在する客観性の欠如についても留意しておく必要がある。

顕示的消費に対するリストの擁護は、一八四〇年代にその傾向が現れつつあった消費者の顕示的な行動に対する相対立した対応を際立たせることになった。一方には、誇示的な見せびらかし行為に対する旧来からの道徳的・宗教的な拒絶が当然にも存在していたし、こうした道徳的・宗教的な拒絶は、アダム・スミスや、そのほとんどが「虚栄心」とそれが及ぼす影響を非難していた古典派経済学者たちによる挑戦にほとんど晒されることがなかった。だが他方、一八四〇年までの五〇年近くのあいだに、経済的・社会的状態が大きく変容し、過去の道徳的信念を新しい世界に適応させることが著しく難しくなってきた。大規模な工業化と激化する世界市場での競争は、経済的事象における道徳的問題を従属的な役割しか担わないものへと否応なく変えていった。また奢侈的消費・ならびに奢侈的消費へと駆り立てる欲求をあらゆる社会的・経済的階層において生み出す「波及」効果は、一緒になって、需要のある生産物を供給可能な人々に、大規模で高収益な市場を創造しつづけていた。その結果、一八五〇年までに、新しい経済的現実に対応して価値観や生活態度も変化しはじめた。

道徳と奢侈的消費の経済学とのあいだに生じてきた緊張関係は、ヴィルヘルム・ロッシャーの手によって上手に描き出された（Roscher, 1854）。経済学のドイツ歴史学派の創設者の一員であったロッシャーは、倫理的見地と商業的見地という二つの見地から、奢侈的消費を考察した。「経済学者たちが、奢侈一般に対して賛成したり、反対したりするとき、彼らは、神経過敏一般に対して賛成したり、反対したりする医者に似ている」（Roscher, 1854: p. 223n）と述べ、彼は、奢侈的消費という現象に関する過去の議論はほとんど根拠のないつまらないものであるとした。マンデヴィルなどは「最もつまらない生活必需品より豪華なものなら何でも奢侈品と呼んでいる」、と彼は抗議している。さらにヴォルテールやヒュームなどは奢侈的消費を擁護したが、プリニウスやルソーなどはずっと猛烈な反対者であった。そしてほとんどの場合、これらの論争は、奢侈的消費が健全なものなのか、それとも非難されるべきものなのかを巡って行われてきた。だが、ロッシャーの考えでは、こうした論争はほとんど実質的価値をもつものではなかった。

ロッシャーも彼の先行者の多くと同様に、奢侈的消費や誇示的な見せびらかし行為を大金持ちや政治的強者と結びつけて考えていた。しかしながら、彼は、特権的な少数者の放埒が社会にとって何の益もなく、道徳的にも経済的にも弁護の余地のない、彼が文明化されていない社会と呼んだ社会における奢侈的消費と、特権的な少数者の消費者行動の影響が全くそれとは異なっている、近代の「文明化された」社会における奢侈的消費とを明確に区別した。

文明化された社会においては、富や所得の分配が潤沢になればなるほど、また平等になればなるほど、人口のより多くの割合が高額の所得を自由に楽しむことができるようになる。そうなれば、金持ちの奢侈的消費は競争への刺激として役に立ち、より公益に適った財とかサーヴィスの生産を奨励することができる。またこうした競争は、道徳的な意味でも、経済的な意味でも、擁護しうるものである奢侈財消費における平等化傾向を生み出すので、ロッシャーにしてみれば、納得できるものであり、建設的なものでもあった。それゆえ、奢侈的消費は、国家が衰退し、再び所得の分配が不平等になってきたときにのみ、許容することができないものとなる。

国家が衰退しはじめると、奢侈は破廉恥で不道徳であるとみなされるようになる。夥しい金額が無意味な享楽に消尽される。そこでは、高額な消費がただ消費のための消費として行われるとさえ言いうるであろう。人生の美しく真実の楽しみが、奇怪で無気力なものに取って代わられる。(Roscher, 1854: p. 241)

社会的・経済的状態が大衆の生活条件の改善を許さないときには顕示的消費と誇示的な見せびらかし行為は擁護されえないとするロッシャーの考えは、カール・マルクスの仕事の中にその反響が見出される。政治活動家として、マルクスは、あらゆる顕示的消費というものは社会的に擁護しえない資本蓄積に基礎を置くごく少数者に与えられた特権であると非難した。マルクスによれば、近代産業社会は、営利企業からなる資本主義的システムのもつ不平等性・不公平性のゆえに、機会や富の不平等、さらにはすさまじいほどの所得の不平等を引き起こしてきた。このような社会では、貧乏人は自己保存にだけしか関心を持たない。だから、貧乏人が金持ちの行動や消費と一所懸命に競争することができると想定することなどおよそ無意味なことである。それゆえ、マルクスは、ロッシャーの次のような考えに対して、すなわち資本主義的システムの内部でも国富が徹底的に再分配されうるので、競い合いのための消費は成立しうるし、またそのとき、競い合いのための消費は公共の利益に資することになるであろうという考えに対して反対した。マルクスによれば、富の永続的な再分配というものは、ステータスを表示するために顕示的に消費しようとする欲求や誘因そのものを除去することになる革命的な政治的・文化的変革を必要としていた。実際、社会主義の下では、誇示的な経済的見せびらかし行為は称讃されるというよりは非難されるものになるであろうし、また社会的ステータスを守るためには、誇示的な見せびらかし行為に対する嫌悪を表明することが必要となるであろう。

一九世紀中葉になると、顕示的消費は、商業的・政治的議論においてはある程度問題にされるようになってきたが、経済理論内部ではこうした問題に払われた関心は一笑に付された。ロッシャーによってなされた考察を別にすれば、歴史学派の経済学者たちは、経済学に関連している文化的・社会経済的な法則の発展に関する彼らに固有な考え方のゆえに、消費者行動に関する本質的に社会学的な解釈を生み出してきていたにもかかわらず、消費者需要に与える外部効果に関しては一般に興味を示さなかった。ヨーロッパのあらゆる国で、とりわけフランスとイギリスで、徹頭徹尾、経済的問題を科学的で数学的に取り扱うことが、経済学を発展させる方法であるとする考え方が台頭してきたために、経済学の正統派内部では、顕示的消費が文化や人間の行動に対してもっている含意が無視されることとなった。『富の理論の数学的原理の探究』(Cournot, 1838) という書物で、経済学の数学的接近方法の土台を築いたクルノーは、ある種の生産物は実際には誇示的な見せびらかし行為のためだけに購入されているということを進んで認めていた。だがこのことを認めるということは、通説に反する需要と価格の関係を考えることができるということを意味する。というのも、このことは、地位表示財の価格の下落に対応して需要が減少するという風に一般化しうるからである。しかしながら、彼は、「社会経済において、こうした性質の対象は余り重要な役割を演じていないので、われわれの議論の範囲内では気にする必要はない」(Cournot, 1838: p. 46) と述べ、こうした市場行動の意義を度外視した。

クルノーによる経済理論からの顕示的消費とその市場への影響の排除は、そのことが経済分析に数学的な接近方法を採用した後の世の経済学者たちに大きな影響を与えたという意味で、大変に重要なことであった。さらに、彼のこうした主張は二重の意味で興味深い。というのも、彼は、需要量は価格の関数であるという需要の法則を「発見した」と同時に、需要を負に傾斜した連続量として理論的に説明したと、後に広く信じられているからである。このように、彼が発展させたミクロ経済学モデルと非合理な消費者行動は巧く折り合いがつかないものであることからすれば、彼が顕示的消費論をつまらぬものとして扱ったのも無理からぬことであった。またある意味で、クルノーは、一九世紀の数理経済学者、とりわけフランスのデュプュイ、ドイツのゴッセン、イギリスのジェヴォンズなどの仕事において顕著であった、ステータスに動機づけられた消費の無視を正当化したと言える。

初期の数理経済学者たちの中の数少ない人たちは、財やサーヴィスに対する需要における顕示的消費という要素を進んで認めていたし、それを巧く説明しようとしていた。ウィリアム・ヒューエルは、必需品のような財と、その需要がある程度ステータスや見せびらかし行為への配慮に影響されている「大衆の奢侈品」のような財とを区別した（William Whewell, 1850)。しかしながら、経済的論争におけるこのような貢献は、大体は、過小評価されるか、無視されてしまうのがつねであった。ヒューエルの業績は、彼の数学的議論を「無意味」で「根拠のない」ものとして棄却したジェヴォンズによって、後に一笑に付されることになった。実際、新しい数理学派は、非合理な需要形成の例は無視されうるほど稀なことなのだから、ミクロ経済学的分析や理論的説明から排除されうるとしたクルノーの勧告を受容していったのである。

ウイリアム・スタンレー・ジェヴォンズは、一八七一年に出版された彼の著書『経済学原理』の中で、数学的接近法だけが経済学発展のための唯一有効な方法であると主張し、「私は、他の経済学者たちに、彼らが扱っている経済学という科学は、明確な数学的土台の上でのみ正当に扱いうるのだということを確信させたい、一人の経済学者として書いた」(Jevons, 1871: p. xiv) と述べた。無論、彼は、他の経済学者たちが、帰納的で経験的な経済学の仕事を進めようとしていることを知っていたが、『原理』が経済学の現在の「混沌とした現状」に対して貢献しうるものであることを確信していた。要するに、彼は、経済学は経済学と経済社会学とに分割されねばならないであろうと考えていたのである。

経済社会学がジェヴォンズによって選択された途ではなかったことは確かである。彼は、クルノーやゴッセンの大いなる称讃者として、効用理論の数学的解釈を押し進めた。ジェヴォンズは、一般均衡分析を発展させた人物であるメンガー（Mengar, 1871）やワルラス（Walras, 1874）とともに、新しい効用理論の基礎を築いた。しかしながら、これら三人の経済学者たちは、効用関数を加算的なものとして扱い、対人効果が消費者需要の動向に重要な効果を与えることができる可能性について議論することはなかった。かつてジェヴォンズが、「人々は、彼ら自身より少し上流の階級の人々が、娯楽や音楽や芸術にお金を使っているようだという理由で、せっせとそれらにお金を使うものである」と認めたように、対人効果の影響について気づいていなかったわけではない。しかしながら、彼は決してこうした考察を経済学の研究の中に取り入れることはしなかった。

一九世紀の経済理論と経済思想において、数理学派は支配的な勢力であったが、数理学派同様に、新古典派理論に対して貢献した非数理的な経済学の系譜が同時に存在していた。一九世紀の末頃、理論的分析が確固たるものとして根付いていなかったドイツにおいては、歴史学派が支配的な経済学になりつつあったので、理論分析の経済学は、一八七〇年以降、カール・メンガーに率いられたウィーンもしくはオーストリア学派が台頭しつつあったオーストリアへ移っていった。

メンガーは、ジェヴォンズやワルラスと同じ頃、限界効用理論を確立させ発展させたのであるが、彼の研究方法は、数学的分析の使用を最小限に留めているという点で、顕著に他の人たちと異なっていた。事実、一九世紀後半において、メンガー、フリードリッヒ・ヴィーザー、オイゲン・ヴェーム・バヴェルクなどオーストリア学派の主力メンバーたちは、皆すべて方法的土台として数学を使用することに反対していた。このような非数学的な姿勢は、幸運にも消費者需要の「行動習性」的側面を論ずるための理論的拠点を彼らに提供したが、結局は、オーストリア学派の消費や消費者行動についての分析は、一般的に言えば、数理経済学者たちの分析に劣らず正統的なものであった。もしメンガーの主観的価値の概念が、ワルラスの一般均衡分析との関連で、分析的文脈の中に巧く位置づけられることができたならば、そのときは、真面目な議論のテーマとして、地位志向的消費に対して多くの関心が払われたことであろう。こうして、数理学派も、非数理学派も、結局は、ヨーロッパや合衆国における非常に多数の人々が日々地位志向的消費をしているという事実を理解することなく、あるいはその事実に何の説明を与えることもなく、ともに新古典派的需要理論の発展に貢献してきたのである。

一八九〇年までに、効用や価値、需要や供給、生産と生産性、国民所得の分配、労働と資本などという論点に関して、いくつかの新古典派的考え方の行きづまりが生じてきた。こうした問題は、一八九〇年に最初に出版された『経済学原理』の著者であるアルフレッド・マーシャルによって初めて、一貫した体系的な経済理論内部に一括して取り込まれた。『原理』は、周知のごとく、経済理論に対して独創的な貢献をなしたとされているとともに、長いあいだにわたって、経済理論の領域を支配してきたとされている。とはいえ、『原理』は、人間行動の非合理性を例証しているようにみえる出来事を、ほとんど無視するという正統派的伝統を継承しているものでもあった。

第4章　顕示的消費行動に対する新古典派的見解

一八九〇年に出版されたアルフレッド・マーシャルの『経済学原理』は、対人効果の消費者需要に対する影響についてほとんど考察を加えていない。したがって、必需品と奢侈品の双方に対する対人効果の影響について考察した議論はわずかしか存在しないが、対人効果の影響を経済的活動の二つのまったく異なった形態として、マーシャルは明確に区別していた。

彼は、生活必需品に関しては、アダム・スミスに同意して、そうした消費には心理的要素と同様に社会的要素も関わっているとし、偏見にとらわれない見方をしている。すなわち彼は、スミスは「習慣の違いが、ある場合には、他の場合には贅沢品であるようなものを必需品にすることを理解していた」と指摘するとともに、こうしたスミスの主張に同意していた。ひとつの例として、衣裳や体裁に対する支出は、社会的ステータスや職場での影響力を失うという深刻な危険を冒すことなくその支出をやめることができないならば、慣例上、これらの支出は必要なものであるとみなされるに違いないとした。さらに、人間の職業の性質に関連して必要とされるものは、ともあれまったく合理的な支出とみなされうるし、また同様に、いまだ階級や職業にふさわしい社会的生活を演出することが必要とされるようなところでは、閑暇《かんか》も必需品に組み込まれることになるであろうとした。

イングランドでは、現在、暮らしの楽な労働者なら日曜に黒地のコートを着、場所によっては、シルクハットを被っていることが望ましいとされているが、ほんの少し前まではそんなものを被らなくても別におかしいことではなかった。慣習上要求される最低限と許容される最上限とを示す品物の種類とそのための費用のいずれも絶えず増大してきており、衣裳によってステータスを誇示しようとする努力は、イギリス社会の比較的低い階層にまで広まっている。(Marshall, 1890: p. 87)

マーシャルは、社会的差別化への欲求はこれまでつねに強力であったであろうし、これからもつねに強力でありつづけるであろうとするシーニアに同意して、消費のパターンを決定する上で、承認願望を重要な要素として受け容れた。同時に彼は、勝ち取った社会的成功を確かなものにするために許される顕示的消費と、虚栄心にのみ操られた純粋な浪費であり放埒である地位志向的支出とを注意深く区別した。純粋に見せびらかし行為のための奢侈的支出は、マーシャルの目には、富の濫用として、また真実の欲求の充足の否定として映ったが、彼はこうした支出が増加しつつあることも認識していた。

すべての文明国の富裕な階級の主要な害悪であった不健全な富への欲求の形成の徴候が、イングランドの熟練工のあいだにさえあらわれだしたたし、新大陸においてはいっそう強くあらわれてきた。奢侈禁止法を出しても無駄であるが、社会の道徳感情によって、あらゆる種類の個人的な富の見せびらかし行為を避けるようになれば、益するところは少なくない。(Marshall, 1890: pp. 136-137)

だがマーシャルは、奢侈的支出は、それが、一方で個人の虚栄という堕落から、他方で個人の妬みという堕落から自由であるときには正当化されうると考えていた。たとえば、すばらしい芸術や洗練された職人芸、文化的催し物、さらには公共的コレクションに対する支出は、つねに価値あることとみなされうるとされ、それらは当時増加しつつあった誇示的な浪費と鋭く対照されていた。彼は、彼の先人であるジョン・レーと同じように、地位志向的な顕示的消費に夢中になることは、無粋であるばかりではなく、より重要なことは、それが社会と国民の双方の道徳的価値と安寧を蝕んでいると主張した。

マーシャルは、明らかに、増大する見せびらかし的支出の水準に関心をもっていた。イングランドにおける上流階級の消費のおそらく半分以上がまったく必要ないものである、と彼は主張した。また、『経済学原理』における「新しい国々」に関する箇所での顕示的消費に対する言及は、明らかに新興の金持ちの「金ピカ時代」の消費が蔓延しつつあったアメリカ合衆国に対するものであった。彼は、こうした顕示的消費行動の経済的・社会的重要性に完全に気づいていたのであるが、それ以上の議論をすることはなかった。こうした課題は「この編の適切な領域を超えている」（第三編）とし、「個々人が彼の所得を支出する仕方は、この論考の最後の部分で扱われることになるであろう、経済科学の生活の仕方に対する応用の中でも重要なもののひとつである」と彼は述べているが、実際には、それ以上の議論がなされることはなかったし、『経済学原理』のその後の版においても同様であった。

マーシャルは、イングランドとアメリカ合衆国の双方において、地位表示的消費の重要性がますます増していることを理解していたが、彼はそうした市場の動きに関して明らかに不満を感じていた。だが彼は、社会的な配慮というものが需要選好を決定するうえで非常に重要な役割を演ずることができるし、また現に演じていると考えていたし、またこうした社会的配慮というものは承認されるべきであるとも考えていた。

社会生活のあらゆる側面は密接に結びついているのであるから、それらは一緒に考察されるべきであるとするコントの学説は偉大な真理の一面を言い当てている。だが、まだ未熟でまったく不完全である経済学によって、社会の一部に対してなされてきたのと同様な研究を、社会生活全体に対して行おうとする社会科学を創設するためのいかなる真剣な試みも、いまだかつてなされることはなかった。……ミルが主張しているように、コントは、「経済学者以外の何者でもないような人は、またよい経済学者ともなれないであろう」という、思慮ある人ならば否定することのないであろうことを立証したにすぎない。社会現象は互いに作用し反作用しているのであるから、それらはバラバラでは正しく理解されることはできない。(Marshall, 1890: pp. 770-771)

しかしながら、マーシャルは、それらの社会的要素が経済学の内部に具合いよく組み込まれうるかどうかについては、はっきりとした留保を表明していた。彼の懸念は、もし経済分析が余りにも多くの要素を含むことになると、「現実」が曖昧さを増すためと哲学的思弁のために、科学的正確さという点で、必然的に経済分析が余りにもいい加減なものになるだろうということであった。経済学を有効な探究の方法とするためには、ある程度、経済学は非現実的なものである方がよいという考え方が彼の頭にあった。それゆえ、マーシャルは、消費者需要と市場行動を説明するために、社会をより包括的に捉えているであろうけれども、対象に対する科学的取り扱いという点において正確なものではなかった他の分析方法よりも、部分均衡分析の正確さを選んだのである。

『経済学原理』の初版においては、選好の形成に与える対人効果のいくつかの経験的証拠が承認されていたし、また、コントやその他の人々が指摘していた事実、すなわち社会的配慮が消費選択に影響を与えることができたし、また現に影響を与えてきたという事実も承認されていた。だが、マーシャルはこうした市場行動を議論として扱おうとしなかった。彼は、消費者需要の理論を練り上げていく過程で、「他の事情にして等しければ」という仮定を、分析を容易にするために大いに利用したのであるが、実はこうした仮定が対人効果に関する彼の知見を研究の領域外に追い出してしまったのである。こうしてまったく便宜的な理由で、社会的に動機づけられている消費は、消費理論を練り上げる過程で無視されることになったのである。かくして彼の消費理論においては、個別的消費者は、ステータスというものが感じられる消費の領域では、他人の消費パターンによって影響されうるし、影響されるものであるという事実に関して、まったく考察が加えられないこととなった。市場の総需要は、他の事情が等しければ、商品の価格によってのみ決定され、「市場におけるあらゆる人々の需要の総計」として定義された。こうして、マーシャルは、他のあらゆる要素は一定として、ある時代の、一定の条件の下での総需要を測定することによって、消費選択に与える外部的な社会的影響を分析の中にもち込むという猥雑さを避けることができたのである。

科学的正確さを高めるために、消費者需要の動向に与える社会的影響を過小評価するというマーシャルの決定が、すぐに重大な事柄として理解されたわけではない。だが、一八九二年に『経済学原理』の第二版が出版されたとき、『エコノミック・ジャーナル』誌上において、ヘンリー・カニンガム卿によって、マーシャルの定義の帯びている様々な意味が指摘された。すなわち、ヘンリー・カニンガムは、需要曲線の導出や需要曲線の図式的表示に関して代替案を提起している、初期の私的に出版された原稿を完成させようとしていた論文の中で、消費者地代の理論の展開において対人効果の消費に与える影響を誤って無視しているとマーシャルを告発したのである。

消費者地代に関するマーシャルの定義は、「各々の購買者にとって彼が獲得した品物の貨幣価値が、他の人々がその品物を所有しているか否かにまったく関わりのないということを前提にして」はじめて正しいものとなる、とカニンガムは主張した。さらにマーシャルの定義は、基礎的必需品が購入されるようなときには正しいと言えるが、その他の条件の下では支持されえないとした。

三月の苺《いちご》の総価値は、こうした美味しくない苺が見栄っぱりのゆえに好きな人にとっては、その他の人々がそれらの苺を手に入れることができないという事実に存している。……ダイヤモンドやルビーやサファイアなどに対する需要も同様な例である。それらの品物の量が増えていけば、価格が下がるだけではなく、すでにそれらを手に入れている人々の喜びそのものも、それらがありきたりなものになるにつれて減少していく。(Cunynghame, 1892: p. 37)

このように、カニンガムの考えでは、何らかの品物の貨幣価値の一部は、その品物が他の人々にどれだけ供給されるか、またその品物が他の人々にどれだけ利用できるかに直接的に比例して変化するというものであった。それゆえ、ある人にとっての生産物の値打ちもしくは貨幣価値は、多かれ少なかれ、他人に品物を手に容れ易くさせている供給市場における交換によって、ある程度決定されるとした。しかも、彼は、社会的に人気のある商品の供給の変化は、既存の需要曲線に沿った移動を引き起こすというよりは、そうした生産物に対する需要曲線をシフトさせると主張し、効用に与える対人効果を消費者地代の図式的な新解釈によって説明しようとした。

その他の原因によって妨げられることがなければ、供給量の変化だけによって引き起こされるであろう価格と消費者地代のあらゆる変化を、一目瞭然の形で示す（需要）曲線を描くということは、一般的に言えば望ましいことである。(Cunyngham, 1892: p. 39)

カニンガムの連続的需要曲線に関する考え方は、当時、『エコノミック・ジャーナル』の編集者であったF・Y・エッジワース教授の関心を引いた。エッジワースは、一般化された効用関数に関する彼自身の初期の考え方を練り上げていたとき（Edgeworth, 1881）、他の人々によって消費された量が個人の効用関数に影響を与えることができることに気づいた。そこで彼はカニンガムの主張についてマーシャルと私的に議論をした。すでに、マーシャルは、いくつかの論点をはっきりさせるためにカニンガムに直接手紙を書いていたが、彼の説明にもかかわらずカニンガムを納得させることができないところが残っていた。そこで、マーシャルは、一八九二年の四月に、カニンガムの分析を攻撃するとともに、彼の経済学者としての能力に疑いを持たせるような手紙をエッジワースに書いた。

私が彼の原稿を読んだとき、私は（このテキストのいくつかの語句について）私が理解していないことに気づくとともに、彼も理解していないと思った。だから私は彼に手紙を書いた。今では、私は彼が理解していないと確信している。彼は、せっかちで激しやすく、生涯を通じて、自分で言ったことを、自分で理解していないときでも、つねに自分で理解していると思っているような男だ。(Guillebaud, 1961: p. 809)

結局マーシャルは、需要は、人々が所持している社会的に示差的な生産物の量と、（もしくは）その生産物の一般的な入手可能性に反比例して変化しうるし変化しているという議論は、一般理論を構築するという点からすればつまらない議論であるとして、あり得べき何らかの供給量に対する正常ではない需要の反応というものを認めようとはしなかった。彼は、たとえ消費者がこのような正常ではない行為をしようとしたとしても、それは、長期間における趣味や嗜好の変化として表現されるであろうし、また当初の需要スケジュールに沿う動きとしてではなく、需要曲線のシフトとして描き出されるであろうと論じた。

マーシャルは、経済学における「短期」の正しい解釈を巡って、カニンガムと論争したのであるが、マーシャルは、込み入った時間の長さを無視すれば、生産物の値打ちや商品の貨幣価値に関して、それが一分間で測られるか、一年間にわたって測られるかによって、必ずや異なった理解が生じるであろうと主張した。マーシャルの見解は広く受容され、いわゆる連続的需要曲線というカニンガムのケースは決して説得力をもつものではないとされた。しかしながら、カニンガムは、マーシャルの消費者地代論を再考させることには失敗したけれども、副次的に対人効果の効用に与える影響に注意を向けさせることに成功し、対人効果の問題を消費者需要に関する経済理論から排除することが妥当であるか否かを問題にすることができた。

実際には、カニンガムの異議申し立てはマーシャルに対してほとんど脅威を与えなかったが、地位志向的市場行動という論点は、一年後に、『エコノミック・ジャーナル』誌上の論文で、カロリーヌ・フォリーが、多くの消費財の需要を決定する上で流行が重要であることを指摘したときに、再び取り上げられることとなった。台頭しつつあった需要理論で、消費を決定する上での流行の役割がほとんど完全に無視されていることに対して、マーシャルとその仲間たちは「軽率なコメントをすることによって、大変重要な問題を軽くあしらっている」、と彼女は非難した。

フォリーは、流行を、たんに奢侈品の需要を形成しているだけではなく、パンのような必需品の需要にも影響を与えることができる「欲求の中の欲求」として定義した。流行品に対する欲望は、模倣や差別化への愛、さらには「平等への努力」といった一連の社会的要因によって引き起こされており、当時出現しつつあった消費理論の内部に組み込まれるべきほどに重要なものである、と彼女は主張した。また流行というものは、欲求の様々な在りようを表現しているものであり、消費財の種類と品質、さらには需要量や消費速度などに影響を与えつつ、あらゆる社会、あらゆる時代に存在していた、と彼女は主張した。さらに、彼女は、需要や消費の動向を決定する上での流行の重要性は、一八・一九世紀の社会学者や哲学者たちによって広く認識されていたのであるが、一九世紀末における需要理論の構築に際して、知ってか知らずか、経済学者たちによってほとんど無視されつづけられてきたと批判した。だがこうした彼女の批判は、多少の注意を喚起しただけで、結局は経済理論家たちによって無視されることとなった。

一八九五年と一八九八年にそれぞれ出版された『経済学原理』の第三版と第四版は、カニンガムあるいはフォリーの異議申し立てに対して何の譲歩もせず、消費者選好形成における対人効果は依然としてつまらない論点であるとみなされていた。しかしながら、一九〇三年に、この問題は、その批判を簡単には無視することができない著名な経済学者によって再び取り上げられることになった。マーシャルの以前の弟子であり、親しい友でもあったA・C・ピグー教授は、その年の三月に刊行された『エコノミック・ジャーナル』誌上の論稿において、消費者の目からすれば、多くの地位表示的な生産物の効用は、社会的に影響しあっている集団におけるその生産物の所有量や消費量に明らかに影響を受けており、新しい消費理論を構築する際には、こうした事実を無視することは許されないと述べ、カニンガムとフォリーを支持した。ピグーの目からすれば、ダイヤモンドに対する需要というものは「稀少なものへの欲求」によってのみしばしば喚起されるものであるとされた。同様に、ピグーは、カニンガムによって言及されたシルクハットに対する需要も「流行に乗り遅れまい」とする欲求であるとみなした。しかしながら、ピグーは、社会的に顕示的な品物に対する需要は、たんに他人に所有されているその品物の量の関数であるばかりか、その商品の特殊な分配の仕方の関数でもあると指摘し、カニンガムの議論をさらに発展させた。

もし、非常に多数のダイヤモンドやシルクハットが、奇跡的にたくさん作り出され、他の人に手渡されることなく、単独の個人によってずっと所持されていたとしても、これらの二つの品物に対する私の効用曲線に及ぼすその影響は、少量のものを扱っている本研究においてさえ無視しない方がよいと思われる程度の小ささであろう。同様に、もし、非常に多数のシルクハットが、それを被るにふさわしい上流階級の所有に帰し、各々に二個どころか三個ほど所有されることになったとしても、私の効用曲線は目に見えるほど影響を受けることはないであろう。だが、もし、所謂《いわゆる》、下層階級においてこうした被り物が着用されるなど、驚くべきことが起こったとするならば、私の効用曲線はきっと影響を受けるであろう。さらに、現存するシルクハットの三分の二が破壊され、それらの帽子を着用するということが当たり前の状態になっているすべての人々にとって、たった一つのシルクハットが残されるというまひとつの驚くべきことが起こったとしても、私の効用曲線は影響を受けることはないであろう。だがしかし、破壊的な力が私の直接的な隣人である人々のこれらの所有物に向けられたならば、私の効用曲線は影響を受けるであろう。(Pigou, 1903: p. 60)

社会的差別化は、たんに一般に上流社会風であることによってではなく、「ある特定の人々との類似性と他の特定の人々との差異性」の結合によって形成される、とピグーは主張した。したがって、差別化への個人的欲求と結びついている顕示的消費の性質や傾向は、彼もしくは彼女に固有な社会的・経済的環境によって決定されることになる。差別化への追求は、社会的に認められていると思われる集団によって消費されている商品に対する願望を人々に植え付けるとともに、彼もしくは彼女が関係をもちたくないような社会集団と一般に結びつけて考えられている財やサーヴィスに対する忌避へと人々を導く。もし、好感をもっている社会的・経済的集団の中で特定の生産物の消費が増加したならば、その生産物を購入することや消費することが望ましいことになる。逆に言えば、もし、彼自身もしくは彼女自身がそこから遠ざかりたいと願うような集団内部で、特定の生産物の消費が増加したならば、彼らにとってその生産物の魅力は、その生産物の消費の増加と相即的に減少することになる。さらにピグーは、嗜好とか素養の模範を示しているように見られている「止事無き御方《やんごとなきおかた》」の意見によっても、需要は同様に顕著な影響を被ると主張した。その一例として、彼は、ある家政婦がかつて彼にした話、すなわちある名門の一家が小さな肉を食べているのを見て、その家の召使いたちが肉はもはや贅沢品ではないと考えるようになり、自分たち自身も肉を少ししか食べないようにしたという話を引いている (Pigou, 1903: p. 61)。

マーシャルの限界効用理論の大部分は、ある財の消費における少しの変化が、初期に増加する効用に目に見えるほどの影響を与えることはほとんどありえないということに同意していたピグーによって受け継がれた。だが、消費の大きな変化によってマーシャルが「普通」と名づけた財の効用に変化が生じていることに人々が気づかされた場合には、彼の効用論はほとんど妥当しないものであるとみなされていた。マーシャルは、一九〇三年三月一九日付の手紙で、次のようにピグーに返答している。

私は、一九〇三年三月の『エコノミック・ジャーナル』誌上のあなたの論文を今読み終えたところです。……さて、あなたの議論はこのようなものであると考えてよいのでしょうか。すなわち、われわれは、われわれにとって直接的な利益だけがあるとみなされているパンやミルクやその他の商品については、ある個人の効用曲線からある国民（ないしは他の集団）の需要曲線を導くのであるけれども、われわれは、社会的差別化を与える力が分与されているがゆえに幾分か価値が評価されているような商品の場合は、そのようにして需要曲線を導くことはできない。それゆえ、そうした商品のあらゆる供給の大きな変化は、個人の効用曲線を作成していたときに、われわれが便宜上一定であると想定していた条件を一般に変化させる、と。

私が理解しうる限りでは、以上の点については同意見であるし、またこの点について私は何か言っておくべきであったと思う。とはいえ、もちろん、私は、絶えず、ある集団の需要価格は満足の近似的尺度ではないと主張してきたし、異なった所得の人々や、また異なった感受性をもつ人々が、あらゆる集団に均等に配分されているという仮定も維持してきた。そしてまた、ある品物が帯びている差別化を与える力を変容させるような流行の変化も含めて、流行の変化の効果について絶えず言及されてきたと思う。(Pigou, 1925: p. 433)

一九〇三年のピグーの論文は、一九〇七年に出版された『経済学原理』第五版において、マーシャルに効用の定義を修正させた。しかしながら、彼が行った譲歩は限定的なものであったし、台頭しつつある価値論と効用論に対して脅威を与えないように意図されたものであった。総効用は、「それが（個人に）もたらすすべての快楽もしくはその他の便益」としてより広義に定義されたが、脚注において、彼は、社会的称讃や承認への欲求に根ざしている需要に対する対人効果についての議論や分析は、主流派の経済学の外部に適切に位置づけられていると思うとはっきり述べている。

欲求ないしはその充足から起こる満足を直接、あるいはそれ自体として測定することは、考えられないものではないとしても、実行不可能であることはどんなに強調しても強調しすぎることはない。もしわれわれにそれができるとしたならば、われわれは、欲求の算定結果と、それが充足されることによる満足の算定結果という二つの算定結果を手に入れることになるであろう。だが、双方の結果はかなり食い違うであろう。高尚な願望はもとより、経済学が主として扱うような欲求の中には、とりわけ競争心と関連ある欲求の中には、どうしても実現させないではおられないものがある。そうした欲求の多くは習慣に基づくものであるが、中には不健全で害になるものもある。またそれらの欲求の多くは決して実現できない期待に基づいて起こっている。もちろん満足のうちにも普通の喜びではなく、人間の高尚な性質の発達あるいは、昔の懐かしい言葉で言えば、至福に基づく満足であるものが多くあるし、一部は自己否定から生じる満足でさえもないわけではない。このようにして二つの直接的な測定は異なってくるであろうが、しかし、いずれの測定も不可能なのである。われわれは、経済学が採用しているところの行動の動機ないし誘因の測定にたよるほかない。そしてこの測定に大きな欠陥があるのは承知のうえで、活動を促す欲求と活動の結果である満足の双方を測るものとして使うのである。

(Marshall, 1907: pp. 92-93n)

社会的に動機づけられた消費の影響を測定することの困難さに関するマーシャルの説明が、カニンガムやフォリーやピグーたちによって問題とされることはなかった。だが、エッジワースが、誰であれ、ある個人の需要というものは、他の人々によって需要され、消費された量に影響されるであろうという主張に関する最も初期の統計的研究のようなものを行おうとしたとき(Edgeworth, 1907)、マーシャルとピグーとの意見の対立が取り上げられることとなった。だが、エッジワースの「研究」は厳密なものではまったくなかった。オックスフォードのオール・ソウルズのフェローであったエッジワースは、「いくつかのオックスフォードのカレッジ」から統計を集めようとした。

こうした考え方は、アルコール飲料が嗜まれる懇親会では、仲間の数が多くなればなるほど、一人当たりのアルコール消費は多くなりがちであるという、ごくありふれた想定によって例証されるであろう。このことを試してみる機会が、交友的精神の影響を受けやすいとみなされているメンバーによる、いくつかのオックスフォードのカレッジでの様々な規模の晩餐会によって与えられた。いわゆるフルコースであったその学期の日曜日の晩餐会はそのことを検証するために最適であるように思われた。料理や飲み物の中身はほとんど同じようなものであったが、出席者の人数は、私が観察した期間には七人から四二人の幅で、大きく異なっていた。各々の場合、飲まれたワイン(その他の飲み物)の量とその金額が記録された。私は、消費されたワインの金額を消費量の尺度として考え、一人当たりの消費量の変化を有効需要の変化の指標として考えるという仮定に立って、一九〇三年から一九〇六年の四年間にわたる記録を利用した。(Edgeworth, 1907: p. 233n)

それから、エッジワースは、「パーティー」の規模が、ワインの消費に何らかの影響を与えているかどうかを計算した。そして彼は、この分析から次のような結論を引き出した。すなわち、「小さなパーティーと比較して、規模の大きいパーティーの方が、一定の、もしくは著しい消費の増加があるということは観察されない」、また、この個別的研究からすれば、個々人の平均的需要に対する、すべての人によって需要された量の影響はほとんど認めることはできない、と。マーシャルの正しさが立証されたように見える。

だが、実際には、エッジワースの実験は大変に杜撰《ずさん》なものであり、こうした結論を認めるためにほとんど有効ではないし、価値あるものでもない。とりわけピグーは、エッジワースのこの議論に関する貢献と言われているものを無視するとともに、需要理論の発展にとって極めて重要な意味をもつと彼には思われた論点に関して、マーシャルが明確な譲歩をしないことに対して依然として不満を感じていた。ピグーは次の一〇年間に二回この問題に立ち返っている。

一九一〇年に、ピグーは、生産者余剰と消費者余剰の貨幣測定について執筆しているとき、ある消費者の消費の変化が間接的に他人のある所定の消費水準に伴う満足を変化させる影響をもつならば、個人の限界需要曲線と集団の限界需要曲線とは同じものではありえないという事実を、経済学者たちは依然として無視しつづけていると主張した。こうした主張は、商品が、それらが稀少であるがゆえに、もしくはそれらが特別の地位表示的価値をもつがゆえに欲せられるという場合や、またそれら商品が他の人によって普通に消費されているがゆえに欲せられるという場合に、とりわけ妥当する。またこのことは、貨幣タームで測られたときの消費者余剰の計算とつねに関係しているし、また不可避的に需給関係に影響を与える。

一九一三年に、彼は、二〇年位前に初めて彼が提起した論点に再び立ち返り、「初歩的な議論では」、集計された需要スケジュールは、つねに、いくつかの独立した需要スケジュールの単純な足し算によって作成されると仮定することが依然として一般的であるが、初歩的な議論を越えたところではこうした仮定が成り立つわけではないと主張した。すなわちこうした仮定は、商品が与える直接的な満足のゆえに欲せられるような商品に関しては妥当するが、「それらの生産物を所持することが、名声や差別化へのわれわれの渇望を満たすという間接的な満足」のゆえに欲せられる生産物に関してはまったく妥当しないとした。

ピグーは、需要の変化がわずかな場合、こうした外部効果を完全に無視しうるかどうかについては論じてはいない。だが、需要に大きな変化が起こったときには、こうした外部効果は、不可避的に、生産物の稀少性に対する、また生産物の地位表示的価値もしくは「普通さ」に対する感覚を変容させるとともに、商品の評判価値(reputation-value)を引き出す消費者需要の一部に影響を与えずにはおかないとした。多くの財やサーヴィスは、たんにそれらの固有な属性のゆえに需要されるだけではなく、所有者に評判と栄誉を与えることのゆえにも需要されるのである。このことの結果、栄誉を与えてくれる品物に対する需要は、その品物の価格だけに依存しているのではなく、それが一流の流行品としてみなされる程度にも、それゆえ、他の人による購入や消費にも依存することは明らかである、とピグーは述べている。だが、彼は、いずれ経済学者たちがこの事実に気づき、それに対処するようになるであろうことについては、懐疑的であった。

ステータスに動機づけられた消費者行動は、些細な取るに足らないものでは決してなく、あらゆる社会的・経済的階層において観察されうる行動であるという主張こそが、ピグーの議論の核心を占めているものであった。もしこのピグーの主張が正しいとすれば、ある個人の消費というものは、他の人々の消費に相当程度依存しているということへの初期のマーシャルの同意が、いままで理解されてきたこと以上の含意を帯びてくるであろう。第一に、需要曲線の導出が従来から考えられていたよりも限りなく複雑になるであろう。また消費者選好形成から、社会的身分や社会的名声の考察を排除している需要理論は、いまや完全に破綻してしまう。というのも、もしある生産物に対する消費者需要が対人効果を全面的に受けているとするならば、そうした生産物に対する総需要は個人の需要スケジュールのたんなる合成や集計から導き出すことができないからである。逆に言えば、もし消費者需要が対人効果を受けているとすれば、総需要は、何らかの正確さをもって、その構成部分に分解されることができなくなるからである。ピグーは、需要に対する社会的影響があらゆる人にとって眼に見えるものとして存在しており、需要スケジュールがマーシャルが提出したような図式的に表現されたものよりも遥かに複雑なケースを議論しているのである。ピグーは、適切な需要スケジュールが首尾よく描きうると考えていたが、洗練された分析方法が必要になるであろうとも思っていた。

市場における別々の原因の需要スケジュールがこのように複雑な仕方で表現されざるをえない場合、こうした問題を研究するためには、市場全体の需要スケジュールを再検討する必要があるけれども、そこには未知数を確定するに充分な方程式が存在しているから、こうした問題は理論的には解決しうる。しかしながら、解法は代数的解法であらざるをえないであろうし、平面幾何的言語に翻訳することはできないであろう。(Pigou, 1913: p. 24)

マーシャルの需要に対する対人効果に関する態度はつねに不可解なものであった。というのも、他人に対して己れを印象づけたいという欲求、さらには社会的身分や社会的名声を手に入れたいという欲求などによって、消費者がしばしば動機づけられていることを彼は知っていたにもかかわらず、彼は、理論的著作の中では、そのような行為を金持ちや特権的少数者だけに関連づけ、一般的な需要理論の形成に何の関係もないものとして語っているからである。こうした考えに立っていたため、彼は、『原理』の後の諸版を大幅に修正する必要を感じなかったのである。

マーシャルは、確かに、誇示的な見せびらかし行為がしばしば金持ちの消費の背後にある動機となっていることを否定しなかったし、また理論的なレベルでは些末なことでしかないけれども、そのような行為が全体として社会の一般的発展に貢献している重要な力であるということにも同意していた。一九〇七年一月の王立経済学会に提出された論文の中で、彼はこの論点を真正面から論じ、「裕福な階級は、彼らの満足をわずかしか増大させないにもかかわらず、また彼らの恵まれた幸福な生活に何もつけ加えるわけでもないのに、彼らの社会的ステータスに必要であるとみなすものに莫大なお金を支出する」が、この支出は、「それが買い与える社会における名誉やステータスや影響力以外に」、支出者に何の現実的な利益も与えることはないと述べている。そして彼は、このような顕示的浪費に対する対応を変えるべきであると、すなわちそうした振る舞いを非難するような社会にすべきであると、そしてまた全体として社会の直接的利益になるとみなされうる仕方で彼らの富や成功を見せびらかす人にだけに社会的ステータスを与えるべきであると主張した。要するに、彼は、この論文において、一八九〇年の『原理』初版の中で最初にした議論を蒸し返しているのである。

> 富が、生活と教養のための必需品をすべての家族のために提供し、豊富で高級な楽しみを公共的目的のために提供するように使われるのならば、富の追求は高尚な目標となり、富がもたらす喜びは、それが促進しようとしている高級な活動の拡充を伴いながら増大していくことであろう。(Marshall, 1890: p. 137)

一九〇七年まで、マーシャルは、個人の富の使い方における「騎士道」について論じつづけてきた。彼は言う、「怠惰な生活を送る富裕者が軽蔑されるような世論が序々に醸成されることを期待してよいかもしれない、……そうなれば、芸術的な雰囲気によっていかに偽装されていても、見せびらかし行為のための支出は俗悪と見られることになるであろう」、またそのときには、社会にとって利益となるであろう公共的利益のために富を使う人々に、正当にも真実のステータスというものが与えられることになるであろう、と。

金持ちは、共同社会の社会的・文化的環境を改善することができるだけのものを、己れの手中にもっており、彼らは環境改善を実践するための重要な役割を負わされている、とマーシャルは考えていた。とはいえ、金持ちたちがこうした役割を担うのは、社会が、一方で、個人的な虚栄心によってのみなされる支出に対しては非難するとともに、他方で、慈善行為が広く評価されている金持ちたちにのみ、社会がステータスを与えようとする場合に限られるとした。それゆえ、顕示的消費の性質と方向を変えることは、倫理的・道徳的に正当なことであるばかりか、金持ちたちは、倫理的・道徳的に適った行為をすることによって、声高に叫ばれている社会主義とか集産主義の政治的訴えを排除するための権利を確保しうるとした。

アルフレッド・マーシャルが、一九世紀末において、ステータスに導かれた顕示的消費の存在とその重要性を完全に認識していたこと、そしてまた顕示的消費があらゆる社会的・経済的階層において存在しているということを、市場行動に関する最もいい加減な観察でさえ、たちまち確証してしまうであろうことを知っていたことは、疑いえないところである。スミスのように、彼もまた衣裳や体裁に対する支出は、しばしば虚栄心だけではなく、社会における身分や立場を確保しようという欲求によっても喚起されることを、さらにまたそのような社会的に動機づけられた消費は、誇示的な支出というよりも、必要な支出としてみなされうることを認めていた。とはいえ、彼はこれらのどこにでも見られる支出を、経済分析や理論構築の際に決して取り扱おうとはしなかった。

マーシャルは地位志向的消費の概念やその存在をどうでもよいことと決してみなしていたわけではないが、絶えず、上手にこうした地位志向的な消費者行動という問題から、彼自身と彼の仕事を遠ざけていた。見せびらかし行為のための支出が色濃く社会的性格を帯びていることが、こうした行動を考察するのは経済学者の任務の一部ではないと主張したり、こうした行動の動機や目的を詳細に検討することは、そうした仕事を遂行する条件を遙かに満たしている、人類学者や社会学者やその他の人々のために残しておくのが最善であると主張したりすることを、彼に許したのである。今日では多くの経済学者たちが、こうしたマーシャルの考えに同意をしているし、また消費者行動を支えている非経済的動機に関する詳細な検討は、他の社会科学者の本分であると主張したとしても、論争を引き起こすことはない。しかしながら、マーシャルが、こうした消費者行動のもつ経済的な影響を矮小化しようとしたり、無視しようとしたとき、またその結果少なくともステータスを感じさせる生産物に関して、対人効果が消費選択と生産物の限界効用に影響を及ぼすことができる、もしくは及ぼしているという意見が都合よく「一掃された」需要スケジュールを導き出そうとしたとき、彼はもっと先まで踏み込んでしまったのである。だがこのように議論を限定しようとした彼の動機は理解できないことはない。というのも、そのようにすることによって理論構成が複雑にならなくて済み、需要測定が実行可能になったからである。かくして、マーシャルの多くの経済分析の核心に横たわっている需要の加算性の概念に対して、どのような攻撃を仕掛けたとしても、きわめて容易にはぐらかされることになったのである。

ピグーが容認することができなかったものこそ、マーシャル自身が社会全体に広く行き渡っているものとしてその存在を認めていた、社会的差別化を意図した消費の経済的な影響を取り扱うことに対する、こうした彼の拒絶なのである。しかしながら、結局は、ピグーに与した経済学者はわずかであり、経済学者たちのあいだでのマーシャルに対する抵抗も取るに足らないものであった。世紀の交わり目にかけて、地位志向的消費に関する真っ当な考察は、少なくともヨーロッパの経済理論に関して言えば、まったく消え失せてしまった。しかしながら、このテーマは、今度は大西洋の向こう側で、強い関心を呼ぶことになった。

第5章　ソースティン・ヴェブレンと金ピカ時代

アルフレッド・マーシャルは、一八九六年一〇月にケンブリッジ大学の経済学クラブで行った講演のなかで、経済理論と経済思想の分野で一九世紀になされた発展を概観し、この発展がさらに続くとすれば、新しい世代である二〇世紀の経済学者が直面する仕事がどうなるかという見通しを述べた。

マーシャルは、古典派と新古典派の経済学者によって堅固な基礎が打ち立てられたと主張して、『原理』における経済行動の扱い方が余りにも狭すぎ、しかも限定的過ぎると批判する人々に異を唱えた。彼は、経済学者は経済行動の背後にある広範な社会的背景を認識すべきだとは認めたが、経済理論と経済思想のなかに「人間のすべて」を包含しようという試みは余りにも向う見ず過ぎる、と考えていた。経済学それ自体は、文化人類学的、心理学的さらには社会学的な考察にあまり深入りすべきではなく、明らかに経済的な性質をもつ人間行動の側面に焦点を絞るべきだ、と考えていたのである。しかし同時にまた彼は、このように焦点を絞ったとしても、しばしば経済学が現実を犠牲にして分類学的な解決を追求してきたことを認めるのに、決して吝《やぶさ》かではなかった。

われわれは、実在しない世界を、実在しうるとか、実在すべき世界であるかのように想像してはならないし、そのような計画を立てるべきでもない。そのような方法は、燃えたぎる情熱のゆえに生じる失敗とそれにつづく冷たい反動を導くという意味で、社会的な狂気へ至る道である。経済学者であるわれわれの第一の義務は、あるがままの世界に関する理性的な一覧表を作成することであり、……その見積もりを、従来のものより少しでも改善することである。(Marshall, 1897: p. 125)

経済学はつねに市場の現実を考慮しなければならない、というマーシャルの警告はほとんど論争を引き起こさなかった。しかし、少数ではあるが次第に騒々しくなった一群のアメリカの経済学者は、この学問分野は、一八五〇年以降に生じた経済の工業化、とくに消費関連分野で生じた大きな変化にまったく対応しきれていない、と確信を抱きはじめた。アメリカ合衆国以上に際立った変化が生じたところはなかったし、すでにこの国の経済は、ジョン・レーが精通していたようなものではほとんど理解できなかった。一八三〇年代以降、個人主義と富の追求へ向けた動きが定着し、価値体系は大きく変化した。南北戦争が終わるころまでに自助主義が確立し、独力で成功した人物への礼賛がアメリカ社会思想の中核を形成し始めていた。

一八六〇年以降定着した商業主義は、新しいビジネス階級が田舎の伝統的エリートと社会的ステータスや名声を競い合えるようにした。前者は「名声」をもたなかったが、増えつづける彼らの富が、伝統的な上流階級との顕示欲に駆り立てられた競争に邁進する手段を提供したからである。一八四〇年から一八六〇年にかけて、誇示的な消費が著しく増加したが、アメリカがその後五〇年ほどつづく金ピカ時代に突入するほど顕示的消費がしばしば途方もない水準に上昇したのは、一八六〇年以降のことである。

新興のビジネス・エリートは、サミュエル・スマイルズの自助の哲学にうち跨って、所有する富を完全に伝統を打ち破るような仕方で用いた。社会的な地位を巡る競争が余りにも激化したため、一八八〇年以降の時期は地位革命の時代として知られるようになった。このような高水準の顕示的消費を育んで持続させたのは、特権的な少数者への富の集中と，このような幸運な人に新興産業貴族のメンバーとして充分な最高水準の可処分所得を保障した「低い」課税体系である。

一八九〇年には，誇示的で贅沢な消費の水準が新次元に達した。多くの支出が余りにも顕示的・浪費的になったため，消費される財やサーヴィスの直接的な生理的・肉体的な効用は，しばしばゼロに近づいた。実際，新しい金持ちが作り出そうとしていた行為規範は，「上流社会」の属性は相続された地位や家柄などに対する配慮よりも，単純に豊かさ次第で決まる，というものであった。(Mason, 1981)

一八九〇年代後半のラディカルなアメリカの経済学者にとって，金ピカ時代の消費パターンがもつ重要性とそれが他の人々に引き起こした競争心をみれば，過去の成果と新古典派的な経済理論の妥当性に関するマーシャルの外見上の自己満足など正当化しえない，ということは充分確信できることであった。多くは歴史学派の経済思想と同一視されてきたが，このような異端者は，他の社会科学の潜在的な貢献者に対してずっと多くの共感を寄せており，経済理論が一九世紀後半に正しい方向に進んできた，と認めることなどできなかったのである。

その頃消費の研究に特別の関心を抱いていた数少ない経済学者の一人に，ペンシルヴァニア大学経済学教授のサイモン・パッテンがいる。彼は一八八九年に『富の消費』という小冊子を出版したが，これは，経済学者としての特別な観点から消費の社会心理学を解明したものである。パッテンの主張によれば，消費者の経済学は，マーシャルが示唆したように，人間行動の特定の側面に時に応じて注意することさえせずに，選択の必要性に直面したときの人間行動を適切に説明する消費に関する人間性の理論を，演繹的な推論を通じて心理学に求めていた。

パッテンは一八九二年に再びこのテーマに戻ったが，今度は，消費を経済学的な議論からほとんど排除してしまった点で古典派のミルを，観察された市場行動とほとんど関係しない消費の理論を用いた点で新古典派のジェヴォンズを，それぞれ批判した。先行者がこんな調子だったから，消費の理論が無視されただけでなく不充分であったのは驚くに値しない、とパッテンは主張した。その主題がもっと真剣に取り上げられ、信頼するに足りる人間行動を説明しようとする努力が開始されてはじめて、信用に値する消費理論が生みだされはじめるのだ、というわけである。

今日パッテンは、経済学における消費理論の欠陥を指摘した最初の経済学者だとみなされているが、その当時彼の業績は、ほとんど影響力をもたなかった。しかし、はるかに大きな衝撃がもう一人の異端の代弁者によって与えられた。ソースティン・ヴェブレンは、一八九八年から一九〇〇年にかけての時期にまだシカゴ大学のあまり目立たない経済学講師だったが、新古典派的な消費者理論に対して、はるかに厳密で周到な批判を展開した一連の論文を『クォータリー・ジャーナル・オブ・エコノミクス』に発表した。

ヴェブレンは、マーシャルが主張したほど経済学が発展したとは信じていなかったし、マーシャル自身が本当にそれを信じている、という確信も持てなかったのである。

> おそらく現代の経済学者は誰一人として、この科学が、業績の細かな点であれ理論の基本的な特徴に関してであれ、最も確実な定式化を達成していると主張する大胆さや意志をもち合わせていないだろう。社会的に認められた地位にある経済学者の側でなされたこのような見解に最も近い最近の議論は、一年半前になされたマーシャル教授のケンブリッジ講演のなかに見ることができよう。だが、このような発言は、半世紀前に古典派経済学者によって確信とともに颯爽と示されたものと余りにもかけ離れており、マーシャル教授の講演を読む者が強く印象付けられるのは、「旧世代」の代弁者としての不必要な卑下と過剰な謙遜である。(Veblen, 1898a: p. 374)

マーシャルの口が重そうに見える理由は、経済学が明らかに進化論的な科学になっておらず、古典派が支配していた時期の自然法や根本的な真理という不変の体系の上に築かれている、という事実を考慮すれば良くわかるとヴェブレンは主張した。人間は創造主の見えざる手に導かれて人間の幸福という目的に役立つ自然の秩序を作り上げる、と断言したアダム・スミスは、人間の出来事は究極的に「神の意図」によって支配されていると考えていたし、ヴェブレンは、ある程度まではあるが、この素朴な一八世紀的な世界観に共鳴することができた。だが、彼の考えでは、スミス以降、経済学は「世俗的な支配」（Veblen, 1899b: p. 411）に服するようになる。したがって彼は、ベンサム的な功利主義、つまり快楽と苦痛という一組の原理に基づく快楽計算にはまったく共感を示さなかった。ヴェブレンにとって、功利主義者は、神の神聖な手の普遍性を拒否したわけではなく、科学的な分類学を作り上げようと試みた従来の古典派の学説を支えていた多くの自然法や普遍的な真理を保持し、発展させようと試みるものに他ならなかった。結果的に、政治経済学と経済理論は、金銭的な出来事の継起と、最も少ない経済的犠牲で最大の経済的利得を追求する以外には何ら複雑な要素をもたない、完全に金銭的な動機によって支配されることになった。

汚染されていない「経済人」から成り立つこの完全競争の体制は、科学的な想像力がもたらした離れ業であり、事実を充分満足に叙述するものとして意図されたものではない。それは抽象的な推論の便宜であり、したがってそれが自ら認める妥当性は、その抽象が維持されているかぎりでのみ成り立つ抽象的な原理、すなわちこの科学の基本的な法則だけにしか当てはまらないのである。だが、そんな場合にしばしば生じるように、いったん受け容れられて現実と同化されると、たとえ現実的でない場合でも、それは探究者の思考習慣のなかで効果的な要素になり、事実に関する彼なりの知識を形づくってしまう。それは実質や正当性をめぐる規範として役立つようになる。こうして事実は、事物がもつ「傾向」に関する多くの主張が例示しているように、ある程度までその支配に服するようになるのである。（Veblen, 1899b: p. 422）

このように現実性を欠いてしまった理由は、経済学者が長年にわたって物理学を模倣し、自然法則と不変の真理から成り立つ体系を構築しようと心に決めていた、という事実に起因する。ヴェブレンの主張によれば、古典派経済学が勝手に決めてかかった真理とは、せいぜいのところ、人間の必要物が、もっぱら生存に必要なものとその他のわずかなものに留まっていた、未発展で小規模な共同社会に住む個人の経済行動を説明しうる程度のものでしかない。しかし、ずっと大規模で複雑な繁栄した社会では、選択の幅が広がり、行動ははるかに複雑なものになり、一連の硬直的な分類学的解決の範囲内では現実と辻褄が合うような説明ができなくなるのである。

一九世紀後半に、この科学的な分類学の研究は新古典派とオーストリア学派の経済学者に急激に変化する世界を、部分的にではあれ承認させ、それに適応するようにさせた。だが、彼らは同時に「正常な」行動という概念に固執し、結果的にこのような規範に従わないあらゆる因果関係を、現実とほとんど関連性をもたない攪乱《かくらん》的要素として取り扱うようになった。ヴェブレンにとって、経済学が進化論的な科学に分類されるためには、それはなお、「余りにも多くの『自然』や『正常』、『真理』や『傾向』、『規制する原理』や『攪乱する原因』という思い出を身に纏《まと》っていた」(Veblen, 1898a: p. 381) のである。

このように、現代社会における経済生活の複雑さを認識することも説明することもできなかったため、経済学は、身の回りで目にするものと理論とを一致させることができず、多数の人々の支持を失ったとヴェブレンは確信した。経済学は現実とまったく無関係になり、「一九世紀最後の約三〇年のあいだに、たまたま育ちや教育のおかげで、分類学的な思考を保ちつづけることができた人の関心を惹くだけの科学になった」(Veblen, 1898a: p. 386)。

ヴェブレンの見解によれば、経済学の発展を抑圧したのは分類学的図式への没頭である。発展がなされるためには、その学問は、経済生活のプロセスと人間を社会のなかでもっと現実的に解釈することに、大きな関心を寄せるべきであった。とりわけ経済学は、人間は経済的・社会的環境のなかで受動的な存在であること、すなわち人間は

「快楽と苦痛をはかる点滅式計測器——刺激を受けてあたりを動き回るが、それ自体は不変のものに留まる幸福願望の小球体のように振動するもの——である」(Veblen, 1898a: p. 389) ということを、信じなくなる必要がある。そのような想定は、経済人を、原動力としてではなく、生を支配することもなく、ただひたすら彼の管理能力を超える環境が強制する一連の事柄に従属するような者と盲信することに由来する、とヴェブレンは主張した。

人間を、出来事に対して受動的に反応する存在と捉えるような理解は、現在の心理学や社会学の考え方にはない、とヴェブレンは言う。逆であって、いまや人間は環境のなかで能動的な存在であり、生産と消費の両方に関して、自らどのように行動するかという目標や目的をもっていることは明らかである。要するに活動とは、客観的な目的に誘導されるものが典型的であり、それは、人間が何時でもどこでも精力的に何かをしようと模索することに現れている。加えて、このような目的に対して道徳的・倫理的価値を帰属させることは、およそ経済学の役割ではない。望まれた目的に価値があると判断されるか否かということは、問題ではない。観察することができ、経済活動の一部を形成している因果連関を記述すれば、それで充分なのである。

経済理論が相対的に不毛であるというヴェブレンの見解は、たんに一九世紀末の制度や社会の個人的な観察だけでなく、経済学は他の社会科学から切り離されて論じられてはならない、という彼の確信によって裏付けられていた。彼はノールウェイ移民の百姓の倅として一八五七年にウィスコンシンに生まれ、一八八〇年にミネソタのカールトン・カレッジ・アカデミーを卒業した。ジョンズ・ホプキンズとイェールで、哲学と経済学を専攻して大学院を修了したあと、健康状態が悪化したため、一八八四年から一八九一年までの年月を、アイオワ州のステイシーヴィルでかなり貧しいままに過ごした。しかし、彼は一八九一年にコーネル大学でティーチング・フェロウシップの獲得に成功し、一八九二年に教職を得るためにシカゴ大学に移動して、つづく一〇年間、彼のラディカルな経済学的着想を発展させつづけた。

経済学の正統派に対するヴェブレンの攻撃は多面的であった。彼が不満を抱いたのは、アメリカ金融資本主義特有の多くの了解や価値、資本、労働および賃金決定の理論、および産業生産と生産性に対してである。何よりも彼は、価値と効用に関する古典派と新古典派の理論、さらにその両方を支える消費者需要の理論を受け容れられなかった。一九世紀末アメリカの金ピカ時代における消費の観察は、もはや消費者行動と消費者選択に関する伝統的な経済学的説明を支持しえないことを立証済みだ、と彼は主張したのである。

ヴェブレンにとって、現在の消費者理論が失敗した理由は、個人による財やサーヴィスの消費の大きな部分が、社会関係と社会のなかでステータスを確保する必要性によって決まる、ということを認めないことにあった。彼がこのような見方を最初に詳しく述べたのは一八九二年の論文であるが、そこでの主要な関心は消費者理論それ自体ではなく、一八八〇年以降かなり注目を集めつつあった新しい社会主義論の相対的な長所や短所であった。

ヴェブレンの主張によれば、私有財産権と自由競争にもとづいた資本主義的産業体制のもとで貧者の生活は絶対的基準でみて悪化する、と断定した点で社会主義者は間違っていた。資本主義のもとでは、逆に個人の富は次第に増大してくる。同時に彼は、富者と貧者のあいだの格差が拡大しつつあり、より公正な富の分配に対する要求を生じさせつつある、ということに同意する。社会的・経済的な変化に対する要求を生みだしているのは、絶対的な貧困よりもむしろ、この富と所得の格差であった。

異議の申し立てがなされるのは、ひどい肉体的窮乏化に喘いでいる人々からではなく、社会のなかで自分のステータスを維持するのが次第に難しくなったと感じはじめた人々――世間体を満たす体裁を整えておくための費用が高くなってきたため、社会的名声という外見を維持する目的でますます多くの資力を必需品への支出から流用してまかなう人々――という相対的な不利益を被った側からである、とヴェブレンは論争を挑むように主張した。社会的な身分やステータスを確証するためになされる支出は、たとえ肉体的な幸福を犠牲にしても、なお消費者によって不可欠で軽視できないものとみなされる、ということを彼は疑わない。多くの貧しいアメリカ人の窮乏のかなりの部分は、肉体的な必要というよりも、貧しい人々が収入のかなりの部分を外見的な見栄えを保つために流用した結果なのだ、と言うのである。加えて、社会的に高い評価を得ようとする欲求は人間の普遍的な特徴であるから、この自ら背負い込んだ窮乏化は、望んだからといって消え去るものではない。

ますます非人格化が進んだ一九世紀の現代的な社会では、富が経済的な成功の主要な指標として役立ち、直接の隣人ではない人々に対して個人的なステータスを確保するために用いられる、とヴェブレンは考える。しかし、たんに富を所有しておくだけでは決して充分でない。富それ自体は、社会的な立場を他の人々に印象付け、維持し、さらにそれを高めるのに充分なほど高価な財とサーヴィスの購入を通じて、見せつけられる必要がある。要するに、成功したことの外観の方が、その実質よりずっと大切になってくるのであり、こうして、「自分自身と同じ階級に属していると思う人々がなしうる消費なら何でもすることが不可欠になるばかりか、他の人々よりも少しでも多くの支出を行うのが望ましいことになってくる」(Veblen, 1892: p. 394)。

資本主義社会は人間の虚栄心への渇望を生み出した、という理由で有罪判決を下すことはできないとヴェブレンは言う。個人的な地位や社会的身分に対する関心は、最も原始的な社会でも見られるからである。しかし、このような初期の社会では、富によるだけではなく、他の非金銭的な徳や特性によって名声が測られていた。経済的な成功に対する称讃だけを高め、競争心が発揮される範囲をもっぱらこの方向に絞り込むことによって、一つの形態の競争を他の何よりも高めたのは、資本主義とますます進展する産業化のプロセスである。したがって、産業社会が成長してますます非人格的なものになると、富を誇示することが、巨大都市や地理的に分散した共同社会のなかで、事実上見知らぬ他人である他の人々の尊敬を獲得する、唯一の効果的手段になるのである。

このような状況下では、生存闘争は世間体を保っているか否かの精密な鑑定に転換する。この変化は、大部分が私有財産という制度によって作りだされたものであり、したがって社会主義は、誤って不必要な支出へ資金を振り向けるという重大な失敗だとヴェブレンがみなしたものを、回避する方法を提供しているように思われた。

獲得物や所得における不平等の存在を許さない体制のもとでは、この形態の競争――つまりそのような不平等の可能性に起因する競争――もまた、廃れていく傾向にあろう。私有財産の廃止とともに、この形態の競争のなかにいま活躍の場を見出している人間性の特質は、当然他の形態の競争――おそらくより高貴で社会的に有用な活動――のなかに活躍の場を見出すはずである。いずれにしても、人間の努力としてさらに不毛で、さらに価値のない分野の活動に向かうということは考えられない。(Veblen, 1892: p. 399)

社会主義は、社会的な評価を求める欲望を、より害の少ない非金銭的な活動へ振り向けることができた初期の未開社会と同じ経済体制や文化を作りだす可能性をもっている、とヴェブレンは考えた。しかし、ステータスを高めるための所有や消費に対する関心は、社会主義者の議論を大きく超えて広がっていく。一八九〇年代を通じて、彼は幾度かこの主題に立ち戻り(Veblen, 1894; 1898b; 1899c)、文化的な価値、つまり経済的・社会的な変化と社会内部における地位志向の進化的性質とのあいだの関連性を考察した。

一八九九年に出版された『有閑階級の理論』で、彼は自分の仕事を纏め、地位志向的消費行為を分析した。本書はもっぱらアメリカ金融資本主義の企業倫理や価値体系を攻撃しようとしたものであった(したがって、しばしば上流階級やビジネス・エリートに対する風刺でしかないと誤解された)が、本書の大部分は、顕示欲に基づく経済的な見せびらかし行動の動機や性質を考察したものである。現代でもこれは、この主題に関する主要な理論的著作の一つである。

ヴェブレンの主張によれば、「有閑階級」の存在は、充分発展した形態ではないが、最も原始的な野蛮文化にまで遡ることができる。最も初期の共同体的な社会では、人間と人間とのあいだの差別化は必然的にあいまいであるが、いったん役割と職業における違いが明確に定義されはじめると、結果として生じる労働の分業が、社会内部における有閑階級と労働階級とのあいだに――根本的には、非産業的な職業と産業に従事している人々とのあいだに――区別がなされることを許すようになる。有閑階級の一員であることを見せつける能力が、共同社会のなかでの社会的な身分や個人的な評判をもたらすのであって、このような一員であることは、所有者であることと所有物とを通じて例証される。最も原始的な社会では、女を所有していることがステータスを引き上げたが、社会が進化してくるにつれ、有閑階級の一員であることは、富をこれ見よがしに誇示することによって、ずっと効果的に達成される。要するに、初期社会の肉体的な攻撃は、富にもとづいた産業的な攻撃によって置き換えられたのである。

男たちが、互いに富を見せびらかす能力についてくる地位の確保をめざして競争しはじめると、それに応じて、この競争は高水準の獲得物と所有権の発展を助長することになる。物理的な消費は、経済学者によって獲得の正当な目的であると想定されることが多かったが、消費と所有権に対する願望をしばしば説明するのは社会的な動機であって、実際に獲得物が富を誇示するために用いられただけでなく、次にはこれが所有者にステータスをもたらした、とヴェブレンは考える。「富の所有は名誉をもたらす。それは他人に妬みを起こさせるような比較である」(Veblen, 1899d: p. 26)。

それゆえ、財産、財およびサーヴィスの所有は、不可避的にそのような「妬みを起こさせるような比較」へ導く。初期の部族的な社会では、このような比較は個人的というよりもむしろ集団(あるいは部族)を根拠になされた。だが、共同体的というよりもむしろ個人的所有という慣習が成長してくると、妬みを起こさせるような比較が、同一の集団内部でさえ、個人間で行われはじめる。

ステータスをめぐる競争が激化すると、もともと個人の活力と産業効率の評価であった富の保有が、それ自体として称讃に値するものになる。したがって、個人的な富の比較が規範になると、社会的名声は、一定の生活水準を例証することによって与えられはじめる。社会的な尊敬を勝ち取る必要性が自尊心をくすぐりはじめると、顕示的消費は、選択ではなく社会的に不可避なものに思われてくる。さらに、消費水準は決して固定的ではないから、名声に値する所有の一般的規範が広範に達成されてくると、社会のなかでより豊かな人々が順次水準をさらに上昇させて、他の人々から社会的にもう一歩抜きんでることになる。これが次には、あらゆる社会的・経済的階層で一般的水準の刷新を促し、あらゆる社会・経済階級を通じて期待と消費を引き上げる効果をもつ。こうして、地位をめぐる競争は社会のあらゆる階層で個人が持続するダイナミックなプロセスになり、ますます増大する要求物を、各人の購買、所有および消費に関する規準にしたがって配列し直すことになる。

ヴェブレンによれば、これ見よがしな富の誇示は主として二つの方法でなされた。第一に、社会の比較的豊かな階層は、彼らの優越性を「顕示的閑暇」、すなわち労働を顕示的に回避すること――それは、個人または家族が働く必要がないということを見せつけるがゆえに富の指標である――を通じて見せつけることができる。生産的な仕事は卑しいものとみなされたが、この顕示的閑暇は、もしそれが最大限の社会的評価を確保する場合には、それはそれなりに有益な用途に向けられるはずであった。この目的のために、上流階級の男は学問的・芸術的な気晴らしに時間を費やすことが期待されたが、これは、彼らの文化的・文学的なたしなみと全般的なマナーや育ちの良さ（昔からの金持ちは、こうして成金たちの自惚れから自らを隔てておこうといつも試みてきた）に磨きをかけるものである。

暇な時間をこのように創造的に使う必要性があるにもかかわらず、最終的には、そのような消費者の側には、そうでなければ生産的な仕事に利用できた時間を大量に、しかも誰の目にも明らかなように浪費する能力を例示しなければならない、という最優先の課題があるとヴェブレンは言う。さらにこの顕示的浪費は、不完全就業者とみなすべき金持ちの妻や家庭の使用人にまで拡大される必要がある。この意味で、使用人の閑暇は、彼または彼女自身の自由な時間ではなく、雇主の富と地位を反映するものとみなされなければならない。

ヴェブレンの認識によれば、昔の社会で目立っていた過剰な顕示的閑暇は、一九世紀末頃までにほとんど目につかなくなったという。雇主（要するに、新興のビジネスエリート）は、ますます生産的な活動に手を染めるようになり、膨大な時間を暇な時として消費する能力に溺れることはなくなった。だが、実際には、顕示的な閑暇が消えたわけではなく、その性質が変わっただけである。いまや金持ちによって強調されたのは、家計を単位とした顕示的な浪費であり、妻や使用人による代行的（ないし代理の）閑暇であった。この場合には、妻や使用人が、地域社会のなかで家族の社会的名声を確保する責任を負うことになる。

金持ちがその富と社会的ステータスとを例示する第二の、しばしば第一のものと同じほど効果的な手段は、高価であり、過剰でもある財やサーヴィスの顕示的消費を通じたそれである。消費が富の証拠としてもつ効用は派生的に出来上がったものであるが、それはまた、裕福で閑暇に満ちあふれた階級の領分に属するとみなされてきた特徴である。贅沢品の消費に関するタブーその他の制限は、その消費を支配階級のエリートに限定するために利用され、発展した社会で後に多用された奢侈禁止法も、同じ目的に役立った。このような工夫を通じて、非生産的な閑暇とステータスの高い人々用の商品の顕示的消費が、豊かな階級のために留保されたのである。

最も初期の社会で、地位と結びつく消費が成立するのは、それが富のこれ見よがしの例示として真に顕示的であり、注目を集めた時だけである。これが、しばしば社会的に目立つ財やサーヴィス、および誇示的浪費の理想的手段として役に立つ催し物や宴会に対する法外な支出を引き起こすことになった。またヴェブレンの時代には、金ピカ時代の目に余る顕示的消費が、浪費的な消費を証拠立てることがもつ社会的な意義を証明するのに役立った。要するに、豊かであることだけでは足りないのだ。それにふさわしい地位は、その富つまり富者の支払能力が、誰の目にも明らかになってはじめて確保されるのである。

きわめて豊かな人々にとって、顕示的消費に役立つ財やサーヴィスとは、彼らよりも裕福でない人々が資金的に手が届かない価格のついたそれである。極端ではあるが、個人がもっぱら購買力を例示しようという意欲や必要によって動機付けられている場合には、購買された商品の直接の実用性、すなわちその具体的な効用は、なんら真の関心事にはならない。実際、もし生産物がたんに高価であるばかりか、誰もが知っているその有用性の価値がほとんどゼロであるとすれば、これは、その購買と結びつき、結果的にその地位にふさわしい価値を引き上げるのに役立つ程度の顕示的浪費を強調する役割を果たすだけである。購買者の満足は、当該の財やサーヴィスがもつ実際的な属性からではなく、しばしば軽薄なほど贅沢で、顕示的で浪費的なモノに支払う能力を見せつけることによって確保される、社会的ステータスに対する一定の観衆の反応から、引き出される。こうして一九世紀の多くの産業界の指導者たちは、顕示的閑暇と同様に、彼ら自身が個人的に顕示的消費に耽ることはなく、家庭という単位と、何はさておき彼らの妻に、代行的消費を行う責任を委譲したのである。

それゆえ、このような顕示的閑暇と、高価で過剰な財とサーヴィスの消費は、大金持ちであることを証明する刻印になった。しかし同時に、このような消費は伝統的に社会的・経済的なピラミッドの頂点に立つ富者に結びついたものであったが、ヴェブレンは、社会的な地位と名声を確保する必要性は現代社会のすべての階層で明らかであり、そのことが、地位に動機づけられた消費を社会のあらゆる階層で遵守させることを可能にする、と信じて疑わなかった。顕示的消費に耽る金持ちが、彼らよりも富裕さの点で劣る金持ちを相手に「妬みを引き起こすような比較」を行おうと試みるかぎり、社会のなかのより貧しい階層もまた同様に、少しでも上の階級や社会集団の一員と看做されようとして、「金銭的な競争」に注目する。ただし、顕示的に消費する好機会は、社会階層を下れば下るほどずっと制限されており、ステータスの追求は結果的に違った形をとることになる。

第一に、限られた財産しか持たず、家族を維持するために働かなければならない男にとって、相当量の閑暇を享受する機会など、まずほとんど利用できない。妻による代行的消費だけしかステータスを追求する機会がない。家族が余りにも貧しいために妻が働きに出る必要がある場合には、顕示的閑暇をめざす試みはすべて放棄され、ステータスは、財とサーヴィスの顕示的消費を通じて追求される。社会の最貧層でさえ、その額はともかく、家族の名声と金銭的な体裁を保つための資金を工面する、とヴェブレンは主張する。

どの社会階層に属する人々であっても、たとえ赤貧極まりない人々の場合であっても、習慣的な顕示的消費のすべてを捨て去りはしない。この部類に属する消費の最後のものが放棄されるのは、抜き差しならない必要性に迫られたときだけである。最後の装身具あるいは金銭的な体面の最後の真似事が投げ捨てられるまでには、むさくるしさや不快さなどが、限りなく耐え忍ばれる。このような高級ないし精神的な必要物の充足を完全に放棄するほど肉体的な欲求の圧力に屈してしまった階級や国など、決して存在しない。(Veblen, 1899d: p. 85)

まさに最低の社会階層では、個人や家族は、せいぜい社会のなかで既存の地位を護るために努力しうるだけだ、とヴェブレンは信じていた。しかし、より多くの資金を確保できる人々のあいだでは、顕示的消費は彼らのすぐ上の社会階級に這《は》い上がろうとする試みとして遂行される、とヴェブレンは考える。「それぞれの階層の構成員は、彼らよりも一段上の階層で流行している生活図式こそ自己の理想的な礼儀作法だと認識した上で、生活をこの理想に引き上げるために全精力を傾注する」とヴェブレンは言う。少しでも上の社会的・経済的階層に加わろうという野心は、必然的にかなりの必要物を利用可能な資金からまかなうことになるが、この必要物とは、たとえ個人が最も基本的な必需品の消費を削減するという代償を支払ってでも、なんとか満たそうとするものである。

ヴェブレンの主張によれば、現代的な産業社会は膨大な大衆の一般的生活水準を改善したから、結果的に、大衆は意のままに自由に処分できる多くの所得を入手するようになった。基本的な食料や他の必需品の消費は間違いなく増加したが、このように増加した自由に処分可能な資金はまた、豊かさをひけらかすことが名誉を与えるものになり、地域のなかでの個人の名声や威信を増大させるような社会においては、物質的・生理的な見地で見た個人の福祉改善のためではなく、社会的ステータスを確保するための消費へと振り向けられたのである。

現代社会、つまりあらゆる階層でステータス志向を発揮する機会が増加した社会では、地域社会のなかで地位を確保する主要な手段が顕示的閑暇から顕示的消費へと大きく振り代わる、とヴェブレンは主張した。閑暇よりも消費へという依存の高度化は、社会集団が小さく、緊密に結びついてはいるが比較的貧しい田舎から、閑暇よりも消費が名声を得る手段として効果的に役立つ町や都市への大衆の移動によって、ますます促進される。加えて、顕示的消費が尊敬を勝ち取ることになった理由は、それは、顕示的閑暇と違って、ますます産業化を進めていく社会では、ヴェブレンが財のデザインや制作上の卓越性を促進する点で人間に埋め込まれた製作者本能(モノをつくる本能)として描いたものを鼓舞《こぶ》するように思われた点にある。これとは対照的に、顕示的閑暇は非生産的であり、非難されるべき時間の浪費と考えられた。

ヴェブレンにとって、顕示的に消費しようとする傾向はいまや社会的必然であり、最も重要なことであった。彼は、「自己保存の本能を除けば、最強にして最も機敏であり、しかも最も持続的な経済的動機は、おそらく競争心である」(Veblen, 1899d: p. 110) と断言する。しかも、あらゆる資本家的・産業的な社会では、それは金銭的な競争における何らかの形態の顕示的浪費としてしか現れない。加えて、そのような競争心はダイナミックな力であって、地位をめざして消費する機会が産業効率それ自体の向上とともに増加すれば、かぎりなく膨張しうる。それが持続する理由は、それが世間体に関する個々人の感覚のなかに組み込まれており、こうして個々人の生活水準――個人的で功利主義的な消費の規準だけでなく、社会のなかでの地位や社会的身分を勝ち取るという規準で測った水準

──の一部になっていることである。

ヴェブレンは、どのような水準の消費であれ、購入した物は実用的（生産的）価値と地位を高める（非生産的）価値の両方をもつのが典型的だ、と考えていた。一目見てまったく浪費的だと思われるような品物にさえ、しばしば何らかの有用な目的に役立つ兆しが含まれている。同様に、あらゆる社会階層の日常的・実用的な購買物のなかには、顕示的な誇示の要素が含まれているのだ。貧乏人は、限られた所得を実用的価値の高い財やサーヴィスにますます多く支出せざるをえなくなるが、彼らは最も基本的な必需品の価格に対してさえ、社会的ステータス──たとえば一九世紀の貧乏人が、同様に栄養は豊富であるが、社会的に見劣りする黒パンよりも、より高価な白パンを強く愛好したことに見られるような──を確保するために、一定の割増金を支払ってきた。

それゆえ、消費者用の財やサーヴィスにたいする需要は、生産的な有用性と身分的な価値の両方を購入しようという欲望によって衝き動かされる。消費者にとって、あらゆる生産物がもつ身分的な属性は決して浪費とはみなされず、生産物の効用全体を構成する一構成要素なのである。ヴェブレンの見解によれば、古典派と新古典派の需要理論の権威を傷つけたのは、以上のような地位志向的な要素を、効用関数全体やそれと関連をもつ価値理論のなかに明確に組み込めなかったことであった。要するに経済学者の挑戦は、現実の世界で容易に観察できる購買と消費のパターンをより適切に記述できる効用と価値についての観念を発展させることであったのだ。

発刊当時『有閑階級の理論』はかなりの影響を与えたが、ヴェブレンはそれに対する評価については概《おお》ね《む》失望した。主な理由は、なんと彼がほとんど気にもかけていなかった人々に歓迎され、彼が最も影響を与えたいと思っていた人々に嫌われ、さらに悪いことに無視されたことである。

彼は特に、その本を貴族的上流階級に対する風刺であるとみなす一般的な見解に失望し、称讃するという点で最も気前が良い大多数の大衆はほとんど実質的な意味をもたない、と思った。ドーフマン（Dorfman, 1934）が指摘したように、「ヴェブレンは急進主義者をひどく嫌っていたが、あらゆる急進主義者の偶像になった」ばかりか、社会主義者、さらにはマルクス主義者のプログラムを促進しているとみなされた。幾人かの人は、その本は本当に価値があると明確に指摘した。ウォードは『アメリカン・ジャーナル・オブ・ソシオロジー』の書評のなかで、「本書は古典になりそうだ」（Ward, 1900）という印象を記している。しかし同時に、保守的な評価は極めて敵対的であった。D・コリン・ウェルズは、一八九九年八月の『イェール評論』のなかで、本書は「素人の評論家」によって書かれたもので、社会学と経済学の両方を貶《おとし》めるものだ、と述べた。彼の主張によれば、本書はしばしば無分別で、不道徳で、しかもまったく事実にもとづかない権威的な命題に満ち溢れているものであった。

ヴェブレンにとって最も重要なことは、『有閑階級の理論』が経済学者からただちに評価されることなどほとんどなく、概ね無視されたということである。ハーヴァード大学のジョン・カミングズは、『ジャーナル・オブ・ポリティカル・エコノミー』（Cummings, 1899）の書評論文のなかで、多くのヴェブレンの見解に対して批判的であった。ヴェブレン（Veblen, 1899e）はそれに対する応答論文のなかで、実際のところ、カミングズは本書で展開された議論の大部分を誤解――ヴェブレンが（おそらく、からかい半分であると）責められて当然だと思っていた誤解――している、と示唆した。

運よく私が意図したことだけを言っていさえしたら、私の批判者は、彼が苦労して隠そうとする多くの不愉快なものだけでなく、彼が善意から提供してくれた多くの修正部分を展開せずに済んだことであろう。事実、これが真実である程度に応じて、カミングズによる批判の大部分と重大な部分は、ずっと愛想の良い言葉使いによって未然に予防されえたであろうような誤解にもとづいてなされている、と思われるのである。（Veblen,

1899e: p. 17)

にもかかわらずヴェブレンは、本書に対する学界の一般に否定的な反応に落胆し、当時の経済理論家によってほとんど無視されるという仕打ちに傷ついた。事実、一八九八年から一九〇〇年にかけて『クォータリー・ジャーナル・オブ・エコノミクス』に掲載された一連の論文と一八九九年の『有閑階級の理論』の出版は、主流派の消費理論に直接の影響をほとんど及ぼさなかったし、世紀転換期の経済思想の発展に寄与するところもほとんどなかった。その当時、地位志向的消費のもつ性質に関するヴェブレンの見解が真剣に問題にされたことはない（ほとんどの人は、消費パターンに対する地位志向性の影響は、合衆国では日常的に容易に観察可能だと認めていたが）ということを前提にすると、経済思想に影響を与えなかったという事実は、理解に苦しむことだと思われよう。結局、いくつかの要因が当時ヴェブレンに対して不利に作用していたのである。

第一に、ヴェブレンは社会主義や社会主義者の価値観を奨励しており、アカデミックというよりもむしろ政治的なプログラムのために仕事をしている、と当時の多くの古典派および新古典派の経済学者からみられた。金銭的な競争心、顕示的消費や見栄を張る浪費に関する彼の分析は、多くの経済学者には政治的な論争だと思われた。このような見方は、当時の多くの急進主義者が彼の著書を歓迎したことによってさらに強化されたが、彼らは、ヴェブレンの著書を消費と消費者行動を説明したものとしてではなく、現行秩序に対する攻撃だと理解したがった。アメリカ金融資本主義に対するヴェブレンの見解が好意的なものから程遠かったことは確かであるが、それにもかかわらず彼の仕事は、一部の人によって経済的というよりも政治的なものと誤って分類されてきた。

このような政治的な障害が克服された場合でも、ヴェブレンはしばしば経済理論家としてよりもむしろ社会学者として扱われた。彼が、たとえばハーバート・スペンサーやレスター・ウォードといった社会学者の著作から影響を受けたことは間違いなく、それは社会学と経済学は信頼に足る消費者需要の理論が展開されるまで互いに協力しなければならない、というつもながらの主張に表れている。しかし、ヴェヴレンのアプローチは消費の社会学を記述したものであって経済理論には何も確かな貢献をしていない、と主張するかなり伝統的な経済学者に、彼の仕事を拒否する口実を与えた。こうして、彼らはそれを無事過小評価できたのである。

大部分の経済学者は、ヴェブレンの著作と距離を置くことによって既得権を確保した。というのは、伝統的な経済思想に対して、それは極めて現実的な挑戦になりうるものであったからである。古典派と新古典派の需要理論は、消費のかなりの部分が地位志向的な配慮によって動機付けられている、という事実を説明しようとはしない。ヴェブレンの見解が経済学の主流に組み込まれ、相応の重要さを付与されていたら、経済学者は、大部分のミクロ経済学的な分析の基礎をなす正統的な需要理論の有効性に、再び疑問など発する必要はなかったであろうが。

『有閑階級の理論』が新古典派経済学にもたらした潜在的な脅威は、「金銭的な競争心」とそれに結びついた消費者の動機に関する理論を効果的に否認するものをまったく提示できない、という事実によって強められた。事実、消費者需要に対する外部効果は、それを購買したり消費したりする際の個々人の間の違いを説明するために新古典派的な分析で用いられる広範な「嗜好と選好」の変化と考えれば、伝統的な需要理論で、なお説明可能だと主張した者（Moran, 1901）もいたが、そのような議論には説得力がなかった。通例、経済学者はヴェブレンをポピュリストか社会学者に分類して、結果的に彼の非難を無視する方が利口だと思っていた。たとえばイギリスでは、この作戦は極めて上手《うま》く行き、『有閑階級の理論』の最初の書評が『エコノミック・ジャーナル』に登場したのは一九二五年のことで、出版されてからほぼ二十六年が経過していた。

世紀転換期には、経済学者はヴェブレンのラディカルな経済思想を概ねうまい具合に無視できたが、このような無視については、ヴェブレン自身にも責任があったと言わなければならない。というのも、消費者理論の問題に関するかぎり、彼は多くの伝統的な経済学に対して効果的に、しかもしばしば正しい挑戦状を突きつけたが、限界効用理論に実際に代替するものやその再解釈を提供できなかったからである。たとえば、もし加算可能性や基数的測定に関する考え方が間違いだと示し得たとしても、その場合に、ヴェブレンが効用の実際的な測定のために提唱したどのような代替的なアプローチが新しい「科学」としての経済学を発展させるにあたって実際の役に立った、と言えたであろうか。結局、彼は何も提案しなかった。実行可能な代替案を提供できなかったことが、必然的に彼の議論のもつ力を低下させたのである。

ヴェブレンは、観察可能な範囲を超えて彼の仕事が進み、観察された消費者行動の説明を提供したと信じた点で、正しかった。しかし同時に、彼の理論はいかなる実用的な意味においても採用できない、という批判に晒《さら》されつづけた。多くの人の考えは、彼の仕事からたどり着きうる唯一の結論は、消費者需要は文化、社会、経済状態や環境といったものの相互作用の関数であり、それ以外のことはほとんど言えそうにない、ということであった。ヴェブレンに対する批判者は、彼はなお本質的に社会学的な需要の説明を、効用の測定を可能にするような同じ性質の経済理論に移し変えねばならず、そうしてはじめて経済学を進化論的科学として前進させるために利用可能になる、と主張した。ヴェブレンは、一見したところ、伝統的な新古典派理論の不充分さを充分に暴露した理にかなった仮説を提供したが、なお、手際よく効用と価値を計測する実際的な展望を与えるような代替理論を構築できなかった、と指摘したわけである。

ヴェブレンは経済学の主流派に歓迎されなかったが、彼は、この学問が一九世紀末に道に迷い、消費者理論について何ら積極的なことを提供してこなかった、と考えた唯一のアメリカの経済学者であったわけではない。この論争に対するパッテンの貢献については、すでに言及したとおりである。同様にセリグマンは一九〇一年に、経済学が取り扱う価値は本質的に社会的なものである、と述べた。彼は言う。「社会経済学は人間と人間、階級と階級の関係を取り扱う。それゆえ、われわれが扱わなければならない価値は、個人的な事柄ではなく、社会的な事柄である。モノに価値を付与するのは、全体としての社会である。実際のところ、社会は個人から構成されるが、実際の生活で価値を形成するのは個々人の欲求の全体量である」(Seligman, 1901: p. 323)。価値とは限界効用のたんなる表現ではなく、社会的な限界効用の表現であり、この観点から考察されるべきだ、というのが彼の結論であった。

しかしながら、セリグマンは消費における社会的な次元を無視しているという理由で経済学に不満を抱いていたが、彼はステータスのために消費するという現象を吟味したり、議論したりはしなかった。もっとも、社会的限界効用という彼の概念は、そのような消費者行動を、伝統的な新古典派の価値や効用の分析よりも遥かに容易に説明することができた。しかし、古典派の学説や現代的な限界効用理論の暗黙の前提——購買や消費について決定する際に、個人は社会的な配慮によってむやみに影響されることはないという前提——に対する彼の批判は、消費者需要の理解という点に関するかぎりヴェブレンに近いものである。

セリグマンは地位志向的な顕示的消費の形態をとりたてて検討しなかったが、キースビーは、このテーマを直接取り上げた(Keasbey, 1903)。彼の主張によれば、あらゆる生産物の価値は、アダム・スミスの時代から一貫して二つの主要な構成要素——一つは、消費者にとっての価値または使用価値であり、もう一つは生産者にとっての価値、すなわち交換価値——をもつと考えられてきた。しかし彼は、消費者が財を欲しがるのは、実際には二つの原因に基づくという点で、ヴェブレンに同意した。というのも、ヴェブレンが主張したように、生産物はたんに使用価値をもつだけでなく社会的な価値、つまり名声という価値をもっており、それは、市場行動に大きな影響力をもつと一般に認められ広く観察されてきたにもかかわらず、消費者理論の発展のなかで無視されてきたからである。名声という価値は、社会それ自体が消失すると、跡形もなく消え去るだけだ、とキースビーは主張した。不毛の島に一人で住めば、財はその使用価値のためだけに需要されるかもしれない。この場合には、「名声という価値は、富に由来する名声が壮麗であることによって印象付けられるべき人物がまったくいないために馬鹿げたものになるから、消え去るだろう」(Keasbey, 1903: p. 465)。

セリグマンの社会的限界効用という概念と、キースビーが言うヴェブレン的な名声という価値の観念とを融和させることは困難ではなかったが、そのような試みはまったくなされなかった。事実、二〇世紀初めには、消費や嗜好の形成に関するヴェブレンの見解を評価しようとする本格的な試みは、経済学のなかではまったく見られなかった。大体において、新古典派の需要理論はかき乱されずに済んだのである。

消費者理論の発展に影響を与え損ねた原因の一部は、ヴェブレンが正統的な経済思想を効果的に攻撃できなかったことにある。実際、彼は真剣にそうしようという気持ちを示さなかった。彼は間違いなく消費理論を超え、さらに経済学をも超えるような広範な関心をもっていたが、一九〇〇年から一九一〇年にかけて彼が経済学に対して行った貢献はごく限られたものであったし、しばしば繰り返しでしかなかった。

経済学の長い伝統、既得権と経済理論や思想への学問的特化が社会的に確立していたヨーロッパは、つねに難攻不落の要塞であった。しかし、合衆国では、経済学は若い学問であり、したがってここでは、ヴェブレンの考え方が経済的思考の主流の中に入り込む可能性があった。経済理論と新古典派的な権威は、アメリカではずっと緩やかにしか保たれておらず、新しい発想に対する見方はずっと開放的で理解力もあった。にもかかわらず、ヴェブレンの考え方は、需要と効用理論における発展にはほとんど影響を与えなかったのである。

潜在的ではあれ、新しいヴェブレン的な目論見に最も理解を示したグループは、歴史学派の経済思想に最も親近感を抱いていた経済学者であり、その多くはドイツ留学の経験者であった。彼らは(理論的・演繹的方法に対抗して)歴史的・帰納的な推論を好んだから、金ピカ時代の合衆国の社会に関するヴェブレンの歴史的な視野とそれにつづく説明を、想像力豊かな研究分野に取り上げることになった。しかし、ヴェブレンは決してその学派に満足しておらず、観察を理論的構築物のなかに組み込むことは実際上できない、と考えていた。彼は、消費者行動に関する堅固な経験的証拠をいつでも提供することができるが、しかしこのような事実を、経済学の拡張に実質的に貢献する消費者理論の体系のなかに組み込もうともせず、その能力も持たないような人々に対して、批判的であった。彼は初期のドイツの歴史主義者――ロッシャー、クニース、ヒルデブラント――に対し、彼らは経済理論に対し何ら重要な貢献をなしえなかったと判断していたため、とくに批判的であった。

この古い方向のドイツ経済学には、建設的な科学的業績――すなわち理論――が欠けている。さらに、彼らが、現在理解されているような意味での歴史的研究以上のものから思いがけず助言を受けたり、視野や方法を広げたりしないかぎり、歴史学派という分派の側でいつか理論を生み出すというような展望は、まったくないと思われる。保守的な性格をもつ歴史的な経済学は、理論的にみて、最も不毛な分野のように見える。(Veblen, 1901: p. 72)

この歴史主義者に対する冷淡さは、グスタフ・シュモラーに代表される「新」学派についても同様に示された。シュモラーは、ロッシャーの歴史主義を極端にまで押し進め、現在受け容れられているあらゆる理論は、非現実的な想定と理論的な抽象で埋め尽くされているため完全に退けられるべきだ、と主張していた。ヴェブレンは新しい経済的な議題を推進しつつあったが、反理論的な偏見を絶対視し、しかも理論的な推論を行うために観察や報告から歩を進める心構えが欠けているような人々に加わる意図は、まったくもっていなかった。

ヴェブレンの着想を押し広げるという点で潜在的に大きな成果をもつ第二の方法は、合衆国の正統派的な経済学者に、うまい具合に大西洋を越えてきた伝統的な新古典派の需要理論の多くを疑うように説得することであっただろう。部分的には、これは決して実際的な案ではなかった。というのも、クルノー、ジェヴォンズ、ワルラスの数理経済学を受け容れたほとんどの経済学者は、需要の「社会学」へのアプローチに公然と反感を示していたからである。このような学者の先頭に立っていたのはイェールのアーヴィング・フィッシャーであるが、彼が数学的な方法を採用していたことは明らかで（Fisher, 1898）、アルフレッド・マーシャルが『原理』のなかで新古典派理論の数学的解説を行ったことを大いに称讃していた。皮肉なことにフィッシャーは、効用分析のなかでステータスと結びついた対人的効用関数（interpersonal utility functions）が存在する可能性を（偶然に）認めた（Fisher, 1892）最初の主流派経済学者であったが、彼は、そのような現象を数学的に表現する試みはしなかった。フィッシャーや他のアメリカの数理経済学者が『有閑階級の理論』のもつ意味を理解せず、事実上その出版を無視したことは、おそらく驚くに値しないことである。

ヴェブレンは、正統派の（非数学的な）書物好きな学者のあいだでもっと良く受け容れられてもよかった。というのも、あるがままの彼の仕事が注目されるのは、そこでだったからである。当時の指導的な非数学的な新古典派経済学者は、コロンビア大学のジョン・ベイツ・クラークであった。ヴェブレンは若い時にクラークから特別な影響を受けており、かなり昔カールトン・カレッジの学生として、価値の哲学に関するクラークの講義に出席していた。アプローチという点ではほぼ主流派であり正統派であったが、クラークは心の広い人物で、理由は異なっていたが、世紀転換期に経済学でなされた進歩については、ヴェブレン同様にある程度留保をつけた（Clark, 1898: 1907）。彼が新古典派の需要理論の不充分さや欠陥にヴェブレン的な解釈を与えるよう説得されなかったにせよ、彼は、潜在的に重要なヴェブレンの支持者であった。価値と効用に関するクラークの業績は、セリグマン（Seligman, 1901）とキースビー（Keasbey, 1903）の両者によって主要な参考文献に挙げられており、彼の支持は、ヴェブレンのパラダイムに依拠したあらゆる着想の再解釈に対して、より大きな説得力を付与するものであった。しかし、新古典派理論に関する彼の留保は、ほとんど消費よりも分配をめぐる論題に集中している。彼は、ヴェブレンが「現在の快楽主義的経済学の基本原理」と軽蔑的に言及したものに固執しつづけ、「自然法という考えにしたがって（消費者）行動の合理的な図式を素直に受け容れた」（Veblen, 1908）とヴェブレンから批判されるが、これがクラークの経済分析の大部分を完全に傷つけている、というのがヴェブレンの主張であった。結局クラークは、価値と効用に対する彼の考え方を変えるように説得されなかったし、したがって経済学のなかで、よりラディカルなヴェブレンの考え方により大きな敬意を払ったわけでもなかった。

一九〇九年にヴェブレンは、おそらく伝統的な経済思想に対する批判のなかで最も注目を集めた限界効用の限界に関する批判的な論文を『ジャーナル・オブ・ポリティカル・エコノミー』に発表した。ここで再び、クラークの仕事が批判された。ヴェブレンは「『動態的』という用語の使用に関するかぎり、クラーク氏もこの方向で研究を進める彼の同僚も、経済生活における発生、成長、連続、変化、過程などなどの理論として、それとわかるほどの貢献をまったくしていない」（Veblen, 1909: p. 152）と断定する。再びヴェブレンは、古典派と限界効用学派の両者を、ともに原因から結果へいたる論拠を説明していないばかりか、変化を理論的に取り扱うこともできず、せいぜいそれを「付随的に生じると想定されうる変化に対する合理的な調整」として扱いうるにすぎない、と批判した。ヴェブレンにとって、ベンサムの快楽計算に対する先入観とその無批判的受容は不毛なものであった。金銭的な関心が消費の決定に介入するということが承認されてはじめて、新しい、より現実的な価値と効用の理論に向けた実質的な進歩がなされることになる。というのも、今では商業界の外でも、商業的な（あるいは金銭的な）試金石や規準が、社会的なステータスや名声に関わる事柄に広く適用されているからである。

ヴェブレンの主張によれば、このような好みと称讃の商業化は、「表面的で性急な現代生活批判」によって誇張されてきた可能性が強かった。すなわち、金ピカ時代の不節制や顕示的消費に関するヴェブレンの仕事に対する反応に等しいようなものを承認することは、きわもの過ぎるだけでなく、しばしば思慮の足りないことであったというのである。しかし同時に、彼は、富とそれがもたらす特権は社会的地位と名声を保証するものではない、と批判に対して反論する。彼は再度以下のように再考を求めて語を結んでいる。

現代的な経済現象に関する快楽主義的な解釈は、完全に不充分であり誤っているというわけではない。諸現象が快楽主義的な分析のなかで快楽主義的な解釈を施されると、諸現象そのものは理論から消えてしまうことになる。したがって諸現象に関する実際の解釈が伝えられた場合には、諸現象それ自体は、実際には見えなくなってしまっているであろう。(Veblen, 1909: p. 174)

ヴェブレンが訴えたことは、ほとんど馬の耳に念仏であった。古典派的であれ新古典派的であれ、消費者需要の理論のなかで地位志向的消費を吟味したり、価値理論や効用理論を基礎付けていた諸前提を問い直したりしようとするアカデミックな論争は、経済学のなかではおきなかった。彼が二〇世紀初頭の時期に主流派経済思想へ与えた影響はごく限られており、彼の仕事は後に制度学派という異端的なアメリカの経済学者たちの基礎になるが、当時の経済学者の確信を直接脅かすことにはならなかった。ヴェブレンの考え方が広範な注目を集め、経済理論と経済思想にある程度大きな影響を与えるのは、後のことでしかない。「遅れて影響があらわれる」という事実は、一八九九年に『有閑階級の理論』を批判した最初のものの一つであるハーヴァード大学のジョン・カミングズの事例が良く示すところである。ヴェブレンの死後約二年を経た一九三一年に書かれた手紙のなかで、彼は次のように述べている。

彼、つまり彼の哲学を受け容れることは、私には出来ませんでした。それは私の性にあわなかったのです。私はそれを、偏っており、非現実的だとみなしたかった。……私の書評は、ヴェブレンが当時の経済・社会哲学に対してなしつつあった貢献を、その当時正当に評価していなかった良い証拠です。私は、なぜあれほど物が見えなかったのか、しばしば訝《いぶか》しく思ってきました。その後年月が経つにつれ、『有閑階級の理論』で定式化されたような社会的・経済的行動に関するヴェブレンの分析が広範な影響を及ぼしている証拠がますます増えてくるのを見てきました。……今では、私はまったく異なった書評を書くべきだ、ということに気付いています。

(Dorfman, 1934: pp. 507–508)

カミングズに続いて、他の人々も後にヴェブレンの仕事に対する評価を改め、新古典派の消費と消費者行動の理論がもつ多くの基本的な欠陥を最初に指摘した人物の一人として、彼に高い評価を与えるようになる。彼以前の多くの人物と同様に、ヴェブレンは生前ほとんどアカデミックな世界で認められなかったが、しかし、後知恵ではあれ、消え去るはずのない地位志向的消費の経済学に関する議論を彼が開始したことは、明らかである。

第6章　変化への抵抗

一九世紀末にソースティン・ヴェブレンによって提起された顕示的消費の理論は、一九〇〇年以降、経済学の分野で強い関心を呼び起こすことはなかった。しかし同時に、ヴェブレンは他の社会科学と経済学の関係という大きな問題をめぐる議論の口火を切った点で、かなり大きな成功をおさめた。いわゆる「行動主義的経済学」への関心は確実に高まったし、それほど伝統的でない経済学者や社会学者および心理学者は、さらに統合された消費と消費者需要の理論を作りだすために、共通の基礎を求めて研究しはじめた。

ヴェブレンは、一八九〇年代にシカゴ大学の『ジャーナル・オブ・ポリティカル・エコノミー』編集者としての立場を利用して、彼自身の論文や書評、さらにはシカゴで彼と一緒に研究し、その基本理念に共鳴していた人々が執筆した招待論文の掲載を通じて、そのような議論を活発にしようと努めた。シカゴ大学の社会学者であるアルビォン・スモールは一八九四年に社会学と経済学との関係について考察し、「共通の目的にアプローチするため合理的な協力体制をつくって仕事をしよう」と呼びかけて、論文を結んでいる (Albion Small, 1984)。ヴェブレンは一八九五年に、ヘンリー・ウォルドグレイヴ・ステュアートに経済学における快楽主義について論文を書くように求めたが、ステュアートもまた、次のように結論付けている。

不健全な快楽主義的理論……はすでに心理学から追放されており、したがって、政治経済学に近接する領域のなかにその避難所を与える機会はほとんどない。通例、その存在はまったく中立的であるが、決定的なときには、それは必ず油断ならない客であることが判明する。(Stuart, 1895: p. 84)

そのような貢献は、『クォータリー・ジャーナル・オブ・エコノミクス』(1898-1900) と『アメリカン・ジャーナル・オブ・ソシオロジー』(1898-1899) におけるヴェブレン自身の論文とともに、その問題を社会科学における広範な学際的研究へ押し進めたが、それはシカゴ大学を中心にした狭い範囲にかぎられた関心であり、当初は外部にまで議論を広げることができなかった。しかし、後に『有閑階級の理論』が普及したことによって、一九〇〇年以降新しい行動主義的経済学にさらに大きな注目を惹きつけ、その分野を社会科学のなかで極めて効果的に強調することになった。

経済学者であるとともに社会学者でもあったE・A・ロスは、一八九九年に、経済学における「精彩を欠いた」消費の取り扱いは、その起源が経済的というよりも社会的な多くの要因を曖昧に理解してきたことに起因する、と示唆した。消費者について言えば、真実は外観によってますます犠牲にされており、したがって経済学は、社会的な消費形態に関連した経済的な行為を、どこか違ったところで説明する必要がある、と主張した。このような雰囲気は二〇世紀の最初の一〇年間までずっと続き、一部とはいえ、より実質的に意味をもついくつかのアカデミックな雑誌に加えて大衆誌の関心を惹きつけたこともあったが、金ピカ時代の消費に対する大衆誌の陶酔状態が、そのあいだ萎えることはなかった。しかし、消費者行動に関するより複雑で学際的な説明を与える必要性がさらに広範囲に議論されたにもかかわらず、経済学内部では、まだそれを問題としてとり上げるための努力がつづけられていた。

その起源が社会的・心理的・経済的であるような経済行動は、別々の学問分野でなされる個別的な研究よりも、社会科学を縦断する広範な研究によって説明したほうがよいという主張は、伝統的な経済学のなかではほとんど支持が得られなかった。消費に関する経済理論はいくつかの側面で欠陥をもっており、その基礎にある快楽主義的前提について指摘されてきた疑問を認めるなら、アプローチの仕方を若干修正したり変更したりする必要があるかもしれない、という疑念や確信を抱いた人も少数ながらいた。しかし、彼らの結論は、このような「いくつかの難点」を和解させるためには、正統的な理論に比較的わずかの修正を施すほうが好ましい、というものであった。

実際、経済学は長いあいだ社会学や心理学とは反対方向に動いてきた。経済学は、ジェヴォンズ、フィッシャー、マーシャル、パレートその他の人々による新古典派的な基礎の上に構築されたから、アプローチにしろ内容にしろ、ますます数学的になりつつあった。一九〇〇年以後の一〇年間、つまりヴェブレンと他のラディカルな経済学者が市場の経済学と関連づけるために社会的な視野が必要だと主張していたときに、主流の経済学は決して中立的であったわけではなく、そのような再編成に積極的に反対したのである。一九〇九年になされたヴェブレンの限界効用批判は、概ね《おおむ》ね、台頭しつつあったこのような傾向に対する彼の不満を反映していた。

そのような不満を抱いていたのはヴェブレンだけではなかった。一九〇九年にジョセフ・シュンペーターは、経済理論家が打ち立てた効用概念は余りにも狭いから実際的な用途に役立ちえない、と主張した。とくにそれは、知覚された価値に対する強い社会的影響を無視していた。その他の人々も同じテーマを取り上げた。ヴェブレン的な経済学への転向者であり、制度学派の初期からのメンバーであるミッチェルが、伝統的な快楽主義的効用概念に対する批判に加わった（Mitchell, 1910）。古典派経済学の想定に反して、「人間が合理的であるのはごくわずかでしかなく、概ねまったく非理性的な仕方で、ほとんど知性に頼らずに行動する」（McDougall, 1908）と主張した著名なオックスフォードの哲学者マックドゥーガルを引用しながら、ミッチェルは、一九〇九年のヴェブレンによる限界効用の限界に関する批判を支持し、合理性に関する伝統的な想定は個々人や市場の行動を説明するにはまったく不充分だ、と主張した。同じ年に、ダウニーが批判に加わり、現代の心理学では限界効用を支えている快楽主義はまったく望みがないと不信の念で見られており、百二十五年間にわたる限界効用への細《こま》やかな探究は、人間のあいだで知識を増やしたり広めたりする点で、実質的に何の貢献もしていないと断言した。

限界効用の経済学は実に良くできた弁証法の体系――精妙さ、射程の広さや内容の無さという点で、中世のスコラ哲学が生み出した最高のものに勝るとも劣らないもの――である。それは、摑まえ所のない着想のあいだの細かな区別を追究し、奇妙な響きをもつ用語を次々に積み重ねていくためのまたとない機会を提供する。このタイプの「経済学」は、形而上学的な考え方をもっている人々を強くひきつけるし、今後も練磨されつづけることは間違いないだろう。しかし、それは実際的な問題の解明に何ら貢献してこなかったし、また貢献しえないものなのである。(Downey, 1910: p. 268)

逆説的ではあるが、最も著名な「形而上学的」経済学者のあいだでさえ、対人効果が効用に大きな影響を与えうる、という見方に真の意味で異議を申し立てる人はいなかった。アルフレッド・マーシャルはピグーに対してまさにそうだと認めていたし、他の人々もそのような市場の現実を受け容れようとしていた。パレート(Pareto, 1906)は、「人々の効用関数が他の人々の行動や消費と無関係であるという考え方は、およそ経験に反する」と指摘していた。しかし彼は、消費に関して人と人とのあいだに生じるこのような要因を認めはしたが、その著作では一貫して加算的な効用関数を利用しつづけ、このような諸現象を和解させるために効用理論を改訂したり、定式化しなおす試みはしなかった。

変化に対する抵抗は、数学的な経済学がさらに堅固に組み立てられてきたため、一九一〇年以後もつづいた。贅沢な消費を明確に直視し、しかも数理経済学派に属さない人々でさえ、この時期には、より行動主義的なアプローチをほとんど支持しなかった。たとえばドイツでは、経済学を歴史的かつ理論的なものと捉えていたゾムバルト（『贅沢と資本主義』1913）は、心理学は経済学者の知識を補充するかもしれないが、それは経済学固有の研究には含まれない、と主張した。

いくらかの経済学者は、理論構築をしたり、伝統的で快楽主義的な価値前提を基本的に疑う際に、経済理論家が他の社会科学が達成した成果に対してとった態度に、わずかではあるが積極的な態度が見られると主張した。ミッチェル（Mitchell, 1914）は、消費社会学の原理が次第に市場行動の要因として認知されつつある、と見ていた。しかし、経済学が消費と消費者を受け容れるのに失敗したことを、もっとはっきり非難する者もいた。ヴィーザー（Wieser, 1914）の考えによれば、「消費に関して、（経済学は）何も言っておらず、要するにただ沈黙のヴェールをかぶせているだけ」であった。彼の主張によれば、経済理論は商品を消費する物理的なプロセスに注目してこなかったのであって、「消費それ自体、すなわち生理的欲求の充足それ自体は、少しも経済的な活動ではない」（Wieser, 1914: p. 43）ことを認識し損なってきたという。社会的に鼓舞された消費の重要さやこのような概念に対する抵抗は、社会的な野心に衝き動かされる市場における一部の経済的行動を分析できなかった、ということを意味した。

すでに正統派の経済学、とくに新古典派経済学の消費者行動の議論の基礎にある快楽主義的計算の有効性に異議を唱える用意ができていたごくわずかな経済学者は、アカデミックな世界ではほんの少数派でしかなかったし、しばしば変人扱いされた。カーヴァーは一九一八年に、彼らは伝統的な経済理論に含まれるいくつかの行動に関する不充分さを指摘した点では正しかったが、実際のところ、議論をほとんど関係のないところまで進めてしまったと主張して、調停を中止した（Carver, 1918）。彼らが作りだそうと望んだ新しい経済人は、ちょうど古い経済人が反対の傾向の産物であったように、非金銭的なものの過度の強調と慣習的な金銭的動機の無視ないし軽視の産物であった。カーヴァーにとって、所謂、行動科学的な経済学者が実際に認識できなかったことは、正統派の経済学が、需要理論のなかで本能、衝動および感情を大いに斟酌している、ということであった。要するに妥当な批判とは、個人の動機や経済行動を分析したり記述したり、目録を作ったりする際に、そのような要因に充分なウェイトをかけ損じたということなのである。それゆえ、必要なのは「新しい経済学」ではなく、既存の理論を適切に適用することだけであった。

このような非金銭的な動機とは一体何のことであろうか。この点に大きな疑問がある。つまり、もし行動主義者たちがそれに詳しく答えられるなら、彼らは経済学に多大な貢献をしたことになろう。だが、もし彼らが完全な体系を作り上げ、以前からの体系をすべて無しで済ませられると考えたとすれば、彼らは他の分野、たとえば化学、物理学、薬学や動物学という分野の人々と同類だと考えなければならない。というのも、そのような人々は、なんらかの新発見があったら、およそ昔の仕事はまったく価値がない、とひとまず発表するからである。(Carver, 1918: p. 200)

行動主義的経済学者に対するカーヴァーの高慢とも言える批判は、ある意味で、公平さに欠ける。というのも、彼らは誰一人として、以前の著作のすべてを余分なものとするような「完全に新しい体系」を構築した、などと主張しなかったからである。彼らの穏やかな主張が吟味されはじめると、彼らはますます説得的になり、ごく少数のさらに著名な経済学者に影響を与えはじめた。一九一八年までに、J・M・クラークは経済学と心理学とのあいだである程度の調停がなされる必要がある、と確信を抱いていた。彼の主張は、経済学者は心理学を無視しようと試みることはできるが、経済学それ自体は人間行動に関する科学である(この主張それ自体は極めて議論の余地が大きいものであるが)から、それは人間性を無視することはまったく不可能である、というものであった。すなわち、現状のありふれた擁護であったため、経済学がともかくも人間性になんらかの基礎を必ずもつということを否定し続けて来れた、と言うわけである（Tugwell, 1922)。

クラークは心理学との密接な関連づけがすでに欠かせなくなっていると考えており、そのような結びつきの進展が損なわれるのではないか、と危惧していた。「経済学者が人間性の概念を心理学から借りるなら、彼の建設的な仕事は、性質としては純粋に経済的なものに留まる機会もあろう。だが、たとえ彼がそうしなくても、彼は、そうすることで心理学を追い払ったことにはならない。むしろ彼は、自分自身で自らのものを作りださざるをえないようになるだろうが、それは粗雑な心理学になろう」（Clark, 1918: p. 4)。

少数の理論家による留保は増えつつあったが、この学問は経済社会学や経済心理学とかかわる問題と和解することができるし、やがてそうなるだろうというカーヴァーの見解は、主流派のあいだで広く支持された。経済学と他の行動科学とのあいだの大胆な統合への呼びかけに対するこのような無関心がつづいたことを前提すれば、限界効用理論とマーシャル的な消費と消費者需要の説明は、実際には何の脅威にも晒されなかったことになる。また同時に、この科学のなかからは何も大きな脅威は出てこなかったが、新古典派経済学者は、金ピカ時代によく記録された不節制――誰もが認めるように、ステータス意識だけに動機づけられたもの――が何故、どのように伝統的な理論の枠外で発生するのか、これを説明しなければならなかった。

釈明するのは困難なことではない。というのも、かなり高い水準の地位志向的支出と消費は、極めて豊かな人々のあいだでしか見出せないからである。事実、ジェヴォンズ、マーシャルその他の新古典派経済学者はそのような現象に明白に言及していた。しかし、全体としてこのような消費者行動は一般的な理論構築にとって重要なものではなく、関連性も薄いとみなされるのが世のつねであった。それはたんなる消費大衆の代表とは到底みなしえないような、社会のなかでは少数の特権的な集団にのみ結びついたもので、このような人々の消費者としての嗜好は深遠で、あらゆる点で些細なことにこだわるといったものであり、したがって、無視しても問題が生じるはずはなかったのである。

ステータスを象徴する消費が、代表的な消費者とはいえないこのような小集団と結び付けられるかぎり、経済理論家はそれを社会的に無視し、度外視することができる。しかし、このような封じ込めや無視という政策は次第に支持し難くなってくる。というのも、金ピカ時代の大金持ちによる顕示的消費は、資金が許す範囲で社会のあらゆる階層でひろく真似され、熱心に見習われたことを、ヴェブレンが既に立証していたからである。と同時に、自分より上の階層であると認めた人の行動を見習うという大衆のこのような「自然な」傾向は、ひたすら財とサーヴィスの売上高の増加をめざす企業社会によって、活発に奨励されていた。事はきわめて上首尾にはこんだため、世紀転換期までには、地位志向的な支出と消費は、たんに合衆国だけでなく、西ヨーロッパ中の商店や目抜き通りでごく普通に目に付くようになった。もはや経済学にとって、顕示的消費という「現象」が消費者需要の理論のなかで重要な位置を占めることはない、と確信をもって主張することは困難であった。

事実、一八五〇年以降の時期には、ステータスを象徴する財市場が大西洋の両側で目覚しい発展――主として社会、経済および商業上の環境の変化に由来する発展――をとげた（Fraser, 1981: Williams, 1982: Strasser, 1989）。可処分所得の増加とともに、ますます多くの人がたんなる必要性から生じる消費パターンを放棄し、共同社会のなかで社会的ステータスを高めるのに役立つ贅沢品の獲得と消費をはじめた。しかも、このステータス商品への大きな関心は、そのようなものの購入を促進する努力をおしまなかった製造業者によって盛んに煽り立てられた。

社会的効用の高い財やサーヴィスに対する需要は、最初、ますます成長して精緻になっていった広告によって促進された。一八五〇年以降、壁を埋めたポスターが生産物の社会的な美徳を褒めたたえ、ステータス・シンボルとしての価値をネタに、多くの商品販売を促進した。社会的に目立つ消費を、それと合体したステータスの向上にどの程度効果的に関連付けたかを評価する心理学は当時すでに知られており、このようなポスターによる勧誘は、しだいに効果的な新聞広告を助長することになった。このような勧誘を調整したり展開したりするために、広告代理店（一八世紀末から存在していたという事実がある）の役割と範囲が著しく増大する。市場が大きさと消費力の点で一段と成長した結果、一八八〇年以降代理店はその機能をさらに拡大した。一九世紀末までに、ほとんどの大企業は、顧客に総合的な市場分析と勧誘計画のサーヴィスを提供できる広告代理店に、生産物の販売促進を外注するようになる。

一九〇〇年頃には、広告はいまや「科学」であり、この新しい科学は主として心理学の研究に基づいている、とかなりの人々が考えていた。広告の心理学に対する関心が増大するにつれて、生産物がたんにその身体的な有用性だけでなく、購買者や消費者に社会的ステータスを与える能力をもつからこそ、多くの財やサーヴィスの販売を大幅に増大させることができる、ということに関する製造業者の理解も進んでいった。世紀が交わる頃までに、現実のものであれ頭のなかでつくり出されたものであれ、生産物の社会的価値は、広告が伝えるメッセージの不可分の一部として用いられた。

ステータスと結びついた消費は、一九世紀後半における信用制度の著しい拡大によってますます刺激されたが、とくに一八六〇年以降に著しかった。信用の便宜が大幅に導入されたそもそもの意図は、貧乏人に対して、とくに失業や病気のときに財やサーヴィスを入手できるようにすることである。だが年月が経つうちに、信用は、身体的な幸福よりも社会的ステータスを高めるような贅沢品を買うために利用されるようになる。そして一八六〇年以降に、押し売りの開始として知られているものと一緒に分割払いの方法が拡大するにつれ、最新のステータス・シンボルを獲得しようと家庭が互いに競ったから、見るからに余分な贅沢品の購入が膨れ上がった。

最後に、顕示的消費は小売業の発展によって助長された。伝統的には、金持ちによる誇示はファッション感覚に満ちた町の通りや大通りに構えられた上流相手の小売店で提供されてきたが、このような店は、ふさわしい小売環境のもとで相当の費用をかけて高級な財やサーヴィスを提供していた。実際、「下層階級」を排除できるほど充分高い価格がつけられたが、ますます多くの豊かな中流階級と労働者階級が台頭しはじめると——金銭的な競争と顕示的な消費を通じて、彼らが相対的なステータスと地位向上心をしきりに主張しはじめると——、それに合わせて小売業に新しい好機会が提供されることになった。この小売ギャップは、実際には百貨店の登場と発展によって埋められた。

そのような店の発展における初期の起業心は、一八五二年のパリにおけるアリスティド・ブーシコーのボン・マルシェと一八六〇年のニューヨークにおけるメイシーの開店に遡る。このようなフランス人とアメリカ人の起業心は、即座にイギリスでもう一つの発展を生み出し、主として二つのタイプの百貨店が登場することになった。フレイザー（Fraser, 1981）が指摘したように、一八六〇年以後の一〇年間に登場したロンドンの百貨店は、「『上流階級に欠かせない装身具』で飾り立てようと血眼になっていた」中流階級に照準をあてていた。しかし、中流階級の集中度がそれほど高くなかったロンドン郊外では、百貨店は労働者階級を主たる顧客の対象とした。

ヨーロッパとアメリカにおける中流階級の店も労働者階級の店も、よく似た企業哲学を共有していた。顧客になりうる人なら誰であれ、ゆっくり眺め、「眺められる」ために店に入るよう薦められた。店には多数の店員が配置され、表向きの店の格式に重みがつけられると同時に、潜在的な顧客個人のステータスや自尊心を高めるような個人的な気配りが、顧客に提供された。要するに百貨店は、予算の範囲内でステータスの高い買い物をする体験と、顕示的に消費する機会を提供した。広告の発展や信用限度の緩和とともに、百貨店は地位志向的消費を著しく拡張することに成功したのである（Miller, 1981: Laermans, 1993）。

一九二〇年までに、可処分所得の上昇、市場と小売業における環境の変化、多様な消費財に対する需要の刺激や創造における社会心理学の大々的な利用などが、消費のパターンを変えつつあった。しかし経済学は、消費者需要のかなり大きな部分を決定する際に生産物の象徴性がますます重要になってきたことに関して、何も発言できなかった。カーヴァーに同意する人々は、新古典派的な限界効用理論と慣習的な快楽主義的計算がそのような問題に取り組む以上のことを可能にするから、経済学に向けられうる唯一の非難は、誤った理論構築をしているというよりも軽視しているところがある、という類のものでしかないと言いつづけた。他の人々は、少なくとも需要の心理学は経済学の一部ではない、と主張した。需要形成に心理学的な要素が作用していることは確かであったが、ディキンソンが不満を述べたように、経済学者はこのような傾向に対してまったく楽天的だった。

> それでどうなのだ、というのが答えである。人々の欲望がしばしば本能によって、しかも無分別な本能によって決定されることが頻繁にあると認めたからといって、一体それは経済学の原理にいかなる変更を余儀なくさせると言うのか。われわれは欲望の起源を説明する必要はない。われわれの仕事は欲望を満たす手段を研究すること、つまり欲望が充足される条件を研究することである……。概していえば、「心理経済学者」が二十五年にわたって様々な方向から攻撃を加えてきたにもかかわらず、ほとんどの経済学研究者の心のなかには、有罪だという意識が少しも浮かばなかった。(Dickinson, 1919: p. 378)

ディキンソンが言及したことは、消費者需要に関する近年の心理学的な理論は、とくに「ヴェブレンが鮮やかに描きだした誇示と結びついた欲求」に対する説明であること、および「批判者はこのような欲望を、富を追及する動機のなかで最強のものの一つとみなした」ということである (Dickinson, 1919: p. 400)。しかし同時に彼は、経済学内部に広がっている態度からすると、社会的・心理的な研究成果は理論の根本的な修正を求めるような経済学的な議論を少しも提起しなかったように見える、と言わざるをえなかった。

とくに新古典派的なパラダイムでは、宣伝と販売技術の影響は需要の重要な決定因子としてほとんど取り扱われていない、という懸念がいくつか表明された（Clark, 1918）。本当のところ、アメリカの重要なビジネス関連の文献のなかでは、すでに心理学者が、実験的な研究の成果を広告の応用という見地から理解しはじめていた（Cherington, 1913: Hollingworth, 1913: Tipper et al., 1915）。現代では、一九一〇年から一九二〇年にかけて広告の分野でなされた心理学の新たな利用が、消費財とサーヴィスのマーケティングおよび販売促進における基本的な発展であった、と広く認められている（Bartels, 1965）。しかし、経済学者がこのような発展を詳しく観察しはじめたのは、ようやく一九三〇年になってからのことである。すなわち一九二〇年代には、購買者は価格の変化によってしか影響されない既定の需要曲線を胸に秘めて市場にやってくる、というマーシャルの想定で充分と考えていた理論家にとって、それは真面目に注意するに値しないとみなされたのである。

一九二〇年代を通じて、少数派の経済学者は、彼らに言わせれば、不健全な心理学に基づいているために誤っているだけでなく、人を誤らせもするという理由で効用理論を批判しつづけた。このような批判のなかで最も頑固であったのは、アイオワ大学を拠点にしていた経済学者フランク・H・ナイトであり、彼は、経済学に侵入してきた数学的な偏向に、したがってまたこの学問を純粋科学に類似したものに変えねばならないとする強迫観念の肥大化、と彼が見ていたものに大いに不満を抱いていた。

自然科学の理想を社会科学でも追い求めようとする努力は、方向を誤っている。人間行動の予測と制御という実際的な目的のためには、したがって人間行動を理解するという最終的な理論的目的のためには、われわれが物体間の相互作用のプロセスを機械的に分析しようと試みることによってなしうるよりも、知性の持ち主が相互に知りあったり影響を及ぼしあったりする仕方を研究することによって、さらに多くのことを学ぶことができるからである。(Knight, 1925a: p. 265)

ナイトは、経済学が消費者の動機と欲求をどのように取り扱うかに、したがってまた、古典派的な演繹的な経済学の解釈に対して、深い関心を抱いていた。他の多くの経済学者同様、彼も、モノを欲することに関わる人間の判断は、その大部分が、他の人々と同様でありたいという欲求、あるいは他の人々とは違っていたいという欲求から生じる、と考えていた。この自己に対する思い込み、つまりそれが象徴している「マキャヴェリ的・マンデヴィル的規準」は、二〇世紀初期の大衆市場で観察されたように、過度に意識されると害を与える、と彼は主張した。経済学の誤りは、新古典派理論における消費者需要の議論が地位志向的消費をほとんど認めなかったことであり、それゆえ、いまや消費者の選好形成において極めて重要な要因になっている現象を真正面から説明したり、批判したりできないことであった (Knight, 1925b)。

ナイトの悲観的な見解は、他の人々の共有するところでもあった。もし本当の進歩がなされるとすれば、効用理論と需要創造に関するまったく新しいアプローチが必要だろうという見解 (Frank, 1924) もあったが、他方では、心理学的な概念を公認の経済理論 (すなわち正統的な限界主義経済学) の領域内に組み込もうという試みは、すべてまったく時間の浪費であるという考え方もあった――つまり、そうなってしまうと、経済学は「まったく皮相的な、すなわち経験的に限定された科学というよりも形式的なロジックの産物でありつづけることになろう」(Snow, 1924)。

一九二〇年代半ばまでに、消費と消費者理論をめぐる経済学者と他の社会科学者とのあいだの隔たりはますます広がり、経済学に対して、重要な原理だけを考察すべきだという圧力が高まった。その圧力が極めて大きかったため、著名な主流派経済学者は対応を迫られたが、ほとんど譲歩はなされなかった。

価値論における効用概念を展望した一九二五年の論文のなかで、ジェイコブ・ヴァイナーは経済学に対する批判を「途切れることなくつづく効用の経済学に対する容赦のない批判」と描いた上で、「批判によれば、経済学が前提している心理学は時代遅れであり、その論理は誤っており、その分析と結論は階級的偏見に毒されており、その経済学的啓発への貢献はゼロである」(Viner, 1925: p. 371) と指摘した。その上で彼は、このような批判によってなされた多くの攻撃にたいする反撃に着手した。

彼の議論の一部は、正の傾きをもつ需要曲線は、公認の英知とは逆に、現実世界、とくに実用的な価値と並んで社会的な価値をもつ「ファッションとスタイル」に属する商品に関して容易に観察しうる、という批判に関わっていた。ヴァイナーは、三〇年前にマーシャルが行ったように、明らかに正の価格/需要関係を長期間観察できるのは、商品が次第にファッショナブルなものになり、それに応じてより多くの価値を顕示的な消費者に与える場合だけだ、と主張した。しかし、その期間のどの時点においても、正の傾きをもつ需要曲線など存在しない。「個々人の需要は商品の使用が広まるにつれて増大するかもしれないが、どの時点をとっても、使用の程度を所与とすれば、低価格でよりも高価格で受け取る単位数の方が少ないであろう」(Viner, 1925: p. 379) とヴァイナーは述べた。

実際、これは伝統的な、つまりマーシャル的な限界効用理論を擁護する議論を代表している。しかしヴァイナーは、期間のどの任意の時点においても、ファッション商品に対する需要は、少なくとも部分的には、その時までに「それを利用する程度」——すなわち、他の人々が当該の商品を購買し消費してきたと消費者が考える程度——がどれくらいであるかを消費者が計算することによって決まる、ということを認めた。要するにヴァイナーは、対人効果は、明確な社会的価値をもつ生産物に対するあらゆる人の需要を決定する際に作用する、ということを白状したことになる。というのも、ファッション商品は正の傾きをもつ需要曲線と関連させせうるという主張に異議を唱える際に、静学的な条件のもとでは、需要はたんに価格の関数であるだけでなく、真実であれ空想であれ、他の人々による過去の消費の関数でもある、ということを認めていたからである。需要曲線は価格の変化によってのみ影響されうるというマーシャルの想定は、それゆえ、疑問とされた。というのも、ヴァイナー自身が認めたように、「もし利用の程度と価格とが密接に関連しているとすれば、購買者が引き受けるであろう総計に対する価格の影響を、利用の程度がもつ影響から区別することが困難になるだろう」（Viner, 1925: p. 379n）からである。

ヴァイナーは、特殊な事情の下では、一定の需要曲線は「正道を踏み外している」とみなしても正当だと認める用意があった。周知のギッフェン・パラドックス（一定の市場状況のもとでは、貧しい人はパンの価格が上昇すると、その消費を増やすように見えるということ）が一つの例を提供した。しかしながら、他の特殊な場合も確認されている。

> 真実の、正の傾きをもつ需要曲線が存在するという事例を考えることはできる。主として高価であることに由来する名声という価値をもつ商品は、主として価格を根拠に購買者によって品質が判断される商品と同様に、一定の範囲内で傾きが正である需要をもちうるであろう。（Viner, 1925: p. 379）

それゆえヴァイナーは、社会的ステータスや誇示的な見せびらし行為という目的のために、購買者にとって高価格は、商品の社会的な価値を高め、結果的にそれをもっと望ましいものに変える魅力的な生産物属性のように理解できる、ということを認めた。彼は、それはたんに「需要」曲線と「欲望」曲線とのあいだの乖離を表しているにすぎないと主張することによって、このような消費者行動を限界効用理論の枠内で説明できると思っていたが、この特殊なケースは、再び消費者の選好形成に対して対人効果がもつ影響に関連する論争点をもたらした。しかし、当時の多くの主流派経済学者と同様に、ヴァイナーはそれ以上議論を進めず、暗黙のうちに、地位志向的消費を特段の考慮に値しない常軌を逸した行動として片付けた。

消費者需要に対する対人効果を無視しつづけたのは、一人ヴァイナーだけではなかった。一九二〇年代から一九三〇年代前半にかけて、一般に経済学者は、消費者に大きな社会的効用を提供するような財に関する新古典派的な需要曲線の導出を確信をもって擁護することはできない、という主張をほとんど信じなかった。この点について、かつてマーシャルの効用と価値の分析にたいする主要な批判者であったピグー（Pigou, 1903, 1910, 1913）は、加算的な需要曲線という概念を明確に受け容れた需要曲線の統計学的導出に関する論文を、一九三〇年に発表した。一九三二年にタルコット・パーソンズは、マーシャル経済学を強く擁護し、需要の社会学がマーシャルによって考慮されてきた程度は著しく過小評価されてきた、と主張した。

実をいえば、マーシャルの新古典派的アプローチの解釈にますます不満を募らせていた人もわずかにいたが、このような留保は、主として独占と競争の理論に関連していた。ロビンソン（Robinson, 1933）とチェンバリン（Chamberlin, 1933）は消費者の選好に対する宣伝と販売技術の影響を認め（今やそれを否定するのはほとんど不可能である）、このような要因を需要方程式に組み込もうと試みた。しかし、両者とも、需要の心理学や社会学に、すなわち社会的に目立つ財の販売を促進するために宣伝がますますイメージや生産物の象徴性を利用する方法に対して、本当の注意を払わなかった。ロビンソンは、需要形成に対する何らかの心理的影響を認めたが、それは心理学者にとっての問題であり、経済学者にとっての問題ではないと考え、二つの社会科学は別々の役割を担うと述べた。しかし彼女は同時に、経済学者の心理学的な単純素朴さが擁護不可能な想定をもたらしたこと――最も顕著には、「他の人々も自分と同じ心理をもっていると想定することによって、［経済学者は、］盲目的な信頼という行為によって、彼自身以外の個人についても信頼にたる限界効用曲線が存在すると確信できる」（Robinson, 1933: p. 213）こと――を認めている。

彼女の主張によれば、これは厳密さも有効性も欠いた思考実験という、まったく信用に値しない技術に基づいた限界効用の「当てにならない弁明」である。結局のところ、限界効用は、「ある状況のもとでは、実質的で興味をひくような意味をまったく持たない純粋に形式的な概念」でありつづけ、しかもこれは、社会的および心理的特徴が需要に影響を及ぼす場合にとくに真実であると思われる、というのである。(Robinson, 1933 : p. 217)

この頃までに、効用に基礎を置く需要形成の理論は、あいまいな心理学に基づく個人の選好に文字どおり依拠しているゆえにもはや採用しえないという理由から、一般的に経済学の内部で限界効用理論への困惑が広がりつつあった。しかし、このような困惑は、消費者の選好形成の性質に関するヴェブレン的な関心とはまったく無関係であり、この時期に限界効用に対する批判を行った人々は、需要に重要な影響を及ぼす対人効果とステータス追求とをより深く考察しようという方向に進むどころか、むしろ離れていったのである。

一九三四年に、ヒックスとアレンは、効用と限界効用理論の基本的想定を吟味する論文を発表し、実際それは実用的な価値をほとんどもたず、それによって需要が効果的に計測されうるようなメカニズムを提供するわけでもない、と主張した。こうして彼らは、基数的な効用の測定から序数的な測定へ、単一の商品に対する需要から関連をもつ（補完的ないし競合的）財に対する需要へと移動するように提案することになった。エッジワース、スルツキー(Slutsky)、パレートによってなされた初期の仕事から導かれた彼らの無差別曲線分析は、限界効用と逓減《ていげん》的な限界効用を、限界代替率と逓減的な限界代替率に置き換えたのである。

この分析の中には、対人選好や経済的・功利主義的思考以外の社会的なものによって動機付けられた行動という問題に注意しなければならない、などという思考はまったく存在しない。伝統的には、効用に導かれた新古典派理論のもとでは、個人が所与の価格で購入しようとする財の量を決定するためには、個人の「効用曲面」が知られる必要があった。だが、新しいアプローチのもとでは、個人の無差別マップ――より簡単に計測されうるばかりか、何ら快楽、苦痛、動機についての説明を要しないようなもの――に関する情報だけしか必要とされない。実際ヒックスとアレンは、限界効用理論のなかに残っていたわずかな「心理学」を取り除く仕事に着手したのであって、結果的に彼らの仕事は、需要の計測から社会心理や地位志向的消費という概念を取り除こうと試みていた数学的な消費者需要分析を促進することになった。

古典派的および新古典派的な需要理論に対する次の攻撃は一九三六年に始まったが、今回はずっと微妙なもので、需要は、純粋に経済学的な用語で言えば非合理なものとみなしうることがしばしばある、という主張であった。ヒックスやアレンと同様に、ケインズは『一般理論』のなかで、伝統的な効用極大化モデルを否定した。しかしケインズは、消費者選択の形成に関する詳細よりも、完全雇用の理論を発展させることに大きな関心を寄せており、需要の刺激や経済発展の促進とは無縁な節倹が、実際に需要を押さえつけて失業を作り出すと一七世紀に主張した重商主義者の思想の「まったくの傍流でしかない見解」を承認した。道徳的な反対があろうと、贅沢な消費は需要を増加させ、貨幣を流通させ、そうでなければ失業していたであろう多くの人に仕事を作りだすからである。

ケインズがこのような考え方にはっきりと共鳴したのは、贅沢な消費それ自体に愛着をもっているとか、確信を抱いているという理由からではなく、最高水準の雇用を確保するために、過少消費を回避する重要性と需要を維持する必要性を認識していたからである。彼はセーの法則（つまり供給が自ら需要を作りだすということ）と、経済学者は総需要関数を無視しても大きな問題は生じない、というリカードウの信念を明確に否定した。彼の主張によれば、消費性向が雇用と成長の主要な決定因子であり、総需要に寄与するものはすべて、純粋に経済学的な用語で言えば、明らかに生産的なのである。この意味で、贅沢な消費は経済成長と繁栄の一助になるわけである。

ケインズは、客観的な要因と主観的な要因の両者がともに消費性向全体に寄与することを認めた。彼が定義する主観的な動機とは、享楽、先見の明のなさ、寛大な行為、見込み違いであり、とくに重要なのは、誇示と濫費である。

ところで、このような動機の強さは、以下の様々な影響次第で著しく異なる。つまり、われわれが想定している経済社会の制度や組織、人種・教育・慣習・宗教や広まっている道徳によって形づくられる習慣、現代の希望や過去の経験、資本装備の大きさと技術、一般的な富の分配と定着している生活水準、などである。(Keynes, 1936: p. 109)

ケインズは、「主観的な」消費の理由が、しばしば個人的な経済環境よりもむしろ社会的・文化的要因に依拠しているということを承認したが、雇用・利子および貨幣に関する彼の著作の中核をなす、と彼が考えたものから脇にそれることを躊躇した。

われわれは、ときどき余談にする場合を除けば、広範な社会的変化がもたらす結果や長期にわたる進歩がもつ緩慢な結果にとらわれるべきではない。すなわち、貯蓄および消費に対する主観的な動機の背景は、それぞれ所与のものと考えるべきである。富の分配が共同社会の多少なりとも永続的な社会構造によって規定される限り、これまた、変化が緩慢であり長期間かかるというだけのことであるが、現在の文脈のなかでは所与のものとして取り扱いうる一要素だ、と考えることができる。(Keynes, 1936: pp. 109–110)

それゆえ、消費における短期的な変化、つまりそのような変化が貯蓄と雇用に与える効果は、大部分所得として受け取られる率に依存しており、所与の所得における消費性向の変化に依存しない、と考えてよいことになる(Keynes, 1936: p. 110)。このように需要に対する客観的・主観的な影響の両方を取り除いた上でケインズは、限界消費性向という所得主導的な理論を展開できるようになった。

ほとんどの同時代人と違って、ケインズは、誇示と濫費が消費性向全体に影響を及ぼしうるし、現に及ぼしていることを認める用意があった。しかし同時に彼は、そのような動機は長期間にゆっくりとしか変わらないと主張し、そのような行動をささえる動機——とくに、顕示的に消費しようという個人の意思決定が、ステータスの上昇を確保するためにどのように他人に向けられるか——を解明する理由など、見出しはしなかった。短期に焦点を絞ることによって、実際にケインズは、主観的な、つまり社会的に決定される消費誘因を説明するということに関わりあう義務を免れたのである。彼の主張によれば、「それ以上長々と述べることなく、より重要なものの目録を与えることができれば」(Keynes, 1936: p. 10)、それで充分であった。主観的要因を短期的に安定的だと仮定して問題が生じないかどうかについては、後にいくらか留保的な見解が提出されたが (Gilboy, 1938)、ケインズ的な見解は主流派の経済思想のなかに広まっていった。

実際、ヒックスとアレンによって提唱された消費者需要の理論的取り扱いの修正版は、需要に対する主観的な影響を認めた上で消費関数の短期的な考察からそれを取り除くというケインズの取り扱いと一緒になって、心理学と社会学とが実際に消費者選択の形成について実証したものをすべて無視したとしても、ミクロレベルでもマクロレベルでもまったく正当であることを保障した。それゆえ、一九三〇年代の残りの時期を通じて、経済分析は消費者需要に対する対人効果を本格的な関心の対象とはしなくなった。経済学者が相互依存性の問題と取り組んでいたのは唯一社会厚生経済学の分野であるが、対人比較に関するこのような不可避な関心は、決して地位志向的消費の領域に拡大されることはなかった。

一九三六年以降、消費と消費者需要の経済学は、予測通りに二つの主要な方向に発展した。第一に、マクロ経済的な需要の管理という文脈のなかで、相当な努力がケインズ的な消費関数の適切さと正当性いかんという問題に注がれた。第二に、ヒックスとアレンによって調和的に組み合わせられた伝統的な効用に基礎をおく需要分析からの離反に成功したことが、無差別曲線分析に基づく消費者需要に関する新しい理論への関心を掻《か》きたてた。

ヒックスとアレンによって着手された、需要形成に含まれる効用概念に対する批判は、とくにサミュエルソンに歓迎され、彼は一九三七年から一九四五年のあいだに、ヒックスとアレンの論文を基礎にして、包括的で数学的な消費者行動の理論を展開した。サミュエルソンは効用理論にはまったく感銘を受けず、それを不毛な概念とみなした。

> 消費者の市場行動は、行動によってのみ順次明確にされる選好を規準に説明される。その結果は極めて容易に循環論的でありうるし、多くの定式において紛れもなくそうである。しばしば、人々は彼らが行動するように行動するという結論、つまりまったく経験的な含意をもたない公理くらいしか述べることはできない。というのも、誰も異議を唱えられないとはいえ、それは何の仮説も含んでおらず、考えられるあらゆる行動と論理的に一貫するからである。(Samuelson, 1947: pp. 91-92)

需要の相互依存性(interdependence)が問題になる限り、他者の選好や消費によって影響される個々人の選好をサミュエルソンが探究したのは、厚生経済学の分野だけであった。彼は次のように言う。「ヴェブレンが典型的に指摘したように、消費動機の大部分は、他の人が同じモノをもっているとか、もっていないという事実と関係する。顕示的支出、『隣人に負けまいと見栄を張ること』、俗物根性、体面の維持などは、実際の消費習慣を評価する場合に重要である」(Samuelson, 1947: p. 224)。しかし、このような影響を認めておきながら、彼は次にそれを無視する。もし需要形成に関わるそのような想定がなされないならば、「それは一定の『外部的な』消費の経済性を許容するような修正を求められるにしても」、厚生経済学の結論は依然として有効性を保持するであろう。そのような修正が真剣に探究されたことがないということも、さらに、相互依存的選好という「有害物」がそれ以上考察されなかったということも、おそらく驚くには値しないだろう。

一九三八年に、その内部に効用概念という「退化した痕跡」をもつという理由で、サミュエルソンはヒックスとアレンの限界代替率という概念を批判した。彼の主張によれば、そのような限界率に基づくアプローチは、効用という心理学のすべてを拭い去るものではないし、少なくとも曖昧なものである。彼はあらゆる効用の痕跡を除去する仕事に着手し、何ら心理学的な含蓄をもたない顕示選好（revealed preference）の理論を展開しはじめた。

サミュエルソンがこれをさらに精緻化する作業をしているあいだに、ヒックスは研究成果を発表し、新しい「主観価値の理論」を発表したが、徹底しきれていないというサミュエルソンの批判にもかかわらず、それは伝統的な効用理論の快楽主義的な計算から実質的に離反するものであった。もう此の頃には、経済学的な需要理論と地位志向的消費とのあいだのギャップは、しばしば広告活動によってますます促進され、多くの消費財市場でありふれたことになってきたが、これは明らかに架橋不可能なことであり、異端の度が強い経済学者のあいだで大きな関心を惹きつける大義になっていた。このような関心は合衆国でとくに顕著であったが、ここはヨーロッパと違って、その時までに経営や管理研究に専門化したアカデミックな学部がよく組織されており、理論経済学における消費の取り扱いに、ますます不満が高まっていたのである。

ハーヴァードでは、経営大学院の教授会メンバーが、ほとんどの経済学説が市場の現実とあまり関係をもたないことに、著しく批判的であった。トスドール（Tosdal, 1939）は消費者需要の研究に対する適切な基礎を確立するという点で心理学によってなされた進歩を、経済学におけるそれと比較したが、後者では、消費はもっぱら周辺的な争点に留まっており、生産の取り扱いと関連した場合にのみ言及する、というのが典型的であった。一般的な経済学の論文は、ごくまれにしか人間の必要物がもつ一般的な特徴を踏み越えて議論することはないし、「ビジネスマンが経済学の分野で一般的な訓練を受けても、生き生きとした影響を与えるような消費者需要の立ち入った理解の一片なりとも、彼のなかに入り込まない」（Tosdal, 1939: p. 8）と不満を述べた。彼の主張によれば、経済学は余りにも一般的すぎるため、ほとんどの特殊具体的な問題解決に役立たない法則と一般理論を生み出しているだけであった。

批判はハーヴァードだけに限られなかった。一九三八年十二月に、消費の経済学に主要な関心をもつアカデミックなグループがデトロイトに集まり、消費と消費者需要の取り扱いという点に絞って、現在の経済理論に関する懸念を表明した。その集会は、コロンビア大学経済学教授であるベンジャミン・アンドリューズを議長に、一九二〇年以降に出版された消費経済学に関するすべての著書を再検討したが、この調査報告書それ自体がはなはだ「薄い」ものであった。後にボウマン（Bowman, 1939）がグループの討論を総括しようと試みたが、このプロセスは、消費と消費者需要の適切な取り扱いに関して、経済学内部で混乱があることを強調するのに役立っただけであった。全体的にみて、デトロイトの第一歩は答えよりも疑問を提出したものであり、将来に対するヴィジョンも展望も提供しなかった。「問題はなお、消費者の選択、消費者需要における『理由』とその相対的な強さをどのように説明するかなのである」（Kyrk, 1939）とキークは指摘している。

大金持ちの特権的な地位がつづくこと、さらには広告、信用の利用、およびあらゆる社会的・経済的な階層で地位志向消費を奨励するために二〇世紀初期に生じた小売業の著しい発展の持続を前提とすれば、一瞥のかぎりでは、一九二〇年代から一九三〇年代にいたる時期に、経済学内部で地位志向的消費が特に黙殺された理由を理解するのは困難である。しかし、この黙殺は、二〇年におよぶ経済状況と消費者の優先事項がその主題への関心を高めるのにほとんど役立たなかった、という事実に少なからず起因している。あらゆる社会階級で地位志向的消費の実例を確認するのは困難ではないが、もっぱら誇示的な見せびらかし行為を意図した顕示的な消費財への総支出は、その期間に大幅に低下した。実際のところ、この低落は二つの特別な理由に基づいていた。

第一に、大金持ちのあいだでなされるステータスと結びついた消費の性質と方向性は、新世紀の最初の一〇年で事実上終わった金ピカ時代以降、間違いなく変化した。一八九〇年から一九一〇年にかけて、アメリカにおける新興上流階級による顕示的消費の指数的な増加がきわめて大きかったため、その類の度を越した見せびらかし行為に対する大衆の強い反発が生じた。新興の金持ちはますます怠惰な金持ちのように見えたから、彼らの消費行動に対する大衆の拒否感が根深いものになりはじめた。つねに世間の雰囲気の動きに敏感な報道機関は、いまや受信範囲を変更し、金持ちの社会的な行動に対する従来からの擁護や称讃を放棄し、その報道に辛辣な調子の反対意見を織り込むようになった。社説は社会的・経済的な構造変化を求めはじめ、「革新主義」の政治哲学が定着しはじめるが、この哲学は、地域社会の福祉プログラムと急進的な社会変革を積極的に促進しようというものであった。

政治的・社会的な思潮の変化に敏感な金持ちは、同じ性質の変化で対応した。個人的な富のあからさまな誇示が社会的に不利になったため、その他の受け容れられやすく、しかもステータスと結びついた消費の効果的な手段となりうるものが発見される必要があった。加えて、一九一〇年以前の時期に大幅な地位の上昇を勝ち取っていたため、彼らはいまや地位の達成よりも地位の強化にますます専念することになった。このような強化のための手段は、個人的な道楽を止めて、博愛主義的な事業を創設することであった。

顕示的な慈善行為は新しいものではない。多くの同時代人による目に余る顕示的消費を決して容赦しなかったアンドリュー・カーネギーは、一九〇二年から一九一一年のあいだにカーネギー研究所、カーネギー財団および他の多くの慈善的受託団体を設立した（Schlesinger, 1951）。同様にロックフェラー一族も、社会改良をめざした事業に大々的に資金を投入した。だが第一次世界大戦後、金持ちは新たに発見された熱狂の対象として、顕示的な慈善事業に目を向けることになった。

一九二〇年までに、個人的出資に基づく百の財団、機関および受託団体が合衆国で設立されたが、しかし一九三一年までに、その数は三百五十を超えるほどになった。事実、金持ちは彼らのステータスを強化するための理想的な媒体を発見したわけであるが、しかし同時に、当時の政治的気運に上手く適合する社会や地域の福祉プログラムに、大いに貢献しているように思われた。

金持ちは、新しい、政治的に受け容れ可能な方向の地位志向的消費を発見したが、豊かさの点で劣る上流階級の構成員における顕示的消費もまた減少した。程度には限りがあるが、これは、ヴェブレン的な見地からすると、ますます少数のステータスを示す財とサーヴィスを消費している高級な社会階級と張り合おうという望みの縮小、と解釈できる。しかし、株式市場の崩壊を頂点とする一九二〇年代の経済状況の悪化に大きな原因があるようにも見えるが、それは数百万人の人々を絶望的な貧困に追いやった不況の導火線であった。アメリカ経済が崩壊するのと相前後して、ヨーロッパも大戦間期から持続した同様に深刻な不況に突入した。ビジネス社会は、生産物のなかにステータスの象徴を強調しつづけた――事実、アメリカの広告におけるステータスの強調は、とくに一九二〇年代から一九三〇年代にかけて強烈であった（Belk and Polloy, 1985）――が、一般的な購買大衆のあいだで可処分所得の水準が低下したことは、ほとんど中流階級に限られた幸運な少数の人々が、ステータスを示す消費に耽る手段を持てたことを意味するにすぎない。それにまた、彼らを取り巻く人々の社会的・経済的な状況に気づいていたこの少数の人々は、彼らよりも豊かさが劣る人々の非難の的になるリスクを冒すよりも、「顕示的な慎み」という政策を採用することが多かった。

それゆえ、一九三〇年代の終わりに近づくと、目に余る水準の地位志向的消費は、かれこれ二十年のあいだに消費者支出の重要な要素だと思われなくなっていた。部分的にはこれが、経済理論家がその主題を取り扱う緊急性がなかったことを説明しており、むしろ顕示的消費は、金ピカ時代の消費行動に対する影響として一時的に重要であったが、いまや消費者選好の形成に対して力を失いつつある、と信じようとしたことを説明している。

一九四〇年代初期も、このような実質的な関心は欠如したままであった。第二次世界大戦が個人的消費と消費者の選好形成という美味なものへの関心にまったく背を向けさせたのだから、これはまったく驚くに値しない。大部分の時期、とくにヨーロッパで著しかったことであるが、消費を必需品に限定しようとする関心が次第に高まり、需要の全体をコントロールするために割り当てが導入された。しかし、このような消費にたいする制限は、幾人かの経済学者に消費者理論を修正させる原因になった。需要に対する社会的・心理的要素の影響をある程度まで承認していたロビンソンは、一九三三年に、いまや相互依存的選好の重要性を承認しないことが、正統的な消費者需要の理論の重大な欠点の一つ――皮肉にも、戦時期の不自由によって暴露された欠点――であることを、はっきりと確認した。

消費制限という現代の経験は、伝統的な需要理論、すなわち個人主義という誤った想定がもつ一つの重大な弱点を明確にさらけ出した。いま消費における一定の削減がなされたと仮定しよう。伝統理論の教えに従うなら、総購買力のうちそれに相当する量が取り除かれ、しかも消費者がそれぞれなくてもよいと思うものを自由に倹約するように任せられるなら、消費者には最小限の犠牲しか課されないということになろう。実際には、たとえば、主として他の人々がそれをもっているという理由で消費者が購買する絹のストッキングという部類の商品が、市場からまったく消え去ることによって引き起こされる犠牲など、ほとんどないことは明らかである。……おそらく、合衆国にまで緊縮経済が浸透してしまうと、伝統的な消費理論は根本的な再考を促されるだろう。(Robinson, 1943: p. 116)

その他ごく少数の人々が、需要の理論的な取り扱いに見られる同様の欠陥を認識していた。一九四五年に、経済学の主流派に受けが良い保守的な経済学者ジェームズ・ミードは、「消費者における現在の享受は、他の人々が現在消費しつつあるものに依存している」ということを今や容認しなければならない、と認めた。同じ年に、価格に依存した選好を詳しく論じた最初の論文の一つで、シトフスキーは価格と生産物の品質理解との関係を吟味したうえで、経済学者に対して、価格と社会的ステータスとの明白な相関関係を十分に考慮していることを明示するように求めた。しばしば消費者は、単純にそれが高価であるという理由で、一定の財やサーヴィスに対して喜んでプレミアムを提供する。さらに製造業者は、そのような態度を充分に熟知しており、しばしば高価格は販売にとって何の障害にもならないことをよく理解している。このような貢献は、歓迎されたとはいえ、本質的にはすでに初期の需要理論の批判者が指摘してきたことの繰り返しであった。にもかかわらず彼らは、長い年月にわたって経済学文献のなかでせいぜいごくわずかしか注目されてこなかった問題に対して、再び注意を喚起したのである。

実は、消費者需要の理論は一九四〇年代初めにはほとんど注目されていなかった。戦時生産を維持する必要性が頂点に達するにつれて、供給側をめぐる論争点が前面に浮上してきたのは、驚くに値しない。しかし、戦争終結時にポール・サミュエルソンが出版した『経済分析の基礎』(Samuelson, 1947) は、その後長期にわたって伝統的な主流派経済学に甚大な影響を及ぼしつづけることになったが、彼の著作に含まれていたのは、消費者行動に関する新しい理論の提案であり、それは約束どおりにヒックスとアレンを乗り越え、伝統的な効用理論とのあらゆるリンクを放棄するものであった。ヒックスは一九四六年に『価値と資本』の修正第二版を出版するが、そのなかで彼は、サミュエルソンが一九三七年以降論文のなかで言いつづけた「新しい解釈」――サミュエルソン自身が認めているように、ヒックス自身の仕事に負うところ大であった解釈――を事実だと認めた。しかしヒックスは、サミュエルソンの功績を認める際に、効用に対して批判し過ぎているという理由で、彼に異議を唱えた。

計量経済学の仕事のためには、サミュエルソン教授タイプの理論がわれわれの必要とするすべてだ、と言ってよいだろう。それは統計的な仮縫いのためには飛び切り上等のモデルを提供する。だが、経済システムを理解するためには、われわれはそれ以上の何か、つまり最後の拠り所として、大衆の行動と大衆の行為動機に立ち戻る何かが必要になる。それによって、このような長所だけでなく機械的な理論の長所をも保持しうるような方法が見出せる、ということは大いにありうることだ。だが、今まさにそれが発見されたとは、私には思われないのである。(Hicks, 1946: p. 337)

サミュエルソンもヒックスも、ともに戦時期に新しい消費者理論を開発し、改訂しつづけたが、この時期は、必然的に市場行動と消費者需要のパターンが管理され、著しく規制された時代である。このような人為的な消費者環境は、不自然であって典型的ではないとみなされたため、経済学の理論化に対して実質的になんの課題も課さなかった。だが、戦争が終わり、最初はゆっくりと、合衆国とヨーロッパの経済がより大きな消費者選択の自由を許容しはじめるにつれて、ヒックス流の無差別分析とサミュエルソン流の顕示選好理論のもつ限界が、とくに社会的に動機づけられた消費に関して、次第に明らかになってくる。

第７章　需要の再考
――外部効果と相対所得仮説――

　第二次世界大戦につづく数年間のうちに、合衆国の生活水準と消費水準に大きな変化が生じた。一九四一年から一九五〇年のあいだに、税引き後の平均家計所得は（一九五〇年の購買力ドル換算で）二〇・八％上昇したが、この数字の背後には目覚しい購買力の上昇が隠されていた。所得の増加はとくに社会の下層階級で顕著であった。全家計のうちの下の五分の一ではほぼ四二％の実質購買力の上昇がみられたが、その上の五分の一の階層における上昇は、三七％であった。すべての家計のうち最も所得の多い五％の部分だけが税引き後の実質所得が下落したが、それはわずか二％にすぎなかった（Goldsmith et al., 1954）。

　所得が増加するにつれて、終戦直後の数年間、消費の著しい増加が目立ちはじめた。戦時中は現実に支出を楽しむような機会はほとんどなかったから、一九四五年以後、繰延べられた需要が消費の著しい増加となって現れた。カトーナ（Katona, 1949）は一九四六年と一九四七年の負の貯蓄（所得を上回った消費のこと）を計測し、それが著しく増加したことを発見したが、その理由は、たんに実質可処分所得が増加したことだけでなく、終戦時における巨額の保有流動資産と小額の消費者負債残高によって、収入以上に支出する力が提供されたことによるものであった。資源が戦時生産から消費財生産に転換されたため、一九四六年から四七年かけて、高水準の生産にともなう完全雇用が実現され、その期間を通じて所得が増加するが、消費が増加したため、貯蓄は減少したのである。

支出が拡大するにつれ、消費行動を通じて互いに競争心を発揮しようという欲望が、あらゆる分野で一段と顕著になってきた。このように張り合いが可能になり重要性をもつようになった理由は、より高水準の実質可処分所得を入手しはじめた比較的富裕度の低い家計が、従来彼らに許されていなかったレベルの顕示的消費に耽る能力を、著しく向上させたことにある。あらゆる社会的・経済的集団が、初めてかなりの地位志向的消費を行う機会を利用できるようになり、結果的に、このような好機会が消費者需要の性質とパターンの変化を導いたのである。加えて、自由裁量になる所得の増加と負の貯蓄形成が消費財需要を創出したため、顕示的消費を支える表面的・実質的な動機に対する関心も増大した。

カトーナ (Katona, 1951) の観察によれば、もしアナリストが、社会的に目立つ買い物の説明として一九四六年以降与えられた表面的な理由を信じていたとすれば、個人的な効用という基準に基づく欲望の直接的充足が強力であったと見えたはずである。しかし、

この時期支配的であった状況について彼［アナリスト］がもっている知識から、彼は、広告や隣人の所有を通じて、通りを走っているピカピカの新型車がもつ心理学的影響についてだけでなく、暗示のもつ役割、販売術、とりわけ格式といったものについて、さらに推測を広げることができるだろう。(Katona, 1951: p. 75)

要するにカトーナは、終戦直後の時期、消費財とサーヴィスの販売促進のためにステータスと格式が驚くほど活発に利用されはじめたこと、しかも計測は困難であるが、従来そのような動機を思いのまま満たす能力が決して大きくなかった大衆に絶大な影響を与えはじめたことに、薄々気づいていたのである。

この新しい世界において、一九三〇年代にヒックス、アレンおよびサミュエルソンによって開発された消費者行動の経済モデルは、社会的な動機をもつ消費者需要の存在にもかかわらず、ますます重要なものだとみなされはじ

める。これはやがて、一定の見直しをもたらす。一九四八年に、モルゲンシュテルンは需要理論に再び注目し、その問題に対する当時の経済学的考察が不充分だ、と指摘する。とくに彼は、最初一八九〇年代に取り上げられたが、ほぼ五十年間実質的に登場の機会を与えられなかった問題――つまり、総需要の測定は個々人の需要曲線を単純に足し合わせることによって得ることができるという想定――を取り上げることになった。

加算が正当であるのは、様々な個人の需要関数が相互に独立している場合に限られる。それは明らかに普遍的な真理ではない。現在の理論は、様々に異なった構成要素をもつ個人の需要曲線が互いに独立でない場合には、総需要曲線が描けないような方法しかもち合わせていない。従来この問題が提出されたようにはまったく思われない。個々人の需要関数のあいだに相互依存性が存在すると、伝統的なタイプの総需要関数あるいは集合的(collective)需要関数が存在するということは、確実とはいえない。……満足が行くように非加算性を取り扱えないということ――さらに悪いことに、このような経験的に重要なケースを無視するということ――が、需要理論の最も重大な限界である。それは、広範囲にわたる関連した問題を引き起こしている。(Morgenstern, 1948: pp. 175, 191)

カニンガム、ピグー、ヴェブレンその他の人々が証人になりうることだが、「以前この問題が提起されたようにはまったく思われない」と主張した点で、モルゲンシュテルンは明らかに誤っている。だが彼は、加算性に関連する危うさ、さらには、消費者需要と総需要関数に関するまったく誤った仮定や予測が安易になされる危険性に気づいていた。最も重要なことは、合衆国の戦後体験という文脈の下では、マーシャルや二十世紀初頭の大多数の経済学者が想定してきたように、もはや非加算性は些事に関わる深遠な事柄とみなしえない、ということを彼が認識していたことである。実際に彼は、消費者需要の大部分は非加算的だ、と主張した。

現行の総需要曲線の取り扱いにおける致命的欠陥は、その研究が、加算性が存在しない最も重要な場合を含むようには展開されていないことである。たとえ加算的な総供給曲線についてあらゆることが完全に分かっていたとしても、その知識は総需要のわずかな部分にしか当てはまらないであろう。大部分の経験的なケースでは、非加算性が一般的だと思われるのである。(Morgenstern, 1948: p. 175)

需要曲線を合計することが原理的に弁護可能なごくわずかな場合でさえ、総需要はあらゆる個人の需要曲線が欲望について同一だと仮定しているから、需要の性質に関して何ら正当な結論を引きだすことはできない、とモルゲンシュテルンは主張した。集計的な曲線それ自体は、多くの異なった方法で入手可能だったが、このような曲線の背後にまで立ち入って考える必要がある、とはみなされてこなかったのである。

モルゲンシュテルンの考えでは、理論が非加算性を満足のいくように取り扱えないこと、および、当時経験的に重要だと一般に認められていたケースを無視していることが、消費者需要の理論における弱点であった。実際、「事実上すべての」総需要が非加算的であるにもかかわらず、ほとんど例外なく加算的な原理に基づいて計算されると主張することは、実質的にあらゆる総需要曲線は間違っている、と主張したことになるからである。

他の経済学者は、加算性が不当だと見る程度においてずっと慎重だったが、それでも、モルゲンシュテルンの留保を共有していた。スティグラーは一九五〇年に次のように書いた。

長いあいだ、経済学者は、数学的分析を複雑化する要因になるという理由から、一般化された効用関数を受け容れることを躊躇してきたが、(マーシャルを除いて) 誰一人その実在を疑いはしなかった。彼らは、個人の効用関数のなかに他者の消費を含めることを拒否したが、このような拡張が意味を持たないのは、オックスフォードの社会生活のなかだけである。(Stigler, 1950: pp. 150-151)

スティグラーの主張によれば、このような怠慢は、その当時まで経済理論のあいだの選択がなによりも「扱いやすさ」によって決められた、ということに原因がある。経済学者の暗黙の合意は、立派ではあるが役に立たない理論より、拙くても役に立つ理論をもつ方がよい、というものであった。にもかかわらず、「加算的効用関数に対する長年の忠実な支持は、少なくとも冒険心の欠如を示すものとして、驚くに値することである。それはまた、私には想像力の欠如——唯一の（数学的な）方法のアプローチしかないような経済問題など存在しない——を示していたと思われる」(Stigler, 1950: p. 151)。

消費者理論の現状、とくに加算的な考え方に対する懸念は、広まっていた消費者理論に対して圧力を増しつつあった戦後世界の経済・社会環境の変化によって高められた。結局、一九四〇年代後半になって、需要に対する対人効果と加算性をめぐる議論に関する二つの最大の貢献——今日でもなお論文のなかで広く認められている功績——がもたらされた。

いわゆる消費者需要に対する外部効果の重要さを最初に検討したのはハーヴェイ・ライベンシュタイン (Harvey Leibenstein, 1950) であり、彼の見るところでは、高級であることを立証するために、他の人々によりなされた試みと「同じスタイル」でありたいという消費者の願望、つまり「顕示的消費」という現象は、まだ現代の消費者需要の理論に組み込まれていなかった。モルゲンシュテルンの論文に刺激されて、彼は事態をはるかに詳細に探究しはじめた。

ライベンシュタインの主張によれば、従来の論文は三つのカテゴリーに分類できるように思われる。第一に社会学者は、一九世紀末からそのような行動の社会的原因と社会全体に対してもつ意義に、関心をもちつづけていた（ライベンシュタインは、注意深くヴェブレンを経済学者よりも社会学者に分類し、結果的にそのような行動に関するヴェブレンの理論的な説明を解明する必要から免れたが、彼はその当時までに、「ヴェブレン効果」を経済学文献の一部と認めるようになっていた)。第二に、消費における対人効果は厚生経済学の分野で解明されてきたが、顕示的つまり地位志向的な見せびらかし行為という文脈においてのことではなかった。最後に、そのような効果は、ときに消費理論家によって検討されてきたが、実際の影響や意義はほとんど持たなかった。ライベンシュタインが認めたように、ピグーは、その論題についてマーシャルに疑問を呈していた。ライベンシュタインの見解によれば、実際マーシャルがあらゆる理論的な因果関係を無視した理由は、効用に対するそのような効果を真剣に考慮すると、消費者余剰の図式的な説明があまりにも複雑になるだろう、というだけのことであった。

ライベンシュタインは自らの対人効果の分析を、実用本位の需要と非実用的な需要を区別することからはじめた。彼は後者を、さらに三つのタイプに分類する。第一に、効用に対する外部効果によって刺激される需要。第二に、消費者が将来の市場状況に対する期待に反応した場合の投機的需要。第三に、多様なものを含むように定義され、本当の意味で合理的な目的にはまったく役立たない、気まぐれになされる無計画な買い物をさす非合理的な需要。彼は、外部効果を追い求める消費は、いかなる意味においても非合理的であるなどとは主張しなかった。結果的にこれは、理由はともかくそのような行動は常軌を逸していてつまらないものだ、としばしば主張するずっと保守的な主流派経済学者の偏見や信念の大部分に、おのずと逆らうものであった。

ライベンシュタインの次の論文は、彼自身が需要に対する重要な社会的影響力と認めたバンドワゴン効果(bandwagon effects)・スノッブ効果(snob effects)・ヴェブレン効果(Veblen effects)が中心であった。彼がバンドワゴン効果と定義したのは、「時勢」に付いて行ったり、連想をつうじて結びつきたいと欲した人々に順応したり、さらには上流社会風になったり、流行を満たしたり、あるいはまた「同好の士」であるように見せかけたりするために、商品を購入しようとする大衆の願望のことであった(ライベンシュタインの主張によれば、社会的なタブーというのも、ある意味で逆のバンドワゴン効果——ある人々が特定の生産物を買ったり消費したりしようとしないのは、たんに他の人々がそれを買ったり消費したりしようとしないから——であった）。

スノッブ効果は、これと反対に、他人と違って唯一無二でありたいという願望を表しており、彼ら自身を「一般大衆」から分け隔てておこうとするもの、とみなされた。ここでは、スノッブ志願者が、他人も同じ商品を消費しているとか、他人もその消費を増やしつつあると認識した場合には、財に対する需要は減少する。最後に、ヴェブレン効果は、需要が他人の消費の関数ではなく、たんに価格の関数であるような顕示的消費の形態、と厳密に定義された。ここでは、消費は、ステータスや高い格式を入手して他人に富を見せびらかす手段としてのみ意図されるのである。

ライベンシュタインはこの三つの効果を消費者需要の理論に組み込もうと試みたが、そのような消費者行動に静学的な説明しか与えられないことに気付き、まもなくそのような試みはすべて限界があると認めた。彼が利用した静学的な局面は、出来事の順序が何の意味も持たないようなものであり、分析は「日づけに惑わされずにすむような分野の経済理論」を取り扱うべきだ、というヒックスの考え方を借用したものであった。このような制限的な仮定に加えて、ライベンシュタインはさらに次のように主張した。

内的な論理一貫性を保つためには、照合期間は一つで、そこで消費者の所得と支出パターンが同期させられる、という前提が必要である。われわれはまた、これはすべての消費者にとって妥当すると仮定しなければならない。換言すれば、所得パターンと支出パターンは両方とも毎期繰り返される、と仮定することになる。したがって、ある時期から次の期へまたがる支出の重複は存在しない。もちろんこれは、需要曲線は毎期ごとに再構成される、ということを意味する。上記のことはまた、いかなる単位期間においてもただ一つの価格しか存在しないこと、そしてその価格は、期間から期間を通じてしか変化しえないことを意味する。それゆえ、不均衡

は二つまたはそれ以上の期間をまたいでしか修正されえない。(Leibenstein, 1950: p. 188)

このような制限の追加は、「モルゲンシュテルン教授によって提起されたいくつかの難点に対処するため」に必要だと考えられた。要するに、ライベンシュタインは、需要理論をさらに進歩させる際の主要な躓《つまず》きの石、とモルゲンシュテルンが確かめていた多くの問題を仮定によって追い払ったのである。結果的に、それ以降の彼の分析は、ごく限られた価値しか持たなかった。

公平を期すためにいえば、ライベンシュタインの仕事が証明可能な厳密さを欠いていることは、彼自身が認めていた。「経済理論の習慣であるが、……分析は、いくつかの簡略化のための仮定に基づいて遂行される……。だから、もっと複雑な状況の分析は、別の機会を待つ必要がある」。彼の認識は、彼が定式化した静学分析は必然的に極めて仮説的であるが、あわよくば、現実世界の行動に直接適用できるような後続の研究のために道を拓けるのではないか、というものであった。せいぜいのところ、彼の図式的な説明はより精緻な仕事のための出発点を提供しただけであるが、しかし同時にまた彼は、既存の理論の不充分さを明確に認識し、仮説的とはいえ、伝統的な消費理論のなかに地位志向的消費を組み込む試みを行ったわけである。

ライベンシュタインが提起したのは、消費者行動におけるいわゆる外部効果をめぐる新しい考え方である。彼は、需要に対して逓減的な限界外部消費効果——限界効用逓減の原理に類似したもので、一定の点、つまり他人による商品需要の増加が彼自身の需要に何の影響も及ぼさないような点を超えると、他人による商品需要の増加分は消費者自身の需要を低下させるように影響するという意味——が存在することを示唆した。その場合の均衡供給曲線とは、一人を除くあらゆる消費者にとって、どのような価格においても、限界外部消費効果がゼロに等しいときに存在する曲線のことである。このような均衡状態は、継続的な市場調査を通じて(理論的に)確認可能である、と彼は主張した。

バンドワゴン効果が大きいときには、バンドワゴン需要曲線を、物的実用性だけを考慮した伝統的な需要曲線から識別できるだろう、とライベンシュタインは主張した。というのも、価格の変化が与えられれば、他の事情が一定ならば、バンドワゴン需要曲線は実用本位の曲線よりも弾力的になるであろう。というのも、価格変化に対するいかなる反応も、結果的に同一方向の追加的反応を引き起こすだろうからである。さらに、いったんバンドワゴン需要曲線と実用本位の需要曲線が市場調査を通じて導出されたら、需要に対するバンドワゴン効果と価格効果は別個に識別され、査定されうるであろう。同様に、市場がバンドワゴン効果よりもスノッブ効果によって活発になっているときには、スノッブ需要曲線を同定することができるが、それは、反対方向に動くため、伝統的な実用本位の需要曲線よりもずっと非弾力的であろう。実際、ライベンシュタインは、スノッブ効果はバンドワゴン効果と背中合わせであるが、完全に対称的な関係にある、と捉えていた。

需要に関するヴェブレン効果についていえば、ライベンシュタインは、バンドワゴン市場とスノッブ市場とがもつ需要感応的な限界外部市場効果と類似した、価格感応的な限界ヴェブレン効果を新規に導入した。彼はまた、ヴェブレン的な商品価格は二つの構成部分、つまり、貨幣を単位に消費者によって支払われる「現実価格」と、問題の商品に対して消費者が支払っていると他の人々が思う価格である「顕示価格」に区分できる、と主張した。ライベンシュタインによれば、この顕示価格が生産物にその顕示的消費効用を与えるのである。

この二つの価格は、価格情報が共通の知識になっている高度に組織された市場では、おそらく等しいであろう。一部の人が「特売価格」や特別割引を入手できるようなそれ以外の市場では、現実価格と顕示価格とはかならずしも等しくない。いずれの場合も、消費者によって需要される量は、現実価格と顕示価格との関数になるだ

ろう。（Leibenstein, 1950: p. 203)

再びライベンシュタインは、あらゆる価格変化がもつ効果は二つの構成部分——価格効果とヴェブレン効果——に分けることが可能だ、と主張した。スノッブのように、顕示的な消費者は高価格によってひきつけられるが、しかしスノッブ需要曲線と違って、ヴェブレン需要曲線は、それぞれの価格変化が生じる時点で、ヴェブレン効果が価格効果よりも大きいか小さいかに応じて、正の傾きになることも、負の傾きないし両者の混合になることもありうる。

混合効果の可能性もまた認識されている。四つの大きな影響力——価格効果、バンドワゴン効果、スノッブ効果、ヴェブレン効果——が識別されており、あらゆる価格の変化は二つの正の効果と二つの負の効果を生みだすが、はじめの二つは需要される量を増加させ、後の二つは需要される量を減少させる。どの効果が支配的になるかは、ヴェブレン効果と価格効果の相対的な強さに依存する、とライベンシュタインは主張した。

ヴェブレン効果と価格効果は、価格変化の方向に直接依存しているだろう。それゆえ、価格上昇は、価格効果のほうがヴェブレン効果よりも大きいと仮定すれば——すなわち、最終的な結果がより高い価格の下での需要量の減少であれば——、負の価格効果とバンドワゴン効果を、さらに、正のヴェブレン効果とスノッブ効果をもたらすだろう。他方、ヴェブレン効果が価格効果よりもずっと強力であるときに価格の上昇が生じたとすれば、バンドワゴン効果は正になり、スノッブ効果は負になるだろう。もちろん、価格が低下した場合には逆のことが成立する。（Leibenstein, 1950: p. 205)

たとえそれが、そのような効果を消費者理論に組み込もうとした最初の試みに過ぎなかったとしても、消費者需要に対する外部効果を論じたライベンシュタインの「小論文」は、重要である。彼自身、彼の仕事の限界を自覚していたが、ある意味でその限界は、彼が外部効果を伝統的な経済学の枠組みに完全に順応させようとしたため、一段と厳しいものになったのである。彼の分析は新古典派的な消費者需要の理解から導出されており、彼のオーソドックスな外部効果の解釈は、いかなる意味でも、確立済みの理論を脅かすものではなかった。事実ライベンシュタインは、このような消費者行動は、実際には新古典派の伝統内で調停可能なものであり、個人の需要曲線から集団の需要曲線への移行を行うにあたって、非加算性は越えがたい障害ではないことを示した、と主張した。

また彼は、そのような消費者行動の基礎をなす動機に関心をもつことは経済学者の責任の一部を構成するわけではないという主流派の見解に同意し、外部効果を創出したり強化したりするもののなかに含まれている要因は、「共同社会の歴史、大衆の保守主義ないし保守主義の欠如、さらには考慮中の商品に関する宣伝のタイプや量、といったものであるかもしれない」と述べるに留まった。そのような考察は、経済学者というよりも社会心理学者のすることだ、と彼は強調したのである。

要するに、ライベンシュタインのアプローチと分析は完全にオーソドックスなもので、限界効用分析に付加的な外部次元を導入しようという試みであった。しかし、新古典派理論の拘束が極めて強かったため、この追加された次元は、他の制約的な仮定でがっちり覆われた静学分析のなかでの順応を余儀なくされた。このアプローチはあまりにも制約が厳しかったから、ライベンシュタインの仕事は、他の人々によって効果的に進展されなかった。とはいえ彼自身は、彼の論文が議論を刺激し、彼なりの取り扱いが、「いつか現実世界の問題に直接かかわることができるような定式化を行うための道を準備できるかもしれない」(Leibenstein, 1950: p. 206) と期待していた。

論文の脚注のなかで、ライベンシュタインは外部効果に関する当時の他の著作に言及したが、その著作の「出版はあまりにも最近であるため、それにふさわしい詳細な考察を加えられない」という程度に彼の注意を惹きつけたに過ぎなかった。これはジェイムズ・デューゼンベリーの『所得、貯蓄および消費者の理論』(Duesenberry, 1949)に対する言及であり、本書は、需要に対する対人効果現象を基本的に異なったアプローチで取り扱ったものであったが、ライベンシュタインは、現行理論の重要なギャップを埋めるのに役立ちつつあると見ていた。

実際、デューゼンベリーの仕事は消費理論一般の批判であったが、なによりもケインズ的消費関数の批判であった。その主張は、集計的需要理論の二つの基本的な仮定——第一に、あらゆる個人の消費行動はあらゆる他の個人のそれと独立したものとして取り扱うことができるという仮定、第二に、消費関係は時間に関して可逆的であるという仮定——は正しくない、というものであった。

ケインズは、他人の意見や消費が個人の購買決定に入り込む場合には、需要理論は集計的な需要関数を導出しえないということに気づいていたので、『一般理論』の定式化にあたって、相互依存性の問題の議論を避けた。しかし、デューゼンベリーの考えでは、相互依存的な消費者選好を許容する一般法則の定式化は可能であった。すなわち、

何らかの相対所得が与えられたとき、家族によって貯蓄される所得の占める割合は、所得分配において占める百分順位の唯一不変の増加関数になる傾向がある。貯蓄された割合は、絶対的な所得水準には依存しないだろう。したがって、集計された貯蓄の割合は絶対的な所得水準とは無関係、ということになる。(Duesenberry, 1949: p. 3)

デューゼンベリーの見解によれば、ケインズ的な分析に対するこのような代案が必要な理由は、異なった個人の選好が互いに独立であるという仮定に基づいた理論を立証することはできない、という点にあった。そのような独立

性はほとんどの経済理論に潜在的に含まれているが、しかしそれは、「消費者行動理論が歴史的に発展してくるあいだに紛れ込んだ」ものであった。ちょっと観察するだけで、それを真面目に擁護できないことが即座に立証されたであろうに、そうはならなかったのである。

ジェヴォンズとマーシャルの両者、つまり「古典的な」新古典主義者は、非分析的な言説のなかでは対人効果を認めていた。しかし、より数学的な解釈のなかでは決してそのような行動を説明しなかったから、ヴェブレンやナイトのような著作家は、その主題を無視しているという理由で、オーソドックスな新古典派経済学者を批判した。だが、デューゼンベリーによれば、このような批判は役に立たなかった。というのも、相互依存的選好を説明できるだけでなく、現実的にも利用可能な積極的かつ分析的な消費理論の代案を、彼らが提供できなかったからである。彼らの論評は、つねに否定的であら捜しをしているように見えたし、ほとんどの人は、まったく理論なしで済ますよりも、むしろ誤った理論をもつ方がましであると考えた、とデューゼンベリーは示唆した（Duesenberry, 1949: p. 15)。加えて、相互依存的選好という問題は、当時きわめて特殊な問題だと考えられたため、少なくとも効用、価値および消費理論の全体にとって中心的なものとは見えなかった。デューゼンベリーは、より良い見通しのなかで問題を並べ直しはじめたのである。

彼の主張によれば、いかなる個人あるいは家族にとっても、社会的ステータスは財の購買や選択プロセスに影響を及ぼす基本的な要因であり、このようなステータスは、消費額とパターンを、比較の対象である他人のそれと比べることによって測られる。ある人がその総消費見積もりを変更・改善すると、それに応じて、他の人々が彼らと競争しはじめて習慣的なパターンが破られることになるが、このような破壊は、所得や価格の変化と無関係でありうる。それゆえ、いかなる家族も、彼らが接触するようになる他人の消費支出が増加するにつれ、上等な財と頻繁に接触する頻度が上昇する。デューゼンベリーはこれを「デモンストレーション効果（demonstration effect）」——

自らの体験を考慮することによって吟味された効果——と名づけた。

友人の新車を見たり、自分のものよりずっと立派な家やマンションを眺めたときに、どのような反応が引き起こされるだろうか。自分の家や車に対する不満感であることが多い。もしこのような気持ちが頻繁におきたら、それは、そんな気持ちを追い払うような行動、つまり支出を増やすという行動を導くであろう。(Duesenberry, 1949: p. 27)

デューゼンベリーは、社会的ステータスを確保するためにこのような支出が拡大される理由は、自尊心の保持があらゆる個人の基本的な動機となっていることに基づく、と主張した。生活水準の改善が社会的な目標になっている社会では、この自尊心を保持しようという動機は、より上等な品質の財を手に入れるという動機として現れる。加えて、そのような財の「品質」は、何ら実際的な使用上の価値に関係している必要はない。事実、問題の財は、高度な顕示的消費を反映して、高価であってもほとんど役に立たない代物でありうる。

このように富を獲得して見せびらかす必要性が生じた理由は、ヴェブレンが主張したように、所得がステータスの主要な規準の一つになったことにある。とはいえ、所得だけでは充分でなく、それは消費を通じてはっきりと見せつけられる必要がある。それゆえ、高水準の消費が高い社会的ステータスの明確な象徴になってくるが、消費を増加したり改善したりする必要が個人に認識されるメカニズムは、連想を通じて提供されるようになる。個人あるいは家族というものは、すべて似たような地位にある人々と社会的に密接な関係をもっているが、彼らよりも地位の高い人や低い人とも、何らかの付き合いがある。その結果、彼らは社会階層のなかで自らの「等級を決める」ことができるようになり、他人と比較して劣っていることが、財とサーヴィスを購入するさらに大きな動機になってくるのである。

このように購買したり顕示的に消費したりする衝動は、三つの主要な原因から生じる。第一に、社会的に同格だと了解されている社会集団内部の他の人々が、彼らの消費水準を大幅に改善するということは、大いにありうる。これは次に、「キャッチ・アップ」のプロセス、つまり長いあいだ観察されてきた「隣人に負けまいと見栄を張る」という現象を加速することになる。第二に、低い社会的階層に属すると認識されてきた人々の生活水準の向上は、グループ間の社会的な隔たりを維持するための消費を増やすように個々人を導く、という可能性が強い。最後に、大衆は、よりステータスが高い社会集団に所属したいという願望をもっているから、そのような集団の構成員資格を確保するために、消費水準を引き上げる可能性が強い。全体的に見て、あらゆる個人による社会的消費の変化は、彼または彼女が、それぞれ接触する同格、格下または格上の地位に属する集団と比較して、負ける頻度によって決まる。それゆえ、最低限の（生存に必要なものを上回る）所得に手が届いたら、一人あたりの支出を増加させようとする衝動の頻度と強さはすべて、その人が交際している人々の支出に対するその人自身の支出の割合に依存することになる。同じ理由によって、お金を支出しようという衝動を（理由はともかく）拒絶すれば不満が生じるし、このような不満の水準は、依然として相対的支出割合の関数である。

デューゼンベリーは、消費を増やそうという誘引は、同格、格下または格上のステータス集団との接触を通じて高められるとする一方で、ステータスのために消費しようという誘引に対する刺激の強弱を決めるのは接触の頻度である、と考える。最も頻繁な社会的交際は、誰にとっても似たような（同格の）社会的・経済的地位にある人々とのそれであり、消費水準に最大の影響を及ぼすのは、この集団なのである。しかし、この地位集団の名誉心それ自体が、顕示的消費の程度と方向性を決めることになる。

所得が同じ二つの集団を想定しよう。一つの集団は、同程度の所得をもつ人々と交際する。他の集団は、集団

> 構成員よりも高い所得をもつ人々と交際する。……二つの集団の所得は同一であるが、しかし前者は後者よりも自らの地位についてより大きな満足を確保するだろう。その構成員は、彼らの消費水準を、彼らの仲間のそれと比較して負けることなど、ほとんどないからである。(Duesenberry, 1949: p. 48)

要するに、大衆がより高いステータス集団に加わりたいと熱望するのは、個人としては、現在所属している地位集団を離れたいという野心からであり、集団構成員としては、現在承認されている地位からもう一段「上昇」したいという野心のせいである。

デューゼンベリーの主張は、個人や家族の消費パターンは所得分配における彼らの地位の関数であり、このような結果は、局所的な性格をもつ社会的要因によってもたらされる、ということである。貯蓄割合はまた、定義によって、所得の絶対水準に依存しない——貯蓄と消費のケインズ的な命題に反する主張——のであった。彼はまた、所得水準が下落するとき、個々の消費者支出は、個人が昔の(より良い)生活水準を維持しようと努力するため比例的に下落したりしない、と主張した。要するに、消費は現在所得と将来所得の関数なのである。

それゆえ、消費者の選好は、ともに相互依存的で不可逆的である。とくに、ほとんどの消費は、ヴェブレンがかなり以前に描き出した競争プロセスによって少なからず左右される。デューゼンベリーは彼の議論の補強を試み、同じ所得水準にあるニューヨーク在住の白人と黒人の消費支出に関する公刊済みのデータの吟味を通じて、所得・志望目標・社会的ステータスについて彼の仮説を検証したが、彼らの貯蓄水準が著しく(白人の貯蓄よりも黒人の貯蓄の方がより大きく)異なる、ということを発見した。さらに彼は、他の都市における貯蓄・消費・所得のパターンを調査したが、彼の理論の反証となるようなものは、再び何も見つからなかった。彼は、こう結論するのである。

> 選好はまったく個人の個性に属することである、という見解を支持しえないことは確かである。社会階層間に

おける消費パターンの差違性と類似性は、われわれに、消費行動を社会的な現象とみなすよう求めている。（Duesenberry, 1949: p. 112）

彼が再び強調したことは、家計の消費支出のかなりの部分は、つねに他の人々の消費行動との比較によって強く影響されること、したがって結果的に、独立的な消費者選好形成を仮定したうえで論理的に導きだされる効用の測定は、必然的にすべて論拠に欠ける、ということである。

消費者需要に影響する「デモンストレーション効果」と対人効果に関するデューゼンベリーの仕事は、ともかくにも、消費者理論に対する独創的な貢献であった。『所得、貯蓄および消費者行動の理論』と外部効果に関するライベンシュタインの一九五〇年論文が一緒になって、経験的なレベルと理論的なレベルの両方で、探究と研究を進めるための新しい道が切り開かれた。だが、一般的な反応は断固たる沈黙であった。

結局、より大きな注目を集めたのは、制約が厳しいライベンシュタインのミクロ経済学的分析よりも、デューゼンベリーのマクロ経済学的な分析であった。デューゼンベリーの相対所得仮説に刺激されて、ジョンソン（Johnson, 1952）は、消費者選好が著しく相互依存的であるような社会集団における、総消費に対する所得分配の影響の可能性について検討した。彼の主張によれば、所得の再分配は、たんに所得効果だけではなく、共同社会のあらゆる構成員がもっている消費パターンと関係する相互依存効果をも生みだす。他のすべての人の消費に与える一個人の影響が、所得番付表における彼の順位と反比例して変化するような「競争的な社会」では、所得再分配の相互依存効果はつねに所得効果と同じ符号をもつだろうし、結果的に、消費全体の変化は、消費における相互依存性がまったく存在しない場合に生じるものと同じ方向で、しかもずっと大きなものになろう。これとは逆に、他のあらゆる人の消費に与える一個人の影響が、所得番付表の順位と正比例して変化する「妬みを起こさせるような社会」では、所得効果と相互依存効果は反対の符号をもつであろうから、結果的に、所得再分配の全体的な結果は、同一方向でより大きくなるか、同一方向であるがより小さくなるか、さらには相互依存性が存在しない場合に生じる変化と反対方向でありうることになる。しかしジョンソンにとって、このようなケースはもっぱら理論的なものであり、実際、所得効果は誇張されている可能性があるという点で、彼はデューゼンベリーと同じ意見であった。

しかしながら、両ケースはともにきわめて非現実的である。というのも、現実の社会ではどこでも、他人の消費に及ぼす一個人の消費の効果が正確に所得と相関的であることは稀だからである。消費の相互依存性とは、それが他人の消費習慣とどれだけ接触しているかという問題、あるいは、自分自身の消費習慣を理想的な水準――比較的大量の社会的情報が（雑誌、映画、広告、小説などを通じて）提供されている社会階級の消費習慣とおおよそ同一視された水準――と比較するかという問題、このいずれかになりやすい。（Johnson, 1952: p. 141）

このような現実を根拠に、ジョンソンは、所得番付表の真ん中あたりにいる個人が社会的消費にもっとも影響を与えるだろうから、この影響は所得分布の下半分の所得とは正の相関をもつが、上位半分の所得とは負の相関をもつことになろう、と主張した（これは次に、金持ちから中流階級への再分配は、金持ちから貧乏人へのいかなる再分配よりも消費を増加させる、という「興味ある可能性」を浮き彫りにする）。

ジョンソンにとって、社会的な接触が消費者行動に重大な影響を及ぼしうること、しかもこれは、いかなる社会においても総消費性向に影響を及ぼしたり変化させたりするから、なんらかの所得再分配政策を採用する際には考慮されなければならないことだ、と主張した点でデューゼンベリーは正しかった。しかしこのような結論は、後に疑問があるとされる（James and Beckerman, 1953）。第一に、「社会学的方法」に属するとされていたものをジョンソンが使ったことは、著しく厳密さを欠いているため真に価値があるとは言えない、と批判された。第二に、伝統的な「心理学的方法」を使ってその分析を補正すると、得られた結果のもつ説得力がきわめて小さくなる、と断定された。ジェイムズとベッカーマンの結論は、以下のとおりである。

そうでないという強固な証拠がない状態では、相互依存効果の理論的な分析は、所得再分配政策に関する通常の結論を、なんとか意味をもちうる程度まで修正できるとは思われない。(James and Beckerman, 1953: p. 83)

ジョンソンの回答は、たとえ彼らの仮定に基づいたとしても、所得再分配に対する相互依存効果など実際には無視してよいのだ、という彼の批判者の結論を支持する証拠は見出せないというものであったが、この政策形成に関わる特殊な側面が、後に実質的な注目を集めることはなかった。しかし、デューゼンベリーのデモンストレーション効果は、とくにそれが地位志向的消費に関連していたため、多くの人々に消費者選択のもつ複雑さを知らせることになった。

デューゼンベリーの著書は、所得再分配に関する含意に加えて、もう一つのまったく異なったインパクトを経済思想に与える。というのも、「デモンストレーション効果」は幾人かの人によって発展途上地域の消費行動について重要な意義をもつ、とみなされたからである。ホイト(Hoyt, 1951)は、発展途上地域における欲望の発展は、先進経済地域のステータス財――長期間かけて発展途上国あるいは地域の消費文化のなかに組み込まれてきた財――にさらされることによって大きく影響される、と主張した。それゆえデモンストレーション効果は、たんに国のなかだけでなく、国際的にも観察可能である。

ヌルクセ(Nurkse, 1953)はこの考えをさらに展開し、その効果は、貯蓄を必要度の高い投資から引き抜いて、実際にはほとんど価値のない輸入消費財購入に振り向けることにあるから、途上国では悪役をになう、と主張した。

結果的に資本形成が阻害されるから、これは、実質的な経済成長と発展の勢いを止めるように作用する。ヌルクセの主張によれば、「新製品と新しい消費習慣の存在あるいはその知識だけでも、一般的な消費性向を引き上げる傾向をもっており」、しかもこれは、貯蓄と投資を犠牲にしなければ実現しえないことなのである。

デモンストレーション効果が一般的な消費性向を引き上げるという主張は、一部の経済学者には、あまりにも大げさなものであった。後にチャン（Chiang, 1959）は、通常途上国は、地理的にも経済的にも互いに識別可能な二つの異なった文化圏から構成されており、外国の文化的影響にもっともさらされるのは田舎よりも商業中心地である、と指摘した。高度に発展した商業・産業施設をもつ少数の中心地は、文化的に外部の影響を受けいれやすく、デューゼンベリーが地位志向的消費の充足にとって不可欠だと強調した外部の価値・財・サーヴィスとの接点を提供する。これとは対照的に、田舎はそのようなステータスに結びついた消費を発展させる基礎をまったく備えていない。それゆえ、デモンストレーション効果のもつ影響の正しい説明は、次のようになる。

> 国民全体が基本的に必要としている輸入に上乗せされると、多くの貧しい国々で必ず国際収支赤字の主要な原因となるのは、土地としても人口としてもきわめて小さな中心地という特定の経済セクターにおける外国志向の贅沢・準贅沢な輸入品である。（Chiang, 1959: p. 254）

またチャンは、デモンストレーション効果は、もしそれが輸入代替産業における投資増大を刺激すると同時に、田舎の人々の消費範囲を拡大するならば、長期的には有益な力として役立ちうる、と主張した。他の人々と同様に、上手に処理することによって、彼はそれを経済発展過程における潜在的な触媒機能になる、とみなしたわけである。

デューゼンベリーの仕事が所得分配と経済発展に対してもつ含意が（限られたものだったが）注目を集めたにもか

かわらず、一九四〇年代末まで、消費者需要に対する対人効果のもつ意義への関心が一般的に高まった、という証拠はない。幾人かの経済学者（Katona, 1951, 1953）がさらに異端的なアプローチを推し進めようと試みたが、正統派経済学の支配は持続した。効用理論に関する展望のなかでスティグラー（Stigler, 1950）が、需要に対する外部効果を従来無視してきたこと――「一部は、その効果は重要ではないという思い込みに、また一部は、効用分析から特殊な推論を行う途上で生じる困難に由来していたように思われる」無視――を認めたことは、確かである。しかし同時に彼は、将来、消費者需要を経済学的に分析する際に明確にそれを包摂すべきだなどと主張せず、むしろ周辺的な関心に留まる、と示唆した。マック（Mack, 1952）は、過去半世紀にわたる消費経済学の業績を展望した論文のなかで、デューゼンベリーの貢献を認めはしたが、しかし将来に目を転じると、消費者需要が非加算的であるという想定は「ある意味で、スケジュールの書き直しを含むだろうし」、また相互依存性は、可能性をもった補助的な次元として「ゆるやかに」包摂されるのがせいぜいであろう、と懸念を表明した。依然として論争点は明らかに回避されており、無視しつづけるようにという暗黙の奨励があった。要するに、戦後のアメリカにおける市場状況の変化を見通したデューゼンベリーとライベンシュタインの洞察は、さしあたり、経済理論にも経済思想にもほとんど影響を与えなかったのである。

実は、デューゼンベリーの仕事は、貯蓄を、文化的に必要とされるあらゆる消費を満たしたあとでしか発生しえない残余活動に追放してしまったように見えるという理由で、経済学者のあいだでかなりの批判を巻きおこした。ほとんどの経済学者にとって、これは消費関数の重要性をひどく誇張したものであったのだ。第二に、彼は、社会的な競争と社会的な圧力に情け容赦なくさらされると前提することによって、競争心こそ最も基本的な消費動機だと強調しすぎた、と批判された。再びほとんどの経済学者は、そのような解釈は極端すぎて支持できないと考え、今度は、多くの未開文化では個人間の過剰な競争が積極的に抑制されているし、むしろしばしば非難されている、と指摘した幾人かの文化人類学者に助けられることになった。

非経済学系の行動主義的科学者は、消費の解明を求めて、文化的な価値や規範のもつ複雑さに関する理解をさらに前進させようと試みた。だが、一般に経済学者は、消費および貯蓄パターンについては、もっともらしく見えるだけでなく、完全に「経済学的」な説明を見付け出すことにより、デューゼンベリーを論駁しようと決意していた。このような新しい解釈は、一九五七年にミルトン・フリードマンの『消費関数の理論』によってもたらされた。フリードマンは、貯蓄は残余などではなく、将来のための貯蔵品であること、さらに、デューゼンベリーの相対所得仮説における想定とは逆に、消費決定に対する真の抑制は、富（あるいは恒常所得）から期待される長期的な報酬である、と主張して彼の「恒常所得」仮説を提出した。

フリードマンの信念は、貯蓄と消費に関する個人の決定は、寿命の全体にまたがる恒常所得の推定によって知られる、というものであった。このような所得の推定は、消費者の心のなかで曖昧な指針として存在しうるにすぎないが、にもかかわらずこのような推定は、このプロセスの一部として貯蓄を利用する消費者の場合には、ライフ・サイクルの全体から消費を排除してしまう傾向をもつ。このような消費に対する寿命アプローチは、経済学者にとって魅力的であった。というのも、それは貯蓄に対してデューゼンベリーが認めた以上に重要な役割を与えただけでなく、同時に、消費の社会学と関わる必要性を都合よく取り除いたからである。フリードマンは、消費の変化は、何はともあれ、競争心や「デモンストレーション効果」によって支配されている、という議論を拒否したのであり、外部効果を、消費者需要の決定因子として潜在的に重要なものだとはまったくみなさなかった。また、地位志向的な生産物の宣伝や販売促進がもちうる効果への言及もそれに関わる議論もなされておらず、結果的な消費者選好の変化についてもまったく触れていない。彼は、前任者サミュエルソンと同様に、節約とは縁のない消費者需要によって販売活動や製造業生産物がますます下支えされてきたまさにその時に、完璧に経済学の用語で表現された新しい消費理論を提示したのである。

消費理論を回顧した一九六一年の論文のなかで、ハウタッカーは、需要に対する対人効果と、結果としてしばしば生じる地位志向的消費について、ある程度詳しく言及した（Houthakker, 1961）。再検討の矛先の一部は集計問題に向けられており、消費者の選好間で生じる可能性がある相互作用の問題を含んでいたが、このような社会的な相互作用が消費者選択に著しい影響を及ぼす可能性やその事実を認めている。

選好がランダムに変化するという想定は効果的であるが、それは同時に、人間行動の社会的性格に関する多くの直観的な認識と矛盾する。選好形成はある程度まで社会的なプロセスであって、そこでは模倣と区別が重要な要因である。（Houthakker, 1961: p. 733）

それゆえ、選好形成のプロセスは重要であるが、これは経済学者が付託されたものの範囲を超えると片付けられてきた、とハウタッカーは指摘した。「この点については多くのことが言われなければならない」と彼は考えていたが、そうすると、心理学者がその問題に充分な関心を見出さない可能性があり、結果的に、無視されるかまったく研究されない、ということになる（実際には、心理学者はほぼ五十年近く消費者選好形成の研究をつづけてきたが、しかし彼らの仕事は経済学者によって無視されつづけてきた）。

従来からの観察的研究によって提供されてきた対人効果の証拠に関する限り、ハウタッカーはそれほど感銘を受けなかった。デモンストレーション効果に関するデューゼンベリーの業績はときどきの観察と整合的ではあるが、厳密なテストを経ていない。彼自身がプレイス（Prais, 1955）とともに遂行した家計支出の予備的な調査は、社会的相互作用は、デューゼンベリーが薄々気づいていたよりもずっと複雑なものだ、ということを示唆していたからである。またハウタッカーの信じるところによれば、消費選好パターンが歴史的に持続的・普遍的であるということは、それが容易に変化しないということ、したがってこれが過去と同様に一九五〇年代においても真実である、ということを示唆するという。

このことは、無責任極まりない広告・宣伝業者や人気が高い社会学者のベストセラーの主張を額面どおりに受け取り、現代人の選好は大部分マディソン街と他の国の似たような街で形成される、と信じている人々には驚きであろう。実をいえば、価格や製品における変化について、大部分の広告は大衆にごくわずかしか知らせていない。残りの大部分は、消費者をあるブランドから他のブランドに移動させようとする試みにすぎない。……重要な商品に対する需要の変化を引き起こした広告の実例を見出すことは難しい。分別をわきまえた商売人は、消費者選好を変化させようとはせず、それを活用しようと試みているのである。(Houthakker, 1961: p. 734)

ハウタッカーにとって、宣伝はブランドの変更やブランドへの忠節を生みだすものではあっても、ある部類の生産物と他のそれとのあいだの消費者の「中立性・無差別性」に重大な効果をもつものではなかった。したがって広告のもつ効果は、「基本的な消費パターン、つまり消費経済学ほんらいの課題に関心をもつ人々には、ほとんど関係がない」ということになった。全体として、現在までの証拠を見るかぎり、消費者需要に対する社会的相互作用や対人効果というものは、経済学者がその影響に過度の関心をもつほど大きな意義をもっているかどうか疑問だ、というのがハウタッカーの感想であった。なんといっても、生産物の価格に対する配慮や所得・予算制約に対する配慮が、ミクロ・マクロのレヴェルでの需要水準決定における圧倒的に重要な要因であり、消費者選好に対する社会的影響といわれるものを無視したことが懸念の根拠になるかどうか、これはまったく明らかではない、と彼は主張したわけである。

このように、ハウタッカーが消費に対する社会的効果を事実上却下したことが注目に値するのは、これが、社会的な動機をもつ大衆消費が合衆国で華々しく登場したように見えた十年間の終わりに現れた、ということにある。その頃すでに市場の現実は効用や個人的な消費者選好形成に関する伝統的な説明よりも、デューゼンベリーやライベンシュタインの理論とうまく合致するようになっていたが、正統派の支配はあいかわらず続いていた。実のところ、経済学はもはや些細なものとか周辺的なものとみなしえない現象について、何の説明も与えなくなっていたのである。実際、地位志向的消費を促進することは、今ではビジネスや商業の第一の任務になっており、しかも経済学者は、戦後の時代に生じた変化を充分に心得ていた。と同時に、理由は何であれ、彼らは新しい消費者需要と折り合うことができず、新古典派理論が最初に発展したときからずっと維持されてきた仮定と態度を、保持しつづけたのである。

第8章　消費理論と豊かさの経済学

大衆的な顕示的消費の時代は、一九四〇年代後半のアメリカ合衆国で始まり、すぐに一般に定着した。一部の消費需要の前例のない伸びは、各企業ができるだけ多くの生産物を社会的ステータスの象徴として販売しはじめたことに起因している。また個人的な富の著しい増加によって恩恵を得ていたアメリカの消費者たちのあいだで、ステータスに対する願望が急速に拡がっていった。一九五〇年から一九五六年のあいだに、税引き後の平均所得は二倍以上に増え、また同じ時期に、年収が一〇万ドル以上のアメリカ人の数は一二カ月で二〇％増加した。さらに一九五九年には、正味で五〇万ドルの資産をもつアメリカ人の家族が一九四五年と比べて二倍に増えたが、所得や生活水準がめざましく改善されたのは、一九四〇年代よりも一九五〇年代においてであった。

製造業の生産性の著しい改善により、財やサーヴィスに対する顕示的消費が刺激されることとなった。また生産性の改善によって余暇時間が顕著に増加したため、階級や社会的ステータスの象徴として閑暇を「消費」することの価値は著しく下がったが、他方では可処分所得の増加に伴って、生産物のもつ地位象徴性がいっそう強調されることになった。そしてこのことは、人々による購買のかなりの部分が、純粋に実用的な理由からというよりも、社会的な理由から増えていったことを意味していた。さらに地位のために消費しようとする関心が高まると、買い物行為それ自体が社会的なイベントとなり、小売業者の多くもまた、百貨店が何年も前から試みてきたのと同じように、店のイメージが彼らが仕入れて販売・促進すべき商品と結びつくようにするために、一所懸命に努めた。

あらゆる社会階層における所得の増加により、各社会階層における顕示的消費の傾向に変化が生じた。もともと上流階級であった非常に裕福な人たち——彼らのお金はいまや「新しい」というよりも「古い」ものであった——は、一九五〇年代までに、大恐慌やニューディール政策の経験を元に、財布の紐を硬くし控えめな生活をするようになった。ただし彼らの節制の理由は時代とともに変化していた。一九二〇年代や一九三〇年代においては、誇示的消費が称讃されるよりも非難されるようになったという社会的・政治的風潮の変化に応じて、彼らは顕示的消費を控えた。だが一九五〇年代になると、多くの人々が新しく獲得した富を楽しみはじめるようになり、顕示的消費がステータスや社会的立場を担保する効果が失われたので、彼らは過度の顕示的消費を慎むようになったのである。実際この時代になると、富を見せびらかすことが、既存の上流階級のエリートには低俗なものと映った。ガルブレイスは次のように述べている。

> 低俗とは、「普通の人々、または、普通の集団や群衆に関するもの」という意味である。このことは次のような事態を説明している。すなわち、非常に多くの人々が贅沢に支出をすることができるようになったので、贅沢は、もはや身分の違いを表すものとして有効ではなくなった。……要するに、誇示的支出や手のこんだものに対する支出は、かつてはその背後に大きな富を連想させたので確実に人目をひいたのであるが、いまやそうではなくなったのである。(Galbraith, 1958: pp. 72–73)

古くからの上流階級である「金持ちのアメリカ人」は、この頃には豊かさを過剰に見せびらかすことから得るものは少なく、失うものが多いと思うようになってきたのである。だが他方で、一九四〇年代から一九五〇年代にかけて新たに財産を築いた人たちは、まったく消費を抑制することはなく、地位に結びついた消費を扇動する商業的なシグナルに対して喜んで反応した。その結果、顕示的消費そのものは、経済活動に伴って富が増大し所得が増加するにつれて盛んになった。多くの経済学者たちは、このような顕示的消費の隆盛があまり重要な結果をもたらすとは考えなかったが、ガルブレイスのような主流派ではない人たちは、豊かな社会における生産と消費の管理にとってだけでなく、消費者需要に関する既存の理論にとっても、顕示的消費の隆盛は重要な意味をもっていると考えた。

ガルブレイスは、経済理論がつねに主張しているように、消費者の欲望の多くは個人から生まれるのではなく、それは、生産を継続させるために、製造業者や広告代理店や小売業者によって創出されると主張した。しかし、経済学者の本分はいかにして消費者の欲望が形成されるかを研究することではないとする伝統的な考え方に固執している人たちは、このようなステータスに結びついた新しい需要の性質に対して依然として無関心であった。よく知られているように、マーシャル自身も、「経済学者は、精神の状態をそれ自体としてよりもその現われを通じて研究する。したがって、もし彼が、精神の状態というものが行為に対して様々な動機を等しく与えるということを見出すならば、そうした精神の状態を彼の目的に対して同等なものとして扱うだろう」と断じている。これに対してガルブレイスは、こうした言い逃れはもはや支持できないと主張した。

豊かな社会において、大多数の人々の基本的な生理的欲求が満たされるようになると、心理的なものに起因する様々な欲望が生じてくる。もし製造業者たちが次から次へと新しい欲望をつくりだし、諸々の生産物を社会的に廃棄していくならば、心理的なものに起因する欲望というものは決して満たされることがないであろう。現在、アメリカは、伝統的な意味での必需品とは大分異なるが、生産水準を上昇させることには役立つ財やサーヴィスの販売を扇動する消費文化のただ中にある。

しかしこうした新しい社会の到来は、実際には、ずっと以前から予見されていた。というのは、一九三〇年に、ケインズが次のようにすでに書いているからである。

人間のいろいろなニーズは、とどまるところを知らないようにみえる。そうしたニーズは、二つの種類に分かれる。すなわち、われわれが自分の仲間の状態がどうであろうと必ず感じる絶対的な意味でのニーズと、それを満たせばわれわれの仲間たちよりも優越感に浸ることができるような相対的な意味でのニーズとである。後者のニーズ、すなわち他人よりも優越したいという欲望を満たすことには、限度というものがない。というのも、生活水準全般が高まれば高まるほど、欲求もますます高められるからである。しかし、こうしたことは前者の絶対的な意味でのニーズにはあてはまらない。というのも、われわれが自分たちの情熱をいっそう非経済的な目的にささげることを選好するならば、おそらくわれわれみんなが気づいているよりもはるかに早く、絶対的な意味でのニーズが満たされるような段階に到達するだろうからである。(Keynes, 1930: p. 326)

ガルブレイスは、製造業者や広告代理店や卸売業者などによって扇動された、決して満たされることのない欲望——ケインズのいう「第二の部類のニーズ」に対する欲望——が需要の性質と方向を著しく変化させているのであるから、欲望の本質と欲望の形成について、経済学者たちはもはや無知ではいられないと主張した。実際、こうした地位を鼓舞する消費は、あらゆる社会的・経済的な集団のなかに拡大していった。というのも、自分たちの貯蓄や所得によっては地位志向的支出が不可能な人々ですら、いまでは己れの消費生活を維持するために相当な額の借金を喜んでするようになったからである。また銀行をはじめとする金融機関は、こうした消費者たちの要望に応えて、信販制度や信用制度を拡充した。

ガルブレイスは、広告と競争心が、社会のいたる所でうごめいている欲望の二つの源泉であり、経済的に余裕のある人であろうとなかろうと、これらの影響を受けてしまうと考えた。また彼によれば、広告と競争心の影響で生じる地位志向的消費は、それらによって新たな欲望が次から次へと生み出され、扇動されるとともに、こうした消費に融資が付くことで長期的に継続するとされた。経済理論的な関心から言えば、このことは非常に重要な意味を帯びている。というのも、このことは普通の理解とは異なり、豊かさが増大するにつれて、純粋に経済的な意味での欲望の重要性がほとんど失われてしまうことを、言い換えれば、他の（非経済的）手段に支えられない限り、生産および生産性というものの重要性が次第に失せていくということを示唆しているからである。

しかし経済学者たちは、経済的な欲望が減退しているという事態を認めず、また市場には無限に多様な財があって、新たな生産物が生まれるたびに、常に購買決定における多様さが増大していると論じ、いつもこうした問題について論及することを避けてきた。そのうえ、新たな生産物やブランド品の種類を増やすような機会が市場には無限に存在しているようにみなされてきた。しかしながら、一九五〇年代のアメリカの消費者の選好や、またこれに呼応したアメリカの製造業者や小売業者による財やサーヴィスの「品揃え」などすべては、本来の経済的な目的から、需要に関する社会学と心理学の考察の対象である、生産物の象徴性や店舗のイメージ、さらには地位志向的な顕示的消費などに基礎を置く消費文化へと、大きく転換していることを示していた。ところが経済学は、こうした新たな市場の現実を分析したり、それに説明を与えようとはしなかった。

一九四〇年代後半から一九五〇年代にかけて、経済学は社会的に動機づけられた消費というものをほとんど無視してきたが、生産や広告や消費の新しい姿は、様々な分野で大きな関心を呼ぶようになった。一九五〇年代半ばごろになると、意識調査にたずさわる人々は、豊かな社会における消費者の選好形成に関する社会心理学的な研究をはじめるようになった。またマーケティングの専門家たちは、顕示的消費の過程や、その他の地位志向的消費者行動の形態に焦点を当てるようになってきた（Leavitt, 1954; Katz and Lazarsfeld, 1955; Levy, 1959）。そして理論的な分野では、新しいコンシューマリズムに説明を与えることができるような、社会心理学のモデルを用いた重要な著作がいくつか刊行された。

消費者行動に関する四つの対人モデルは、一九五〇年代から一九六〇年代前半にかけて現れた理論的著作の中に、その源泉を見ることができる。これらのすべての文献は、ヴェブレン的な意味において、社会心理学に属するものとみなすことができるが、その当時の新しい市場の現実に影響を受けていることもまた明らかであった。リースマン（Riesman, 1950）は、個人の思考内部で作用している、（伝統志向、内部志向、外部志向という）社会のタイプによって区別される社会的特徴という概念を中心においたモデルを考案した。このモデルは、社会が予測可能な方法で消費者行動を方向づけることができるということを明らかにした。第二のモデル（Festinger, 1957）は、認知的協和の理論（平衡や適合や認知的不協和）と呼ばれる概念の体系から導き出されたものである。この理論において人々は、他者との関係において平衡状態を保つために、その平衡を成立させている財を購入し、自分たちの生活からストレスをなくそうと望んでいる、と想定された。

ゴフマン（Goffman, 1959）は、役割理論から第三のモデルを発展させ、個人は社会の中である一定の役割を演じている役者であると主張した。この理論では、生産物というものが地位の象徴的な表現であるとともに、イメージを伝える手段であるような場合における社会的行為に焦点が当てられた。またこの理論では、買い手というものは、自分たちの「観客」の期待にしたがって財を購入するのであって、当該の財の帯びている属性ゆえにその財を購入するのではないとされた。最後に第四のモデルであるが、マクレランド（McClelland, 1961）は、達成志向的な活動という観点から、社会志向的な消費を説明しようとした。このモデルでは、達成志向的な活動は、成功しようとする傾向と失敗を避けようとする傾向とのあいだの葛藤によって影響を受けるとされ、これら二つの正反対の傾向を調停することに、消費者行動における重要な課題があるとされた。

一九五〇年代に書かれたこれらの理論的著作は、生産物の象徴性や地位のための消費に大いなる関心を示していた社会心理学者たちに大きな影響を与えた。ウッズ（Woods, 1960）は、過去一〇年にわたるアメリカでの経験を踏まえて、現在では多くの購買行為は認知的（合理的）な動機からなされているのではなく、他人への反応である非認知的な力によってなされていると理解しなければならないと主張した。そして彼は、他人への反応として、情緒的魅力に反応する行動と象徴的魅力に反応する行動という二つの行動の型を確認し、両者とも非合理なるものとして一緒に分類した。

情緒的魅力への反応は、生産物の色やデザインといった形のある性質に対する消費者の反応であるとされ、衝動的（impulsive）な行動として分類された。これとは対照的に、象徴的魅力への反応は、「生産物について、その機能よりも、むしろそれを購買する意味について考えること」から生じる感情的（emotional）な行動とみなされた。

この場合、所有者であることによって感じられる威信というものは、その生産物がもたらすであろう機能においてよりも、購買行為において重要となる。（Woods, 1960: p. 17）

それゆえ、消費財市場における購買者を、二つの集団に分けることができるであろう。一つは、合理的な集団であり、もう一つは、一見すると非合理的な集団である。非合理的な購買者たちというのは、ブランド名に対してそれほど敏感ではないがすぐに衝動買いをしてしまう人たちや、象徴やイメージに左右されて生産物を購入してしまうような、「感情的に反応する人たち」から構成されている。

このように合理的購買者と非合理的購買者とが区別された上で、生産物のグループは、それぞれ固有な欲求を満たす性質を帯びていると仮定された。たとえば、「威信」財は本質的に象徴性を帯びており、その役割は消費者自身を自分たちの自己イメージに一致させたりそのイメージを拡張したりすることにあるとされ、「地位」財はその使用者たちに階級的なリーダーシップを帰属させる役割を担っているとされた。

ウッズによれば、威信財はリーダーシップに結びつき、地位財はメンバーシップの証となる。そしてこれら二つの社会的欲求によって人々は、地位の証となる財を選好し消費するようになる。すなわち、感情的に反応する大半の購買者たちは、威信財と地位財の帯びている象徴的・社会的な価値のゆえに、それらの両方の財を選び、購入し、消費するのである。こうした経緯は、一九五〇年代のアメリカにおいて、多くの証拠を見出すことができる。そこでは、消費者の態度が非合理的な諸々の動機によって支配されていただけではなく、ある種の生産物が、これらの消費者の非合理と思われる欲求を満たすために、市場に供給されさえしていた。こうした意味での生産物というものは、効用の塊りというよりはむしろ象徴なのであり、それらが通常の（合理的かつ経済的な）目的に供せられる財に類似していようとも、それらとは何ら関係ないものなのである。

生産物の役割を象徴とみなす研究は、消費者需要において象徴が重要な役割を占めている理由をより詳細に探究していた、別の人たちによってさらにつづけられた（Bourne, 1963; Lazer, 1964; Sommers, 1964）。ロジャース（Rogers, 1962）は、新製品の普及に関する研究のなかで、話題になる新製品の開発が、いつも新製品が表示するステータスに動機づけられているように思われるにもかかわらず、どうしてこうした動機についての研究が、過去においてほとんど行われなかったのかについて、疑問を呈している。そして彼は、こうした研究の不備を、地位を鼓舞するために新製品が用いられてきたという理解が従来の研究者たちになかったために、消費者調査のレポートにおいて、そうした願望と意図がほとんど報告されることがなかったという事実に求めた。またロジャースによれば、新しいものを最初に買う人たちは、遅れて新しいものを買う人たちよりも、高い社会的ステータスを享受したり上昇転化したりする社会的流動性が高いと考えられるので、新製品を買う人々の意思決定の核心には、より上流の社会経済的地位を求めたり、その地位を確固たるものにしたいという野心があるとされた。それゆえロジャースにとってみれば、「社会経済的地位と革新性とのあいだには密接な関係がある」ことになる（Rogers, 1962: p. 252）。

地位志向的な消費者行動の重要性が充分に認識されるようになったのは、一九六〇年代の半ばごろであった。このころにはそうした消費者行動がアメリカだけの現象とはみなされなくなり、ヨーロッパ経済が戦後の窮乏生活から回復するにつれて、いまや同じような顕示的消費行為がヨーロッパのいたる所で見られるようになった。

地位志向的消費は、歴史的にみれば、つねに社会学や心理学の領域において問題とされてきた。だが、一九六〇年代初めの経済学者たちもまた、地位志向的消費に対してはっきりとした関心を示していた。それゆえ、消費者需要に関する最初の行動モデルが一九六〇年代の後半に現れたとき、地位に結びついた消費者の選好形成に対する彼らの関心と信念が、経済学の内部に充分に取り込まれることになるであろうと当然にも期待された。しかし結局、また少し驚くべきことではあるが、地位に結びついた消費は、このときもまた経済学の主流派の内部では、ほとんど問題にされることはなかった。

一九六〇年代に広く注目を集めた消費者の意思決定プロセスに関する最初の一般モデルは、ニコシア（Nicosia, 1966）によって与えられた。ニコシアは、生産物やブランド品の選択過程を研究し、その行動を、消費者の態度形成、情報の調査と評価、購買行動、および消費後のフィードバックという四つの部門に分類した。

このモデルによれば、ある一定の購買が生じるのは、生産物の直接的な効用を考慮することによってではなく、むしろ社会的ステータスを確保したいという欲望によってであるとされた。またこのモデルにおいては、生活の理想モデルを与えている集団の役割や、社会的に目立つ生産物の重要性が認識されるとともに、生産物の地位表示性やその見た目の良さを増大させるために店舗のイメージや評判が重要であることもまた認識されていた。しかし大きな理論的枠組みにおいては、地位表示的消費は、（地位に鼓舞された）「将来の状態」が購買行動の目的となる場合にだけ生じる、特殊な消費のケースであると考えられていた。

ここで、顕示的消費についてニコシアの議論を（ごく簡単に）見ておこう。彼は、共同社会における比較的貧しい社会経済集団の方が、生産物の帯びている社会的な属性に関心を持っている、という論争的な主張をする。

社会的な属性は、消費者と製品を結びつける上で重要な変数となる。……つまり重要なのは、意思決定の過程においてもそのような知覚があるかどうかである。……この点からのみ、われわれはたとえば、低い社会経済的地位にある人々が、より「顕示的な」ものを買う傾向にあるという調査結果を理解することができる。これは「顕示性」という属性が、社会経済的に低い階層の消費者の意思決定過程において、重要な変数となっていることを示している。(Nicosia, 1966: pp. 138–139)

顕示的消費は裕福な人々よりも貧しい人々のあいだで顕著であるというこの主張は、以前になされた調査とは明らかに一致しなかった。それゆえ、ニコシアは自分の主張を正当化するために、様々な社会階層における消費行動の違いを明らかにしているマルチノー (Martineau, 1958) の論文を引用し、それらの引用が自分の考えを裏づけているると主張した (しかしながら実際には、マルチノーの論文は、消費の型は社会階級や所得階層によって異なるけれども、顕示的消費はあらゆる社会的・経済的階層において見られるということを明らかにしているにすぎない)。またニコシアは、ステータスを考慮することが重要である場合、消費決定に際して、低い階級の消費者たちは、生産物における客観的属性と主観的属性のトレード・オフに直面するであろうから、生産物の「技術的」な属性と「社会心理的」な属性を区別することがつねに重要であると指摘した。

一九六八年に、エンゲルとコラットとブラックウェルの三人は、消費者行動に関する第二の一般モデルを提案したが、このモデルでは地位志向的消費をモデル化することにほとんど関心が払われていなかった。関心が払われなかった理由は、地位志向的消費に対する解釈が、ニコシアのそれと著しく対照的なものであったからである。

三人のモデルでは、社会的なリスクというものが、ある生産物もしくはある一群の生産物の情報に関する「外在的な」研究を進める上で、かなり重要な要素であると考えられていた。さらにこのモデルでは、社会的に受け容れられると思われる特定の財やサーヴィスへと消費者を導くうえで、生産物の特徴よりも生産物の社会的な承認を強調する広告の方が大きな役割を担っているとみなされていた。さらに顕示的消費そのものは、完全に社会的階級差によって鼓舞された現象であるとみなされており、ニコシアの主張とは対照的に、顕示的消費は「上の下」の所得層（成り上がり者）の行為として描かれていた。この階級について、彼らは次のように述べている。

この階級は、生産物を富の象徴やしるしとして使う。彼らは、郊外に最上級の家を買ったり、もっとも高価な自動車やプールやヨットを買ったり、あるいは富の明白な指標として認められているその他の象徴を買ったりする。（Engel, Koratt and Blackwell, 1968: p. 290）

後の改訂版（Engel, Koratt and Blackwell, 1973）において、この研究の著者たちは、新しい研究成果に照らして、顕示的消費を富の誇示としてだけ見る狭い見解を修正した。たとえばローマンとハウス（Laumann and House, 1970）は、新興の成り上がり者たちの集団と、稼いだというよりむしろ相続した富をもつ「先祖伝来の」社会的エリートたちとのあいだの、消費者行動の重要な違いを発見した。前者の集団は、

新しく手に入れた自らの地位を正当化したいと強く欲しているが、しかしまだ伝統的な上流階級によって社会的に受け容れられてはいない。彼らは、たんなる金銭上の顕示ではなく、彼らの高い地位に対する欲求を満たしてくれるならば、というような「趣向」をもって顕示的消費に向かう。（Laumann and House, 1970: p. 336）

ローマンとハウスによれば、こうした趣向への欲求は、それを創りだす（建築家やファッションデザイナーなどといった）専門家たちや、社会的に喜ばれる生産物や新製品を潜在的な消費者に宣伝販売することができるメディアなどによって与えられる。一九七三年になると、もはや地位志向的消費が「純粋な」顕示的消費として定義されること

はなくなった。すなわち、かつては地位志向的な購買や消費において、富の見せびらかし行為のみが重要であるとみなされていたのであるが、もはやたんなる富の見せびらかし行為だけでは、地位志向的消費を定義するに充分でなく、趣味のよい、しかも好感のもたれるような誇示をするということも重要であるというように基準が変化した。しかしながら、一九六八年の段階では、富の見せびらかし行為のみが、地位志向的な購買や消費において重要であるとみなされていた。

エンゲルたち（Engel et al.）は、地位を考慮するということが消費者の購買決定に大きな影響を与えるということを認めてはいたが、しかしそのことを理論に組み入れようとはしなかった。実際、そうした「現象」はざっと触れられているだけであり、大概は、ひとつの小さな社会経済集団において観察される消費形態としては、正道を踏み外したものとみなされ軽視された。

第三のモデルは一九六〇年代の後半に発展した。その主要なものは、ハワードとシェス（Howard and Sheth, 1969）によって与えられた。このモデルには、地位表示財の生産がますます盛んになるであろうという認識は存在していたけれども、地位志向的消費に対する言及は最小限にとどめられており、それが一般理論に組み入れられるということはなかった。

> いまや、アイデンティティを与えたり表出機能を与えるようなステータス・シンボルとなる多くのブランド品が存在し、それらに対する顕示的消費（表出的な行動）のおかげで、企業はブランド品を差別化したり、またそうした商品に、実際の、ないし認知された質的差異を付与することができる。（Howard and Sheth, 1969: p. 343）

ハワードとシェスは、（ガルブレイスとは違って）ステータス・シンボル商品の企画と販売を促進している原動力を、生産と生産性の要請による「作り上げられた」需要に求めることはなく、消費者によって引き起こされた需要に求めた。この点において彼らは、こうした需要を社会的・文化的な影響によって触発されたものとするヴェブレンの見解に近いといえる。しかし彼らは、このような消費者行動についてそれ以上は論じなかった。このことは、ニコシアやエンゲルらの場合と同様に、財の社会的消費に関する理論よりもむしろ古典的な効用に関する消費者の意思決定仮説の一般理論を発展させるためには、こうした消費者行動に関する説明がほとんど重要性をもたなかった、ということを意味している。

それゆえ、地位志向的消費に関する行動科学者たちの議論は、一九六〇年代を通して錯綜していた。というのも、一方では、ステータス・シンボルに対しては財を購入する人々の側から非常に大きな関心が向けられており、財がステータス・シンボルとして果たす役割について理論的な説明を部分的に試みる人たちがいたが、一九六〇年代後半に現れた消費者行動に関する様々な一般モデルでは、消費者の意思決定に重要な影響力を与えているものとして、こうした現象が重要視されることはほとんどなかったからである。この点で、少なくとも行動科学者たちは、ステータスを求める消費を需要理論における重要な考察課題とみなす多くの社会学者や心理学者たちよりも、新古典派の経済学者たちに近かった。

経済学においてもまた、地位に結びついた消費は、ほとんど無視されつづけた。確かに経済学の分野において、消費者と市場が地位や社会的名声にかかわる事柄に夢中になるということについて多少の関心はもたれていたし、時折、贅沢な消費に関する問題を直接考察した論文が書かれることもあった（Robbinson, 1961）。たとえば、カトーナ（Katona, 1960, 1964）は、大衆消費社会における価値の変化について考察し、新古典派の消費者理論における暗黙の仮定の多くが再検討されなければならないと主張した。しかしほとんどの経済学者は、こうしたことを「問題」としてすら取り上げることはなかった。

主流派経済学のほとんどは、こうした問題に関わりをもたなかったが、しかし一九六〇年代には需要の理論において二つのすぐれた貢献がなされた。それらは内容と研究方法という点において非常に異なってはいたが、消費者行動の理論を洗練して発展させる可能性を探究したものであった。第一に、ベッカー (Becker, 1962, 1965) は、個々の新古典派的消費者を、孤立した買い手とはみなさないで、生産活動と消費活動をおこなう家庭の一部であるとみなすことによって、一つの経済単位としての家庭の性質と行動を考察した。実際ベッカーは、家庭を、最終消費財を生産するために必要な市場財と時間を結びつけるミニチュアの工場であると考えた。時とともに家庭の賃金と所得が増大すれば、家庭の生産においては、より多くの財とより少ない時間が用いられるようになる。こうした現象は、ベッカーによれば、一九五〇年代後半から一九六〇年代初期のアメリカにおいて顕著になった、時間節約的な用具やサーヴィスの強調とその増加を説明するのに役だった。当時ベッカーは、直接には地位志向的消費に取り組むことはなかったが、家庭における嗜好の安定性という問題は、後になって再検討された。

消費者の選好形成に関する研究において、第二の主要かつ独創的な貢献が現れたのは、一九六六年に、ケルビン・ランカスターが雑誌『ジャーナル・オブ・ポリティカル・エコノミー』に論文を発表したときであった。彼はこの論文の中で、正統派経済学に訣別し、消費者理論に関する新たな研究方法を提起した。この新しい研究方法は、需要と消費に関する一般的な問題を扱ったものではあるが、経済学のなかに、地位に動機づけられた消費をうまく組み込む可能性を示唆するものであった。

ランカスターは、一九五〇年代の需要理論に幻滅していた。彼は、一九五六年に出版されたヒックスの著作『需要理論の修正』を書評して、現代経済思想の内容の貧弱さを次のように指摘している。

ヒックス教授は、マーシャルや彼の信奉者たちの亡霊にそそのかされてきたように思われる。彼らは、需要理論から何とかして新しい知見を引きだそうと試みたが、しかしそのようなことは実現できず徒労に終わった。今までに、われわれは、このことをもっと充分に確認しておくべきであった。(Lancaster, 1957: p. 354)

市場調査員や広告主および製造業者たちは、財の帯びている本来的な属性というものが、消費者の生産物に対する反応にとって重要であるという、根拠ある信念の下に行動しているという事実が存在しているにもかかわらず、最近の需要理論は個々の財の帯びている本来的な属性についての考察をなおざりにしている、とランカスターは考えた。従来からの理論は、依然として、新しい商品や財のあいだの品質の違いについて何も語らず、また財と消費者の実際の関係における多くの重要な側面についても明確な議論をすることができないでいた。

ランカスターによれば、こうした欠点は、財そのものが効用の直接的な対象物であるという従来の見解から生じている。こうした従来の見解に代えて、もし効用が、財のもつ様々な属性 (properties) ないし特徴 (characteristics) から引き出されるとしたならば、消費者需要の性質と選好に関する理解ははるかに深まったであろう。実際、いかなる財といえども複数の特徴をもっているのであるから、消費は複合されたアウトプットとして性格づけられるであろう。さらに、ある財に現れた特徴というものは、他の多くの財においても見出せるに違いない。消費者は、ある生産物を他の生産物と比較することによって得られる特徴の「束」をもとに、自らの購入品を選択するのである。

一九六六年に、ランカスターは、伝統的考えを打ち破る三つの新しい仮説を出した (Lancaster, 1966a)。第一の仮説は、財はそれ自体で消費者に効用を与えるものではなく、むしろ財は様々な特徴をもち、効用を生み出すのはこれらのいくつかの特徴であるというものである。第二の仮説は、財というものは、一般に複数の特徴をもっており、通常その多くの特徴は、その他の財と共有されているというものである。第三の仮説は、個々の財の組み合わせによって得られる特徴は、それらの個々の財から得られる特徴とは異なっているというものである (ランカスターは、晩餐会における食事と交流という機会は、栄養上の、美的な、そして知的な様々な特徴の束をもたらすが、もしそれらがばらばらに消費されたならば、まったく異なった特徴をもたらすことになるであろうという例を用いて、この三番目の主張を説明した）。

財および商品に関するランカスターの新しい定義は、広範な応用を意図したものであり、それ以前の消費者需要に関する解釈よりも容易に、地位を求める消費者行動を説明しうるものであった。またランカスター自身、ある程度、消費者の選好形成が帯びている一定の社会学的・心理学的側面を認識していた。たとえば彼は、消費技術における変化と革新に関する一九六六年の別の論文において（Lancaster, 1966b）、一般に、消費者というものは、自らの置かれている社会環境から消費の仕方の多くを学ぶために、彼がより高い社会的・経済的地位を手に入れたとしても、その地位にふさわしいと期待される消費のパターンを身につけることは、しばしば困難であるということを認識していた。彼は、「われわれは誰しもが、成金がすでに存在している高額所得層の人たちとは異なった消費をするであろうことを知っている」と述べ、社会化の過程を経ることによって、彼らは次第により適切な仕方でお金を使うことができるようになるであろうと指摘した（Lancaster, 1966b: p. 19）。しかし、消費者需要に関する彼の分析は、社会的な対人効果と階層的な対人効果に関するこうした一般的な考察を除けば、従来の経済論議の範囲内に留まるものであった。また彼は、彼の消費者理論を地位志向的消費の説明へ応用する関心をまったく示さなかった。

より社会学的な観点から消費者需要を把握しようとする関心が、ランカスターにおいて次第に失せていったことは、彼自身の研究を総合しようとした書物である『消費者需要』（Lancaster, 1971）を見ればよく分かる。この本では、消費者選好形成に対する対人効果の役割について何も言及されていない。財に関する研究の明示的な「心理学化」を避け、他の社会的特徴よりも功利主義的な特徴に注目する方が、説明においては、大概の場合に望ましい、とランカスターは主張した。さらにまた、明白な非加算性（non-additivity）の多くのケースは、こうした不必要な心理分析の結果から生じたものであり、そのような分析が破棄されるならば、「非加算性はなにも特別な問題を引き起こすことはない」と主張した（Lancaster 1971: p. 107）。

需要に関する対人効果の影響を考慮しないという方針は、ランカスターが自らの「顕示連関（revealed relevance）」理論をアメリカの自動車市場に適用したときに示された。アメリカの自動車市場では、消費選択を決定する生産物の特徴は、収容能力（大きさと快適さ）、乗り心地、ハンドリング、ステアリング、エンジンの質、ブレーキ、車検の回数、および、製造者から提示される小売価格であると考えられていた。社会的ステータスや社会的名声や「気になる他人」の意見などは、消費選択の決定にとって重要なものとは考えられていなかった。ランカスターは、「自動車市場の分析は、『スタイル』とか性別といった計量できないものを用いるよりは、車の直接的な物理的特徴を扱った方が、合理的な分析になじみやすい」と主張した（Lancaster 1971: p. 174）。つまり、これまで社会的技術や商品の象徴性などにとくに敏感だと思われていた市場でさえ、そこでの需要は合理的かつ経済学的なものであり、消費に関する社会学はまったく考慮に入れる必要はない、というのが消費者選好形成に関する彼の見解であった。

このようにランカスター自身は、消費者需要に関して異端的な見方をすることに熱意を示さなくなってしまったが、彼の「顕示連関」というモデルは、選好形成における対人効果の性質と結果を分析するための大変建設的な枠組みを提供した。実際、特徴の束としての生産物という概念は、名声、高価な物、スノッブな価値、社会的可視性、あるいは、多くの市場で一九五〇年以降の購買決定に大きな影響をもたらした他人の消費などといった要素を含む概念に敷衍されていった。とはいえ結局、このモデルは、消費需要における心理学的影響を探究する手段として、ランカスターやその他の経済学者によって使われることはなかった。

ランカスターの新しい消費者理論を吟味したり、適用したりすることに対する無関心は、一九七〇年代までつづいた。リプシーとローゼンブルス（Lipsey and Rosenbluth, 1971）は、生産物というものを特徴の束であるとみなすならば、ギッフェン効果がほとんど起こりえないとする需要理論における通念は根拠薄弱であると主張し、ギッフェン財を復権させるためにランカスターのモデルを使用した。しかしながら、消費者需要に関する彼らの新しい研究方法が注目されることはほとんどなかった。そして、消費者理論に多少の関心が払われることがあったとしても、一九七〇年代中葉までは、全体としてみれば、それらは好意的なものというよりも批判的なものであることの方が多かった。

一九七五年までに、ランカスターの新しい理論には限界があると論評した人たちが何人か存在した。ヘンドラー(Hendler, 1975)、ラッチフォード(Ratchford, 1975)、ルーカス(Lucas, 1975)、ペケルマンとセン(Pekelman and Sen, 1975)などは皆すべて、ランカスターのモデルは、その特殊な仮定が取り除かれるならば結論を維持することは困難であり、また実際そのモデルはうまく機能しなくなると主張した。これに対して他の論者たちは、肯定的かつ積極的にランカスターの理論を補強し、そのモデルの改訂を試みた。

ランカスターの最初のモデルを地位に動機づけられた消費の検討に適用する際に生じた主要な困難は、ランカスターが生産物にまつわる特徴を観察可能で計測可能な「客観的属性」とみなしたことにあった。しかし顕示的な消費者にとってみれば、まさに第三の集団(とくに著名な人物や準拠集団)の見解こそが、それが観念的なものであっても、ある財が現実の効用価値をもっているか否かを決定しているものであった。ランカスターは、あらゆる社会的ないし心理学的な考察を彼自身の分析から明確に排除したため、こうした外部効果が彼の理論の中に含まれることはなかったのである。

ラッドとゾーバー(Ladd and Zober, 1977)は、ランカスター理論の改訂モデルを提案するにあたって、需要に対するこうした社会的効果を承認した。そこでは確かに、ランカスターのいう生産物の客観的特徴は承認されていたが、それは、生産物を消費することから得られる消費者「サーヴィス」と彼らが定義するものによって補完されていた。だが地位がもたらす利得も生産物がもつサーヴィスの一例として考えられるにもかかわらず、地位に結びついた利得は彼らの改訂版モデルには組み込まれていなかった。広告が消費者の需要に影響を与えることは承認されていたが、社会的象徴性や威信価値を高める上で広告が果たす役割については論じられておらず、また地位に対して支払われる価格が生産物のサーヴィスであることも解明されていないし、さらには生産物の属性としてもたらされる「地位」の量を説明したり測定しようともされていなかった。実際、生産物がもつ潜在的な利益に地位を含めてしまうことで、ラッドとゾーバーの改訂モデルは、客観的属性——彼らが以前に消費者需要の部分的な説明であるにすぎないとした属性——に基づくランカスター型の分析に逆戻りしている。

ラッドとゾーバーは、ランカスターの新しい消費者理論を用いることによって、地位に動機づけられた消費についてよりすぐれた理論を展開しうることを示したが、他方で、ハヤカワとベニーリス（Hayakawa and Venieris, 1977）は、ランカスターのモデルを作り直して、消費者の相互作用を明確にモデルに組み込むといういっそう野心的な研究を試みた。彼らの主張によれば、「準拠集団を参照して行われる相互依存的な選択理論という視点から見ると、ヴェブレンとピグーの洞察を理論化することが経済分析のためにもっとも有効である」とされた。また彼らは、こうした準拠集団としての他人は、消費パターンを決める重要な要因である社会的ステータスと相対的重要度に基づいて、個々の消費者によって序列化されると主張した。

ハヤカワとベニーリスは、二つの基本的公理を提出した。第一の公理は、様々な社会的集団は様々な生活スタイルをもち、様々な欲望を抱えているというものである。第二の公理は、消費者というものは、自ら社会的ステータスを担う者として、自分の準拠集団である集団と自分を重ね合わせ、その集団を熱心に模倣するというものである。しかもその際、生活スタイルは、その集団に支配的なパターンにしたがって消費する個人や、消費される生産物に関わるランカスター型の特徴の消費によって測られる。

短期的にみると、ある個人にとって望ましい特徴の束というものは、ハヤカワとベニーリスが論じているように、前もって主要な準拠集団の選好や是認によって決定されており、比較的安定している。しかし長期的にみると、そうした特徴の束は準拠集団自体が消費選好を変えることによって変化するだろうし、もし個々の消費者の社会的な地位自体が時間とともに変化するならば、目標となる準拠集団が変化し、それに伴って生活スタイルに関する望ましい特徴の束も変化するであろう。

彼らによれば、個人の消費の中核には、地位表示的生産物にとって最適な特徴の束というものがあり、それは模倣された社会集団の生活スタイルを表す（ランカスターが言うところの）「層（ray）」である。この考え方から、次のような四つの仮定が引き出された。第一は、ある消費者の消費集合（諸々の特徴の空間）には、彼が維持したいと願う最適な層があるというものである。第二は、ある一定の生活スタイルに対する二つの層の強度（intensive）に関して、より強度の高い層がつねに選好されるというものである。あるいは、一定の生活スタイルをより強く表す類似した特徴の束は、そうでない特徴の束よりも選好されるというものである。第三は、最適な生活スタイルが与えられたならば、消費者は、その生活スタイルから乖離すればするほど、彼の暮らし向きは悪くなるというものである。さらにまた、強度に関するいかなる次善最適性も満たさないような、まったく受け容れがたい生活スタイルというものが存在するというものである。第四は、任意に与えられた生活スタイルのいかなる強度にとっても、それとは独立して最適な生活スタイルの一定の強度があるというものである。

ハヤカワとベニーリスは、以上のような四つの命題を提出し、静態的な条件の下でこれらの命題を選好構造という観点から特徴づけた。しかし彼らは、自分たちが示した成果が、経済理論という点で見た目ほどラディカルなものではないと指摘することに苦慮した。特徴の空間を商品の空間に代替するということは、やはり依然として、新古典派が想定するようなある種の凸型の無差別曲線を描くことに結びつく。さらに、選好地図（map）というものは、限界代替率が正で逓減していく場合の範囲と、また価格が変化するにつれて所得効果と代替効果が消費者の均衡点を変化させるような範囲の両方を含んでいる。

すでに指摘したように、ランカスターは、自分の分析を「心理学化」することなく、アメリカの自動車需要に関する研究では、もっぱら客観的な生産物の特徴に焦点を当てていた。だがハヤカワとベニーリスは、こうした解釈に異議を申し立てた。

> 消費者行動の理論における補完性が、(自動車のボディとタイヤの関係のような) はっきりした技術的補完性があるケース以外にはほとんど触れられていない。……しかし消費者の選択計算に準拠集団という考えを導入するならば、われわれは別のタイプの補完性、すなわち心理学的な補完性という考えを必要とする。(Hayakawa and Venieris, 1977: p. 612)

彼らは、もはや準拠集団の存在は無視できないと主張する。なぜなら、「広告戦略を一瞥しさえすれば、そこで扱われているのは、当該の生産物に固有の性質というよりもむしろ、ある一定の準拠集団の魅力に訴える努力の方であることが分かる」からである。また彼らは、もしこうした広告活動が個人の生活様式の「諸層 (rays)」に計測可能な効果をもたらすならば、準拠集団は消費者需要理論の中心に置かれるべきであると主張した。

ハヤカワとベニーリスの論文は、地位志向的消費がもつ性質とその方向性を探究したランカスターの新しい消費理論を応用するものであったが、準拠集団の選好とその影響を計測する方法について何ら提案を試みておらず、したがって彼らの分析の中心にある生活スタイルの層というものが如何なるものかについて明らかにしてはいない。しかし他の研究者たちは、どのようにしたらそのような計測ができるかについて、それぞれ独自に研究をはじめていた。ウィンド (Wind, 1976) は、家計が購買の中心であるというベッカーの概念を拡張して、家計という概念の中に、家族のメンバーだけでなく、そのメンバーの購買決定に影響を与える人々も含めた。さらにウィンドは、連結計測分析にもとづいて、家計に影響をおよぼす他の人々の特殊な役割を数量化する研究の手続きを略述し、このことによって準拠集団に関するいっそう正確な分析をすることができるとした。しかしウィンドの実証的な分析方法は、多くの課題を残したままであった。というのも、彼の分析はこうした計測を経験的分析に拡張するために必要な統計的推論方法を提示していなかったからである。とはいえウィンドの分析は、理論と実践の両方のレベルにおいて、ランカスターの消費者理論を適用すれば地位志向的消費というものを定義したり解釈する望みがあるということを証明した。

ハヤカワとベニーリスの論文は、直接ランカスターの新しい消費者理論を用いて地位志向的消費を研究した、一九七〇年代における唯一の重要な研究である。とはいえ、ランカスターの研究をより発展させることに関心が向けられることは、実際にはほとんどなかった。というのも、ランカスターの新しい研究は、主流派経済学の消費者需要理論にほとんど影響を与えていなかったからである。そのため、一九七〇年代における地位志向的消費の研究にもっとも大きな貢献をなした研究のほとんどは、ランカスターの理論を拡張することによってもたらされたのではなく、消費者の選好形成に関する既存の理論を拡張させることに携わっていた経済学者によってもたらされた。しかし今日では、経済学の理論体系のなかで消費者需要の社会的影響をよりよく説明すべきだと認識する人たちが現れ、経済学のなかで地位志向的な行動をより巧みに説明する方法についての研究が実際にはじまっている。

ヨーロッパでは、クレール（Krelle, 1972）が、効用関数をメンガーとジェヴォンズとワルラスの研究から発展したものとみなしたうえで、市場において観察される消費者行動に照らしてみた場合、こうした効用関数は、現実の世界における消費者選好形成に関して、部分的で非常に限定的な説明しか与えていないことを確証した。彼によれば、効用関数は、本質的に静態的で極端に個人主義的なものであり、社会における相互依存的選好をまったく無視している。さらに致命的なことに、このような効用関数は、心理学者によって計測された人間の満足レベルと、経済学者によって使われる効用の指標のあいだの何の関連も示していない。

またクレールは、消費者たちの評価に関する社会的相互依存性の理論というものを提案し、効用の相互依存性が、消費者需要の経済分析のなかで認識されかつ位置づけられなくてはならないと主張した。こうした効用の相互依存性は、人々のあいだで発達してきた個人的接触のネットワークや、説得的で豊かなメディア情報や製品広告の力から必然的に生じてくるものである。受け取られたすべての情報は、個人によって処理され、続いてそれが消費選択に対して対人効果を引き起こすことによって、個人の選好に重要な影響を与えることになる。

それゆえ、効用関数の様々な変数は、社会の情報システムの性質と有効性によって決定される。クレールは、一九三〇年代以降、経済分析から遠ざかっていった社会心理学と従来の効用理論を結合するために、消費者選好形成に関する新しい研究方法を提起した。だが彼が提案したモデルは、動態的であることと、それ自体変化しつづけている選好の変化を描くことができることを必要としていた。クレールは、需要はつねに認知された価値の複合的なネットワークの関数であるのだから、個人の効用関数を決定されたものとして、あるいは所与のものとして考えることはできないと結論づけた。しかしこの結論は、消費者の需要を実際に計測することができるか否かという問題を提起することになった。

クレールは、消費者選択に及ぼす心理学的影響と経済学的影響の二つを組み入れて、効用関数の動態的な説明を展開したが、その試みは、消費者と消費の相互作用をいっそう詳しくモデル化したゲートナー（Gaertner, 1973）によって、再び取り上げられた。ヨーロッパの他の地域では、このような消費者と消費の相互作用モデルの再定式化に対して、ほとんど関心が払われることはなかったが、アメリカでは著名な経済学者たちによってこの主題に大きな関心が払われた。

一九七四年に、ベッカーは次のように述べた。一九世紀の経済学者たちは、選好形成に与える社会的影響をよりよく認識していたし、また社会学者たち（その中には「ここでの目的のために」という理由からヴェブレンも含まれている）も、個人の欲求における相互作用の役割を長いあいだにわたって重視してきたのであるが、二〇世紀の理論経済学者たちのほとんどは、多くの場合、こうした市場の現実を無視してきた、と。確かに、デューゼンベリーとライベンシュタインは対人効果について検討し、分析したが、彼らの試みは、実際にはほとんど問題にされなかった。そこでベッカーは、消費者需要の分析のための理論的枠組みを発展させようとした。それは、「地位の差別化」を示すある一つの商品について、その需要を細かく調査するような、社会的相互作用に関する理論であった。

ベッカーは、社会的差別化に必要な商品に対する需要を決める主要な要因が、個人の置かれている社会環境にあると主張した。その環境は、個人のコントロールをはるかに超えているけれども、差別化をもたらす財を購入するか否かを決定することによって、ある程度対処できるような環境である。ベッカーによれば、個人の社会的ステータスは、第一に、彼のおかれている社会環境を差別化する努力によって、第二に、自分自身を差別化する努力によって生みだされる。かくして、各個人は、所得と外生的に与えられる社会環境によって規制された一定の予算制約の下で、「社会的地位表示」財とその他の実用的な商品とから構成される効用関数を最大化することになる。

ベッカーはさらに、こうした社会的影響を従来の経済理論のなかに組み入れようと試みた。しかしその後、採用された効用の定義が、まったく擁護できない「嗜好」の強力な安定性を前提にしているという理由で、彼の分析は批判に晒された。とりわけ、社会的地位表示財の効用は時間とともに変化するのであるから、そうした財に対する需要を形成する上で重要な意味を持つ流行の影響を、彼は過小評価しすぎていると批判された。これに対してベッカーは、社会的地位表示財に対する需要のパターンは、実際には一般に認識されているよりもはるかに安定していると主張した。一九七七年にベッカーは、ジョージ・スティグラーとともに、時間における嗜好の安定性と消費者の選好形成について詳しく考察した。そして社会的地位に関して、彼らは、「流行」の変化が地位表示財の市場をきわめて不安定なものにするという主張に注目した。

ベッカーとスティグラーが論じるところでは、流行によって生み出される商品は、確かに社会的特徴をもち、それは「やがて広く是認されるであろうということを認知して採用される点において、機敏なリーダーシップを示すこと、あるいは少なくとも無気力ではないことを示すこと」によってもたらされる。そうした商品はまた、スタイルとも呼ばれるだろうが、それはたんに変化することによって手に入れられるものではなく、実際、あとで何が是認されるかということについての正しい予測に依存している。スタイルは、「社会的な競争であり、またすべての競争と同様に、個性化への刺激となる一方で、他方では画一化の源泉でもある」。スティグラーとベッカー（Stigler and Becker, 1977）は、たとえ流行やスタイルにおける変化が頻繁に起こるように思われるとしても、しかしそのことは、嗜好の本質的な安定性を弱めるものではないと主張した。というのも、現在の流行品は、競合する商品のあいだの需要パターンを変化させることができるとしても、同種の商品に対する需要は本質的に変化しないままであり、その効用関数は安定しているからである。つまり、嗜好はブランドのあいだで変化するかもしれないが、流行の変化はそうした商品全体に対する嗜好の本質的な安定性を弱めるものではないからである。さらに、たとえ個人が流行に敏感であっても、ブランドの市場それ自体は、依然として比較的安定している。なぜなら、新しい嗜好やトレンドに関する情報の流れは充分にあるわけではないし、無料でもないからである（Stigler, 1961）。実際、急激に変化する様々な市場について、その情報を探したり集めたり加工することは、煩わしく費用がかかる。すべてこうしたことは、嗜好の不安定化傾向を減速させる働きをもっている。

需要と供給の等式から不安定化要因を取り除くならば、社会的地位表示財に対する需要は、いまや価格効果と所得効果だけによって分析することができるだろう。その場合、消費行動におけるあらゆる変化は、「経済分析を組織化し、それを有効なものにする変数」である価格と所得の変化によって説明される。このように社会的差別化を喚起する奢侈財の市場についても、市場の動態は従来のやり方で説明できるし、そこに組み入れることができる。また流行に対する需要についても、嗜好の変化をもち出すことなく、首尾一貫して分析することができる。

価格一定の下で、I自身の所得が増加すると、社会的地位表示財やその他の商品に対する彼の需要は増加するだろう。もし彼の社会的環境が変化しなければ、彼の社会的地位の改善は、流行やその他の社会的差別化を生みだす財に対して、彼自身の寄与が増加することによって生み出されるだろう。それゆえ、地位表示財に対する需要の所得弾力性がたとえ平均的なものであっても、それは流行財（および、その他の差別化を生みだす財）に対する需要の所得弾力性が高いことを意味するだろう。またそうした需要に関する高い所得弾力性は、流行が一種の奢侈財であるという常識的な判断と両立する。

もし、他の人々が彼ら自身の社会的地位を高めようとするならば、Iは自分の社会的環境を悪化させることになり、自分自身の社会的地位を低めるだろう。というのも、社会的地位というものは稀少であって、ほとんどの場合、人々のあいだに容易に再分配されるからである。すなわち、ある人の社会的地位が上がると、一般に、他の人たちの社会的地位は下がる。だから人々は、新しい流行に乗ることをしばしば「強制」されるのである。（たとえば）新しい流行に敏感であることによって社会的地位を獲得する人たちもいるが、そういった人たちのおかげで、他の人たちの社会的環境は悪化することになる。そして社会的環境の悪化した人たちは、こうした新しい流行に対する需要を含め、自分の社会的地位を獲得するために努力しなければならなくなる。というのも、彼らの社会的環境が外生的な要因で悪化すると、彼らは自分の社会的地位を高めるように仕向けられるか

> らである。
> したがって、Iは、自分ひとりの所得が増加したときに比べて、すべての人たちの所得が増加したときのほうが、社会的地位を高めようと努力するだろう。というのも、他の人たちの所得が増加すると、彼らの社会的地位は高まり、さらに多くの金銭が注ぎ込まれることになり、Iの社会的環境が悪化するからである。Iの環境が悪化すれば、彼は自分の社会的地位をいっそう高めるように努めるだろう。したがってわれわれは、インドのような貧しい国の人々に比べて豊かな国の人々の方が、よりいっそう流行に敏感であると予想しうる。またこのことは、豊かな国と貧しい国において人々の嗜好が同じ場合でも、当てはまる。(Stigler and Becker, 1977: pp. 88-89)

スティグラーとベッカーは、地位志向的消費を純粋に経済学的に解釈しようとしており、ランカスターが関心をもつ「心理学化」に迎合することはなかった。彼らは、ヴェブレンやその他の人たちが展開したJ・S・ミルの主張、すなわち、需要を形成するにあたって習慣や伝統が重要な要素となるという主張を、明確に批判している。また彼らは、広告というものが一般化された需要パターンや嗜好の固定化に大きな効果をもたらすという主張に耳を貸さず、ブランドの乗り換えなどは些細なことであって、市場がかなり安定しているところでは、それは特定の種類の商品に対する需要の変化と混同されるべきでないと主張した。このように彼らは、ブランド品に対する需要よりも商品に対する需要の安定性を強調することによって、ある一定の商品集合の中で競合する様々な特徴の束を消費者が比較検討する、ということを前提にしているランカスターの研究を暗に破棄している。

　スティグラーとベッカーは、地位志向的消費に関する社会心理学的な省察を控えたが、彼らは同時に、自分たちの分析が包括的であるとする評価に満足することなく、嗜好と消費者需要の心理学や社会学に関連する事柄は他の人たちに任せておくのが一番であると、何十年にもわたって主張してきた経済学者たちと論争した。スティグラーとベッカーは、「われわれの仮説は、経済学の論理をできるだけ拡張して適用すべきであると主張しているにすぎないのだから、大したものではない」ことを認めていた。しかし彼らによれば、「同一の仮説といえども厳しい挑戦である。というのも、こうした試みは、より良い説明がわれわれの姉妹科学である行動科学によって、おそらくいつの日にか生み出されるであろうという気安い提案とともに、不明瞭で複雑な問題を廃棄させないように、われわれを駆り立てるからである」(Stigler and Becker, 1977: pp. 89–90)。こうして彼らは、地位表示的消費を促す動機に関する今後の研究を、経済学の範囲内に位置づけた。

ランカスターの新理論を発展的に応用していく研究と、これと比べればあまり論争的なものではないが、従来の経済学のパラダイムのなかで社会的相互作用と消費者需要に関する新しい経済理論を構築していく研究は、一九七〇年代において、社会的に目立つ財やサーヴィスの消費者需要における、生産物の価格と価格依存的選好の役割及び影響というものにより限定して焦点を当てた、地位志向的消費に関するいくつかの補助的な研究によって補完された。高い価格とそれに結びつくスノッブ価値や地位表示的価値のあいだの関係に関心をもつことは、何も目新しいことではない (Scitovsky, 1945)。すでに一九五〇年の消費者需要への外部効果に関するライベンシュタインの分析は、需要への地位志向的外部効果の中心に価格を据えていた。もっと以前にはヴェブレンが、他者にとって手の届かない価格というものが、顕示的消費や顕示的浪費の核心であることを強調していた。

価格が効用関数に入るときに生じる消費者需要の変化に関しては、当時、活発に研究されていた (Kalman, 1968; Allingham and Morishima, 1973)。ある特殊ケースに当てはまる原理として、高い価格が生産物の正の特性としてみなされるという事実を取り入れた研究が展開された。しかしこの研究は、地位志向的消費に関しては限定された価値しかもたなかった。というのもそれは、価格と質の関係について、二つのまったく異なる見解──すなわち、価格そのものを生産物の質の要素として捉えるヴェブレン流の顕示的消費者の見解と、社会的価値の概念とはまったく関係をもたない実体的生産物の指標として価格を捉える「合理的」な購買者の見解と──のあいだに明確な区別を設けることができなかったからである。

実際、アルカリーとクレボリック（Alcaly and Klevorick, 1970）は、ランカスター流のモデルにおける仮定、すなわち、顕示的消費者たちは価格を財の実際的な特徴とみなしているという仮定を調べる際に、生産物の物理的な効用と社会的な効用を区別した。後にポーラック（Pollak, 1977）は、理論的研究の不足を遺憾に思いながら、とりわけ、「より高い価格が財の『スノッブな魅力』を高める場合」に関して、価格に依存した選好の重要性を調べた。ライベンシュタインは、顕示的消費が需要関数に与える影響を理解するために、価格を二つのカテゴリーに分けることが必要だと主張した。すなわち、消費者によって支払われる「本当の」価格と、他者が商品に対して支払ったであろう「顕示的な」価格である。ポーラックも同様に、予算制約にあらわれる「市場価格」と、選好に影響をあたえる「通常の価格」を区別して、価格を二つの要素に分けた。しかしライベンシュタインとは違ってポーラックは、地位表示財に対する個人の需要関数や市場の需要関数を分析する際に、「有意な他人」の意見というものを取り込まなかったので、そこから展開された彼の議論は制約されたものとなった。

ポーラックがこのように対人効果を無視するのは驚くべきことである。というのも彼は、一年前に相互依存的選好モデルを展開し、他の人々の消費に依存している選好を説明し、相互依存的選好が需要理論にもたらす含意を吟味しているからである。「選好が他人の消費によって影響されるというのはよくあることであるが、しかしこの洞察は需要分析の中に満足のいくようには組み入れられてこなかった。……またジェームズ・デューゼンベリーによって示された研究の方向性が体系的に探究されることはなかった」（Pollak, 1976: pp. 309-310）。

ポーラックの一九七六年の論文は（それはゲートナーの初期の論文（Gaetner, 1973）と同様に、習慣形成と、それが動態的な需要形成に与える影響に関する初期の調査（Pollak, 1970）に基づいて書かれたのであるが）、相互依存的選好モデルを発展させるために、デューゼンベリーの研究を詳細に検討している。彼は二つの重要な点において、デューゼンベリーの分析を鋳直した。第一に、ある個人の選好が他人の過去と現在の消費に依存していると言わないで、相互依存的選好は、それが習慣によって影響を受けていようといまいと、過去の消費を通してのみ形成されると主張した。こうしたより限定的な仮定は、分析処理上の利点――「軽んじられないための美点」――を得るとともに、選好の学習が社会化の過程の一部を形作っているという信念と両立しているようにみなされた。ポーラックは、いわゆる同時点での相互依存というものに疑問を抱き、ある一時点において嗜好の完全な調整が現実に起こるということを受け容れがたいと主張した。第二に、選好の相互依存性に関するモデルを単純化するために、人は階層秩序における一段階上の人の消費にのみ関心をもつという想定を、このモデルには組み込む必要があると彼は考えた（ただしこのことはバンドワゴン効果を無視することになる。というのもバンドワゴン効果とは、一定の階層秩序において個人は、自分よりも優越した者によってではなく、仲間や社会的同等者によって消費者行動の影響を受ける、というものだからである）。

ポーラックの一九七六年と一九七七年の論文の際立った特徴は、この二つの論文のあいだに何の繋がりもないということである。というのも、一九七七年の論文における、顕示的消費と関連している価格依存的選好についての分析は、実際には、相互依存的選好とも、また消費パターンにおける準拠集団や有意な他人とも関連づけられていないからである。一九七六年のポーラックの論文において焦点となっていた、デューゼンベリーの相対所得仮説や「デモンストレーション効果」仮説は、財やサーヴィスのもつ潜在的なスノッブ効果に関する議論にとって重要なものであるとみなされていなかった。事実、ポーラックは、選好形成におよぼす社会的影響を議論する際に、経済学者たちは凡庸な能力しかもっていないことを示したのであり、そのような影響に関する議論はすべて、消費者需要における価格効果と所得効果に関する経済学および計量経済学のモデルから排除されることを示したのである。大多数の経済学者たちは明らかに、そのような分離を正当化しやすいとみなした。彼らは一九八〇年代になっても、二〇年前と同じように（Chipman, 1965）、相互依存的な効用や価格依存的な効用に関する関心というものが、「重箱の隅をつつくようで」、「実際にはほとんど意味がない」と考えつづけていたのであった。

第9章 新しい消費理論に向けて

一九七〇年代後半から一九八〇年代にかけて、地位志向的消費は非常に重要なものとなった。新しいタイプの消費者たちは、自分たちのアイデンティティへの新しい感覚を求めて、消費それ自体の果たす役割を重視するようになった。つまり彼らにとって、アイデンティティの獲得は、ステータスを授ける様々な財を所有することによることが多くなったのである（Giddens, 1991）。教育や職業に基礎をおく社会階級という従来の考え方はすでに崩壊し、社会生活はますます規制を解かれ、社会的関係はいっそう流動的になり、社会規範による束縛は弱まり、これらに代わってまさに「生活スタイル」が社会集団の成員である指標として重要なものになってきた。集団のアイデンティティは、いまや社会階級や同じ地位の集団によって課される旧来の規範によってではなく、むしろ、一定の消費の型を採用することによって確保されるようになった。

生産物を様々な社会的差異を示すために利用したり、また、地位を伝える機能を果たすものとして利用したりすることは、生産に結びついた文化的・社会的なアイデンティティから離れて、消費や「商品記号」に重点をおいた新しいアイデンティティへ向かうという大きな転換を示している（Baudrillard, 1970; Bourdieu, 1984）。「スタイル」を過度に気にすること（Featherstone, 1991; Ewen, 1990）は、明らかに、それが順応したり対立したりするための手段として機能していることを意味し、またそうした営みは決定的に生産物の使用と誇示に依存している。そして、財の世界全体にわたってスタイルへの配慮が行われるようになると、スタイルへの配慮は、消費者の選択に対して、以前よりも確実に大きな影響を及ぼすようになる。

社会関係が新たに流動化すると、ある個人がどの——一つないし複数の——社会的・文化的集団にアイデンティティを見出すかについて、選択すべきプロセスがますます複雑になる。いまや消費者たちは、自らの社会的な立場やステータスを自分で宣言できると感じるようになるとともに、集団のメンバーシップが個人の選択にますます委ねられるようになった。その意味で、いまや人々は、たとえ他人は同意しないにしても、自分がなりたいと思う立場や地位を主張すれば、そうしたものになりうるのである。

新しく見出されたアイデンティティを確立するための自由は、市場を不安定にさせ、市場を絶えず急激な変化にさらす効果を持っている。またさらに、こうした自由は企業収益に大きな影響を与えることにもなる。

諸々の社会集団は、既存のカテゴリー枠のなかで、自分たちの社会的立場を変化させようと試みている。しかし他方で市場開拓者たちは、ある新しい市場を開拓するために、人間の新しい文化的なカテゴリー（たとえば「ヤッピー」）を創出しようとしている。様々な文化的カテゴリーは、……諸々の集団による見直しと再編に晒されている。（McCracken, 1986: p. 72）

消費者行動と市場管理のこうした新しいパターンは、生活スタイルやイメージや象徴的な消費への関心を高めることに貢献し、一九七〇年代に、不安定で構造化されていない新たな社会集団の形成をうながした。

一九八〇年代になると、見せびらかしの消費や生産の象徴性が、新しい「ポストモダン」の社会の中にうまく根づいていった。また同時に、一九六〇年代から一九七〇年代を通じて次第に顕著になってきた著しい経済成長と広範な豊かさの実現は、地位の求め方それ自体にも変化が起こっていることを示した。

まず、一九八〇年代までに、ある種の商品を購入し消費するだけでは、もはや地位を獲得することにはならないということが明らかになった。時代とともに、従来のステータス・シンボル——自動車、流行の衣服、家具、宝石などの、これまで所有することで富と地位を示してきた多くの商品——を所有することがすでにありふれたことになってしまい、特別なステータスを与えるものではなくなった。ステータス・シンボルとしての商品それ自体がもつ地位表示機能が低下すると、消費者たちは、個々の商品ブランドがもつ相対的な地位表示的価値に関心を向けるようになる。こうして、ブランド・イメージとデザイナー・レーベルの時代が到来するのである。

従来の経済学においては、需要理論におけるブランドの重要性は、無視されてきたか、あるいは過小評価されてきた。たとえば、消費の経済学を論評して、ハウタッカー（Houthakker, 1961）は、地位表示財の需要のレベルをミクロとマクロの両方において決定している重要な要因が、生産物の価格と所得、さらには予算制約であることを強調している。後にスティグラーとベッカー（Stigler and Becker, 1977）は、地位志向的消費に関する解釈を行ったが、そこでもブランドに対する選好は、地位表示財の需要パターンを決定する上で取るに足らない要素であるとしてほとんど無視され、（地位を授ける）特定の財に対する需要の方が重要であると主張されていた。しかし一九八〇年代までには、商品が表示する地位よりも、ブランドが表示する地位の方が、誰の目にも明らかになってきた。そこで生産者たちは、広告代理店を使って、次第に自分たちのブランド品の社会的な地位をめぐる市場シェアを競うようになった。

同じ商品群内部におけるこのような競争は、生産物のカテゴリーが著しくかつ多様に拡大されていったのと並行している。というのも生産者にとって、地位表示財を売る機会が開かれていたからである。従来からステータスを与えるものとしてみなされていた商品は、いまや多くの消費者にとって手の届くものとなり、それらの財が帯びていた地位表示的価値の多くは消え失せてしまった（地位を示す価値の重要性は、しばしば品質の規準よりも、量的な規準において保たれている。たとえば、三軒の家と四台の車をもつ家族は、いまだに他を圧倒するような地位を保持している)。同時に、いまや広範な様々な財が、潜在的に地位をあたえる財として出現してきた。たとえば履物やジーンズやステレオや流行のアクセサリーといった様々な生産物は、それほど価格は高くないとはいえ、それらが社会的に承認され、適当な社会的ステータスをあらわすブランドになったときには、実質的な地位表示的価値をもつようになる。こうした新しいステータス・シンボルは、お金をもっていれば、あるいはそれらを買うための借金ができれば、誰にでも入手できる。またこれまで顕示的消費をする機会のほとんどなかった人までもが豊かになると、社会内部の階級構成に対する批判や、伝統的な身分と地位に関する考え方への批判も、しだいに強くなってきた。

これまでの世代のステータス・シンボルは、もともとの意味を伝えることが次第に難しくなってきている。というのも、格の高いファッション店の名前が衣装や装身具に使われるようになり、ゆとりのある人や購入したいと思っている人ならば誰でも、そうしたものを購入できるようになったからである。こうした状況の下では、お金をもっている人なら誰であれ、その職業や社会的ステータスにかかわらず、トップ・デザイナーの商標がついた品物を買うだろう。一方、あまりお金をもっていない人は、こうした品物をショッピングセンターから盗むかもしれない。(Bocock, 1993)

消費に関する新たな社会学は、消費者需要における対人効果の重要性を著しく増大させた。というのも、昨今の「ライフ・スタイル計画」が、消費を通じて個人のアイデンティティを確立できると思っている何百万もの人たちを、夢中にさせているからである。さらに、社会的ステータスを確保するために使われる生産物の種類が多くなるにつれて、次のような二つの点がますます明らかになってきた。すなわち、第一に、どのような商品であれそれが他の商品から孤立させられた場合には、ステータスを授ける価値を同定しようとしても無意味であり、また無益であるということである。第二に、ある一定の種類の生産物の範囲をこえて拡大していく消費のパターンは、ますます地位志向的消費に向かうということである。

消費の諸々のパターンの方が、単一な消費よりも顕示的な見せびらかし行為を示唆するという見解は目新しいものではない。一八九〇年代に、ちょうどサイモン・パッテン（Simon Patten, 1893）が、「商品は……集団において消費される。だから個々の品物がもつ効用は、彼らがその構成員として所属している集団において計測されなければならない」と主張したように、ヴェブレンも、地位志向的な行動を分離して確定する場合には、様々な商品の組み合わせの購買や消費を調べることが重要であることを強調した。一九七〇年代までには、こうした主張を無視することはできなくなり、一九七八年に、ダグラスとイシャウッド（社会人類学者と経済学者）が、ランカスターの消費者理論を応用して、そこに大きな意義を与える方法を探究したときに、このテーマは再び取り上げられることになった。

ダグラスとイシャウッドによれば、ポストモダンの消費社会においては、商品を品目ごとに個々別々に取り上げると、まったくその意味や価値を決めることはできない。というのも商品は、いくつかの品物が一組になってはじめて、その目的や有用性を表すことができるからである。そこで彼らは、消費ならびに消費支出に対する新しい研究方法として、一定水準の消費というものが、各人の生涯をつうじた社会的ステータスの維持のために必要不可欠なものであるという考え方を提示した。商品というものは、社会過程の一部であり、それは（種類を分類するという意味で）「目印」として用いられる。個人および家族は、集団から排除されたくなければ、様々な期待に応える必要がある。ダグラスとイシャウッドは、とくに、消費の周期性というものに焦点を当てた。それによると、社会全体の中で、長い周期性は、上層階級における高い（地位）価値の消費に結びつき、これに対して短い周期性は、下層階級における低い（地位）価値の消費に結びつく。個人および家族は、その生涯をつうじて成長し、うまくいけば上昇転化することができるが、その場合、その消費者行動は長い周期性のパターンへと向かい、短い周期性のパターンから離れていく。つまり、ある一定の社会階層における個人間の所得格差は、購買における商品の種類の差ではなく、「質」の差をもたらすのである。

したがってどのような時点においても、社会的地位が分かりさえすれば、適切な消費パターンというものを――そうした商品の性質が様々なものであるとしても――推定することができる。

採用された周期性と消費慣習の規模とのあいだに保たれている地位表示関係を見つけることによって、消費の技術は社会的に重要な特性の中に位置づけられる。たとえば、ケルビン・ランカスターの研究はそうした社会学的な内容を帯びている。彼は、自分の分析手法を自動車や洗濯機といったものだけに限定せず、もともと意図していたように晩餐会にまで拡張している。(Douglas and Ishrwood, 1978: p. 123)

ダグラスとイシャウッドの新しい定式化は、経済学と社会人類学の実り豊かな結びつきを表している。また彼らの理論は、ランカスターの消費理論がもつ大きな難点を克服したものでもあり、社会的に対等な集団における「近所の人に負けまいと見栄をはる」現象に説明を与えている。しかしこの理論では、消費者というものは常に、「従来の」地位に基づく野心によって動機づけられるという観点から描かれている。また、地位表示的消費というものが広範に及ぶとしても、その大部分は集団間というよりも、むしろ集団内部の営みであるとされ、競争心と顕示的消費を通して「上層の」社会集団のメンバーシップを獲得しようとする個人的野心についてはほとんど触れられていない。とはいえ、彼らの理論は地位表示的消費に関する調査を新たに再開するよう呼び起こした。

様々な生産物にわたって繰り広げられている消費のパターンが、生涯を通じた社会的ステータスを確保し強固にしようという企てを明らかにしているという主張は、経験的に確かめられ、さらなる調査を促した。レヴィ(Levy,

1981)、マコールとシモンズ（McCall and Simmons, 1982)、ハーシュマンとソロモン（Hirschman and Solomon, 1982)、および他の研究者たちは、従来の研究が一つの生産物にのみ焦点を当てており、あまり実り豊かなものではないことをはっきり認識していた。そこで彼らは、諸々の生産物の象徴的な相互関係について研究しはじめた。一九八〇年代後半までに、そうした研究は共同で行われるようになり、一九八七年にはソロモンとアセル（Solomon and Assael, 1987）が、ダグラスとイシャウッドの貢献を評価しつつ、「消費布置連関」という概念を編み出した。この「消費布置連関」という概念は、ある種の補完的な生産物や特定のブランド品の一群として、あるいは消費者たちが社会的役割を選び取り、伝達し、演じたりする際に用いられる消費活動の一群として定義されるものである。実際、生産物の象徴や布置連関、あるいは、認知された実際上の社会的ステータスの相互関係は、初歩的な経験的調査によって確かめることができた。一九九一年、ソロモンとブキャナンは、二万人の回答をもとにして、大規模な研究成果を報告した（Solomon and Buchanan, 1991)。その調査は、アメリカにおいて「ヤッピー」であると自認する人たち、および／またはそのように思われている人たちの消費布置連関を検討したものである。この研究によって明らかになったことは、社会的な役割というものが、消費布置連関に対して一定の効果を与えているということであり、さらに役割と消費の定義づけが明確であれば、その関係はいっそうはっきりするというものであった。

一九七〇年代後半から一九八〇年代を通じて、消費布置連関への関心は確実に高まっていった。市場では、アイデンティティやスタイルへの関心が高まり、社会的に受け容れられる様々な種類の財やサーヴィスを購買し消費することが推奨されていた。そして、行動科学者たちは一般に、こうしたアイデンティティやスタイルの現象を探究することに関心を示したのであるが、これに対して経済学者たちは、たとえ関心を示したとしても、それが持続することはなかった。

ランカスターの新しい消費理論の妥当性がすでに確認されていたことからすれば、経済学者たちがこうした研究に関心を示さなかったのは残念なことであった。とはいえ、布置連関の様々な効果に関する研究は、単一の生産物の需要に関する従来の研究に比してそれほど難しいものではなかった。なぜならば、経済理論はこれまで「補完財」の存在を認識し、それについて説明を与えており、補完性を容易に理解することができたはずであるからだ。ある特定の欲求を満たすために多くの財が同時に消費されている場合、消費の組み合わせは、経済分析の中で典型的に用いられる二財モデルをこえて、多数の財にわたることは明らかである。従来の経済学者たちは、ブランドに関わる市場行動や消費者選択についての探究を避けてきたけれども、消費布置連関に関する理論は、様々な財に関する消費選択に焦点を当てており、従来の経済学者の分析と両立するものであった。

しかし結局これまでのところ、研究対象を補完財にまで拡張することによって、地位志向的消費を主流派の理論の中に取り入れようとする試みはなされていない。というのも、そうした企ては、機能的補完性に関する認識と同様に、象徴的補完性に関する認識を必要としたからであり、さらにまた消費者需要を形成する上での対人効果の役割をよりよく認識するための特別な処置を必要としたからである。こうした理由で、イメージやアイデンティティや地位や名声に色濃く影響されている消費社会における行動に対して、経済学が適応していく機会は失われてしまった。

一九八〇年代までは、社会的・経済的な問題において消費がますます重要になるということについて、あまり真剣に問題とされることはなかった。しかしいまや、消費者の選択パターンは、経済発展の性質と方向に大きな影響を与えている。だから経済学者たちは、いまだに地位に結びついた消費に関する研究に時間と労力を費やすことにためらいを感じているとはいえ、他方で、彼らも地位に結びついた消費行動がもたらすマクロ経済的な結果について大きな関心を示すようになってきたのである。

一九七六年、先進国が引きつづき高水準の経済成長を維持するのは難しいということに関してハーシュが新たな見解を示したとき、同時に彼は、消費者選好形成に関する従来の解釈に対して、また地位表示的消費に対する無視に対して大きな不満を表明した。ハーシュによれば、財やサーヴィスに対する消費者の需要は、二つの要素から構成されている。第一に、「地位と無関係な」財に対する需要、すなわち、社会的な地位表示的価値を与えず、稀少性のリスクなしに、機械化や技術革新における改良を通して、物質経済 (material economy) によって供給される財に対する需要がある。第二に、これと劣らず重要なものであるが、「地位に関係する」財に対する増大する需要がある。それは、個人にとっての財の価値が、他人のもつ所有物との比較に強く依存しており、生産物の稀少性に依存するような財に対する需要である。そのような稀少性をもつ商品は、アンティークや名画や限定版などの絶対的稀少財から、供給を制限されていないが非常に有用であるような生産物まで様々である。後者の場合、社会的に群居したり「密集」したりすることによって、その生産物の認知された稀少性は減少することがある。

> 消費者の需要は、稀少性そのものによって生み出された充足という要因も含めて、物理的要因ではなく社会的要因によって、その絶対的な供給量を制約された特定の財や用具に集中する。そのような社会的制約は、次のような意味において存在している。すなわち、絶対的な基準ないし人口や物理的空間といった次元において、そうした財や用具の物理的利用可能性が増大すると、これまでの量では逆に満足度を減少させてしまい、財はその性質を変化させてしまうということである。これは、一定の「質」をもった生産物や用具の絶対的な供給量を制限することに等しい。この意味においてそれは、……ある種の社会的制約なのである。(Hirsh, 1976: p. 20)

ハーシュによって描かれた「地位に関係する経済」は、物理的にはほとんど生産を制限されていないが、その物理的供給が増加するにつれて、社会的な価値を減少させてしまうような財やサーヴィスに対して当てはまる。そこでハーシュは、そうした財が、成長に対する大きな社会的制約であると認識し、その場合の政策的含意について探究することに関心を示した。彼によれば、これらの財やサーヴィスの多くについて、その社会的価値が減少するならば、人々は自らの社会的な地位と他者に対する威信を補てんしなければならなくなる。すなわち、地位に関係する経済において、多くの消費者たちは地位を消費しているのであり、またそうした地位は生産物の排他性や稀少性に大きく依存している。それゆえ、豊かさが増大し、生産物の稀少性が減少するにつれて、競争は別の方向に向かい、また以前よりも激しくなる。こうして競争過程は、自分で自分を苦しめるようなものとなり、経済成長に対して、まさに現実の社会的制約を課すようになる。

ハーシュは、地位表示財をめぐって競争する人々を非難しようとしたのではなく、アダム・スミスがそうしたように、相対的に高い地位を求めることこそが、人間が追求するにふさわしい多くの目的を実現するための手段であると主張した。この見方は、フランク（Frank, 1985a）によって後に支持された。人々が近所の人々に負けまいと見栄をはる努力を軽蔑するとしても、そのような人々の相対的な地位への関心は私的利益の合理的な追求という経済学者の信念と完全に一致しており、この事実を無視してはならない、とフランクは主張した。

フランクは、地位に関係する財と地位に関係しない財の両方の性質についていっそう詳しく検討したが、その際とくに、消費者の行動が、消費と貯蓄と所得の関係に対してもつ密接な関係について関心をもっていた。これに関してハーシュは、消費者行動には社会的に制御された諸々の要因があり、これらの要因は総需要のかなりの部分に目下大きな影響を与えていると考えた。こうした彼の理解は、低所得層の人々ほど、社会的ステータスを確保する必要性が大きいという経験的な事実と符合していた（Mayer, 1966）。フランクはここから出発して、フリードマンの恒常所得仮説では貯蓄と所得との関係を充分実証的に説明することはできず、これまで過小評価されてきたデューゼンベリーの相対的所得分析の方が優れていると考えるようになった。フランクによれば、何よりも経済学者たちは、消費関数に関する社会学的な理論というものを気に入らなかったので、デューゼンベリーの研究を早計にも無視してしまったのである。

地位表示財によってもたらされる満足は、そうした財がもたらしうる社会的ステータスに依存していると考えられる。こうした研究課題は、地位をめぐるゲームの性質を探究しはじめた人々によって、後に取り上げられた。コングレトン（Congleton, 1989）は、ゲームを二つのタイプに分類した。一つは、マクロ‐地位ゲームというものであり、このゲームにおいては、社会のすべての構成員が、相対的な富や教育や権力をめぐって競争し、社会経済的なステータスを得たり失ったりする。もう一つは、ミクロ‐地位ゲームというものであり、それはもっと局所的な水準で行われ、小さな社会集団内で、功績（merit）の獲得をめぐって行われる。しかし、マクロ‐地位ゲームとミクロ‐地位ゲームは、結局のところ、絶対的というよりもむしろ相対的な遂行能力が個々の効用水準を決定するという共通の要素をもっている。その場合、「遂行能力」は利益ゲームの地位を与える規則によって測られる。

フランクと同様、コングレトンは、地位表示財と非地位表示財を区別しないという解釈に基づいて、地位志向的行動に関するヒックス流の二財モデルを提示している。フランクは、地位ゲームにおける他人の厚生にだけ影響を与えている地位志向的行動はいかなるものであれ、本質的には再分配をめぐるものであって、実質的な社会的利益をもたらすものではないと主張していた。これに対して、コングレトンは、とくにミクロ‐地位ゲームにおいては、第三者は、ゲームへの非参加者として、ゲームの参加者たちによって生み出される「波及効果的な」利益やコストによって、実際に利益を得たり被害を被ったりしがちであると主張した。

コングレトンは、すべてではないにせよ、いくつかのミクロ的な地位志向的行動が社会に広範な利益を生みだす可能性は、参加していない人々によって認識されていたし、歓迎されていたのであり、このことがミクロ‐地位ゲームの「良好な進化」を押し進めたと主張した。また彼は、「このゲームに参加していない多数派は、別の地位ゲームの利得を変えることによって、正の外部性をもたらす地位ゲームを促し、負の外部性を生み出すゲームを妨げることが容易にできる」と主張した。その上、ゲームの参加者たちには、他の条件が等しければ、地位を生み出すと同時に、利他的な目的に適う地位志向的行動を選好する傾向があるとされた。かくして、ミクロ - 地位ゲームは、慈善事業をはじめとする博愛的な活動への寄付を促進することをつうじて、地位をめぐる競争によって副次的にもたらされる利益を慈善活動のために用いるようにしたり、不毛な顕示的誇示から支出と消費を遠ざけたりすることになる。

したがって、ミクロ - 地位ゲームは、福利に対して潜在的な効力をもつものとみなしうるが、マクロ - 地位ゲームにはすべての構成員が含まれており、第三者が存在しないから、この地位ゲームはそのような効力をもつものとはみなされない。その意味において、地位をめぐる競争はしばしば固定された地位を再分配するだけであるというフランクの見解は有効であるように思われる。とはいえ、マクロ - 地位ゲームでは、なるほど地位志向的な性質と方向を形作るための機会はミクロ - 地位ゲームほど大きくはないが、しかし富を消耗する活動よりも富を創造する活動を促進させることは、社会的になお可能である。そこでコングレトンは、地位志向的な消費にいっそう専念することはむしろよいことであると考え、少なくとも、「すべてではないにしても、多くの地位志向的なゲームは、個々の地位の追求だけの分析に基づいて考える場合よりも、無駄ではない」と主張した。

地位表示財の需要に関する政策的含意について言えば、この問題について調査したり執筆したりしてきた人々のあいだには、共通の基盤というものがほとんど存在していなかった。ハーシュは、地位消費がもたらす効果に対して悲観的な見解をもっており、地位をめぐる消費者行動を抑制するように政策を変化させることが緊急に必要であると主張した。

地位をめぐる過当な競争は、重要な外部費用を含んでいるとみなされてきた。もしこうした費用が大きなものになってしまったならば、社会に対する損害はあまりにも大きくなりすぎて、そのような損害をもたらす個人の行為上の自由は正当化されえなくなってしまう。またこうした個人の自由は、社会を破壊するものとして、あるいはまた究極的には自己を破壊するものとしてみなされるようになり、個人の行為上の自由を制限しようとする圧力に抗しえなくなるであろう。(Hirsch, 1976: p. 187)

ハーシュは、ある大掛かりな規制が、個人の経済競争に対して正当な範囲内で行使されるべきであり、またそうした規制を行使する際に肝要なことは、社会倫理の変化を巧みに誘導することであると主張した。すなわち、社会的利益は私的利益を制約せざるをえないけれども、しかし諸個人が社会的利益を第一のものとして行動したときには、たとえ彼らの主要な関心が利己的なものであったにせよ、社会的公益は確保されうるとした。ハーシュは、新しい社会倫理というものが、諸個人のばらばらな反応を通しては決して発展しないことは確かなことであり、この問題を無視することはできないと主張した。そして彼は、この問題には容易な解決法は存在しないけれども、社会における「ステータス」というものは一般に思われているほど重要なものではないと個人を説得することによって、地位をめぐる個人間競争を減らす必要があることを強調した。ついで彼は、社会で必要とされているものを認識させるのに役立つように、地位志向的行動を方向づける必要があると主張した。だがこうした方向づけがどのように達成されるのかについては明らかにされていないし、そうした解決法が容易なものではないこともハーシュは認めていた。というのも、私益追求のための消費を抑制する集団的な行為にともなう様々な害悪は、無制約な地位志向的消費そのものと同じくらい破壊的なものでありうるからである。

ハーシュと対照的に、フランクは、地位と結びついた財に対する需要パターンを変化させようとするいかなる企ても不毛であり、消費者が購買しようと思っている財やサーヴィスに関して、その消費行動を大きく変化させることは不可能であろうと考えた。消費者に対して社会的な配慮をするように訴えたり説得したりしたとしても、消費者の選択を実質的に変化させることはできない。それゆえ、一般に公共の利益に反するような営みに対して税を課すことによって、消費者の選択をより効果的に変化させるのが最も望ましい政策であるとした。このような目的を達成するには、他の消費部門に対して著しい外部効果をもたらすような消費部門に、一定の消費税を課せばよい。こうした課税は、様々な地位表示財に所得を費やすことを人々に止めさせ、非地位表示財に多くの所得を費やすように促すであろう。そしてこうした政策の結果、経済全体の資源配分は改善することになるであろう。

フランクによれば、西ヨーロッパ諸国は長年にわたって消費税を徴収してきたけれども、アメリカ合衆国では、そのような税制に対してかなりの批判があった。というのもアメリカ人の多くは、この税制が経済生活に対して不必要なゆがみをもたらすと考えていたからである。だが、フランクは、こうした合衆国でさえ、合衆国型消費パターンを「維持」するために、多くの介入的な規制を行ってきたと主張した。

もし——実際われわれが最近観察している——多くの指令的な規制的介入を呼び起こす原因が消費の外部性にあるのだとすれば、地位志向的消費に向けられる支出に対して課される一律の税は、こうした多くの規制の必要性を弱めるかもしれない。またもし、消費の外部性がその見かけと同じ程度に重要であるならば、サプライサイドの経済学者たちは、所得税と消費税の導入が労働と余暇の選択に対して重要なゆがみをもたらすと主張せざるをえなくなるであろうから、様々な問題に対して完全にお手上げとなるであろう。相対的な地位が重要である場合には、こうした税制は逆に、地位志向の選択に際してすでに存在するゆがみを、和らげることに資するであろう。(Frank, 1985b: p. 115)

ハーシュもフランクもともに、地位を求める消費者の行動は、それが地位表示財への需要を通じて現れる場合には、共同社会の広範な利害に対しても、また経済全般に対しても本来的に有害であると信じていた。しかし他方で、コングレトンのように、少なくともミクロのレベルにおいて、こうした地位志向的消費行動は、広範な正の外部性がある場合、しばしば福利にとって効力をもっていると、また、地位志向者たちには、こうした正の波及効果をもたらす地位ゲームを好むという自然的選好が存在していると主張する人たちも存在した。マクロ・レベルにおいてさえ、地位を求める活動と富を創造する活動とを結合する様々な機会が存在しているのであり、こうした目的を達成するために税に頼ることは自滅的であるとみなされた。

同様に困難なことは、マクロ的な地位を生みだす活動に対して課税や規制をすることである。課税は、次の二つの理由から支持し難い。第一に、それぞれの人々もしくは小集団は、彼らの地位を求めるコストが他の人々の地位を求めるコストに比して減少することによって、利益を得るのであるから、マクロ的な地位を生みだす活動に対して課税するという施策は、不安定になる傾向がある。第二に、ある特定の地位を求める活動に対して、それが好ましくないという理由から課税すべきであるという要求は、受け容れ難いものである。(Congleton, 1989: p. 187)

さらにコングレトンは、ステータスを求める活動をうまく方向づける際に、補助金を利用することがもたらす様々な可能性についても積極的に論じている。たとえば、多くのフィランソロピー活動に向けられる投資や支出には税制上の優遇措置がとられていること、また当然にも慈善活動への貢献は税の控除が可能なものとみなされていることなどが指摘されている。こうした措置によって、補助金の重点的な配分政策は重要な意味をもつようになる。だが、こうしたことを実際に行えば、コングレトンが指摘しているように、補助金は無原則に支出されることになり、

「マクロ - 地位ゲームに実効性があろうとなかろうと、結果はほとんど同じようなものになるであろう」。

地位表示財とそれに付随する消費パターンがもつ政策的含意についての認識は、一九九〇年代にも継承された。アイルランド（Ireland, 1992）は、ハーシュと同様に、消費者たちが共同社会内部での相対的地位に関心をもつようになると、消費支出が過剰なものとなり、受け容れ難いほどの厚生上の損失（welfare loss）を発生させるので、そのような支出は規制される必要があると主張した。地位への熱中は、消費全体を偏頗なものにし、不満足な効用水準を導く。さらに重要なことは、地位への志向が低所得層の人たちにとりわけ大きな損害をもたらすことである。

地位表示財への支出を減らすのに可能な方法は三つある。第一は、地位をもたらす財やサーヴィスに対して適切な課税をすることである。第二は、消費者にとって一定の利益となるような現金ないしその他のものを支給することである。第三は、地位を求める消費の一部を制限ないし排除するために、法律を制定することである。以上のような仕方で顕示的消費をする機会を減らすことができる。そして理論的に考えている場合よりも、実際に行う適切な課税政策と補助金政策の方がはるかに複雑になるであろうとしても、課税や補助金は、地位を顕示する行為を減らすために有効であるとみなされた。こうした政策の正当性について、アイルランドは次のように述べている。

> 消費者が地位を追求する場合、その消費パターンは、好意的な観察者が適切だと考える程度を超えるであろうし、また、他人に対して負の外部性を生み出してしまうであろう。そうなれば消費者たちは、地位を示す必要性を減らすことによって、お互いに保護しあえるような政策というものを望むかもしれない。一例として、財政的に困難に陥った家族が保護的立法によってさらなる借金をすることができないようにすることが挙げられる。そうした法律はすべての家族に適用されるので、各人の地位を変化させずに、行きすぎた支出を抑制することができるだろう。（Ireland, 1992: p. 14）

こうした議論を踏まえれば、地位志向的行動ならびに地位表示財に対する需要を大いに推奨する様々な政策的勧告というものは、社会的に動機づけられた消費行動に対する著しい見解の違いを表していると言ってよい。そしてこうした勧告は、個人や集団が財やサーヴィスに対する選好を決定する際に、社会的地位や社会的権威が、かなり重要な要素となっているということに関しては合意が成立しているとしても、そうした行動がどのように管理され規制されるべきかについては議論の余地が残されているという点を、たくみに強調している。

一九七〇年代と一九八〇年代になると、消費者による地位や名声への執着に関する研究は、そうした行為が国際的な経済発展におよぼす影響に対する新たな関心を導いた。たとえば、デモンストレーション効果に関するデューゼンベリーの初期の研究（Duesenberry, 1949）は、発展途上国における地位志向的消費がしだいに重要性を増すにつれて、ある程度の学問的な関心を呼び起こした（第七章参照）。ハーシュや他の人たちは先進国の市場経済にだけ関心をもっていたが、いまや彼らの研究は、工業化のあまり進展していない経済においても適用されるようになり、政策的な有効性も確認されることとなった。

そうこうしているうちに、国際的なデモンストレーション効果が、発展途上国における消費と貯蓄に対して重要な影響を与えていることが理解されるようになった。多くの発展途上国においても、その影響がどこでも同じというわけではないが、より高い消費水準が魅力的であるということには変わりがない、とヌルクセ（Nurkse, 1953）は主張した。また彼は、断固として、デモンストレーション効果がヴェブレンのいう顕示的消費の概念とはまったく無関係であると主張した。さらに彼は、豊かな国と貧しい国の選好形成は、相互に独立しているのではなく、むしろ依存しているのであり、貧しい国の消費者は、消費のためのいかなるオリジナルな動機や思考をもたず、豊かな国の人々の行動や消費をただ模倣しているだけなのだと主張した。彼は言う、「われわれは、支出性向が部分的に顕示的消費の欲求に基づいているとするヴェブレンの主張から訣別することができる。国際間においては、不均等な生活水準が支出に対してもたらす効果は、『隣人に負けまい』という考えに依っているのではない。そうした効果はすべて、模倣を導くデモンストレーションに依っているのである」、と（Nurkse, 1953: p. 61)。

ヌルクセによれば、先進国と発展途上国のあいだの宣伝やその他のコミュニケーションがもつ効果は、嗜好それ自体を変化させることではなく、途上国の消費者にそれらの生産物が「モダンな」特徴をもつものであると、(したがってそうした生産物は本来的によりすばらしいものであると）知らせることである。しかし、地位表示財および地位に関する経済についてのハーシュの研究は、各人の所有物がもつ価値は、それが他人の所有物とどのように比較されるかに強く依存しているとした、ヴェブレンの個人間の地位競争に関する見解に近いものであった。こうした分析において、豊かな人と貧しい人のあいだのデモンストレーション効果は地位に関連しており、競争心は、どちらかといえば単純な模倣行為のというよりは、社会的ステータスや名声を獲得しようとする試みの中で発生するとされた。

何人かの研究者たちは、デモンストレーション効果に関するこうしたハーシュ＝ヴェブレン的見解をかなり信頼のおけるものであるとして、時間とともに、見せびらかし行為の結果、需要というものが潜在的に高い地位価値を表示する顕示財へ移行していくと考えた（James, 1983, 1987)。また発展途上国における嗜好の変化は、それらの国の「内部」に源泉があるのではなく、教育や労働や都市生活などをつうじて、西洋的な価値や生活様式に晒されることから生じるのであるとされた（Portes, 1973)。さらにこうした西洋的な価値は、買い手の自己利益と社会的ステータスを強調する、人々にモノを買わせるための宣伝の波及効果によって、対象である利己的な個人のなかに流し込まれることになる。

こうした宣伝活動の目的は、必需財からヴェブレン流の浪費や顕示的消費を特徴づける不必要で非常に目立つ生産物へと、人々の好みの方向を最終的に変化させることにある。しばしば発展途上国において典型的にみられる厳しい所得制約の下でも、好みが変化することの厚生上の帰結は、ヴェブレンがすでに指摘したように、直ちに現れるであろう。すなわち、ステータスを求める欲求は非常に激しいので、貧しい人であっても、「適度な浪費」とみなされる消費量を確保するために、私生活においてかなり我慢をするであろう。

たとえ所得が生存に必要な最低限のときにさえ、顕示的消費への欲求があるということが、先進国および発展途上国において生産されている地位表示財の「模造品」の増加の説明に役立つであろう。議論の余地はあるとしても、おそらくある重要な点で、安価なまがい物の地位表示財を利用できることは、福利にとって一定の有効性をもっていると思われる。というのも、他の人たちには高価な地位表示財と思われているものを、貧しい人たちに非常に低い費用で見せびらかすことを許すので、いかなる地位に対する好みの変化も、実際にはあまり厚生上の損失をもたらさないからである。

一般的に言えば、地位をめぐる経済活動――それは地位表示財に対する顕著な需要によって特色づけられるのであるが――が存在することへの理解は、消費と消費者行動という観点からの、国際的経済発展の過程と動向に関する再評価を促した。こうした再評価は、地位に関係のない国際的なデモンストレーション効果というヌルクセの仮説を中心とする、過去二〇年間の通説に異議を唱えるものであった。そして次第に、世界中の発展途上国においても、消費者の選好形成における重要な要因は、地位であったことの論拠が示され、またそうした国での地位の価値は、西洋文化によって形作られたものであり、世界規模の広告やその他の形態での国際的コミュニケーションを通じて伝えられたことの論拠が示されるようになった。

一九七〇年代後半から一九八〇年代にかけて生じた市場の変化は、消費の性質に関する広範な再検討を促した。とりわけ社会学者たちは、ポスト・モダニズムに対して、また日常生活の中心に消費をおく新たな消費文化に対して、ますます関心を向けるようになった。消費によって担保される生活様式や相対的地位に対するこのような社会学者の強い関心は、ハーシュをして、「地位をめぐる経済」について論じるようにさせると同時に、ステータスと名声を確保するように向かう消費者行動のマクロ経済学的な帰結を、他の人たちとともに探究するようにさせた。しかしマクロ経済学においては、こうした新しい消費のラディカリズムに対して、もっと限定的で慎重な研究方法が採用されていた。

一九八〇年代から一九九〇年代にかけて発展してきた地位志向に関するミクロ経済理論の主流は、かつてカルマン（Kalman, 1968）やポーラック（Pollack, 1977）によってなされていた、価格依存的な選好に関する研究を継承した。しかし、一九八〇年以降に見られる顕著な違いは、価格が効用関数の不可欠な一部になるという過程が、「ヴェブレン効果」――この術語は、主流派経済学者たちによって、何年にもわたって利点がいま少しはっきりしない社会学上の概念として扱われ（そして避けられてきた）――として認識され定義されたということである。同様に「顕示的消費」という用語も、以前よりもはるかに頻繁にミクロ経済学の論文に登場するようになるとともに、一九八〇年代における市場の現実は、一般的に言えば経済学の制度学派的考え方を、とりわけ消費者行動におけるヴェブレン流の解釈を無視しつづけることを不可能にさせた。しかしながら主流派の経済学者たちは、依然として制度学派の人たちを疑わしい目で見ていた。というのも、制度学派の人たちは、一度も標準的なミクロ経済学の理論を用いて消費者行動を分析しようとはしなかったからであり、しかも多くの主流派の経済学者たちは、制度学派の人たちがミクロ経済学を用いることはないだろうし、また用いることもできないであろうと確信していたからである。

一九八〇年代の初頭に次のような研究が現れた。リープハフスキー（Liebhafsky, 1980）は、ヴェブレン効果が絶対価格ではなく相対価格に関係し、またその効果は個々の財の限界効用に関係しているということを証明した。さらに、選好形成における一次的および二次的なヴェブレン効果を計測しようとする試みもなされた（Basmann et al.,

1983, 1985)。バスマンたちは、一般化されたフェヒナー＝サーストーンの直接効用関数を用いて、一一種の商品群に対する支出を調べ、それぞれの商品群における限界代替率を計算した。そこから得られた結果より、一一〇のケースの中で八二のケースにおいて、ヴェブレン効果が統計的に有意であることが示された。さらにこうした効果がもっとも強まるのは、当該の商品が儀礼的な特性と明確に結びついた場合であり、また、目につく消費が非常に高いレベルにある場合であることが示された。同様にまた、限界代替率の弾力性を調べてみると、それはヴェブレン効果の存在をさらに確証するものであり、また、顕示的消費が経済活動において遍在する要素であるという見解に対して、さらに追加的な統計的サポートを与えるということが示された（Phillips and Slottje, 1983)。

バスマンたち（Basmann et al., 1988）は、一九八八年に再びこの主題を取り上げ、かつての研究で用いた一一種の商品群の中から五つの商品群（食料、衣服、住居、耐久財、医薬品）に絞って、それらの副次的な（ヴェブレン流の）効用の効果を予測し検討した。この再度の研究において得られたデータの分析から、ヴェブレンの理論において予想されていたように、所有と消費が顕示的な社会においては、最大の副次的ヴェブレン効果は耐久財の需要と結びついていること、また消費が人々の目からつねに隠されているようなところでは、医薬品のような財が副次的なヴェブレン効果のもっとも少ないことが示された。

アメリカに関するデータに限られていた初期の研究は確かに説得的なものではあったが、それがアメリカ経済におけるヴェブレン効果の存在を示すものであるかどうかについて批判された。またこのデータが他の国々にも普遍的に適用できるという根拠も薄弱であった。しかし一九九一年に、クリーディとスロッティは、アメリカでの研究手法を真似ながら、一般化された直接効用関数を用いて選好の変数となる特殊なパラメーターを特定し、オーストラリアにおける顕示的消費の影響を調べた（Creedy and Slottje, 1991)。

彼らは、一九五九年から一九八九年にかけての三〇年間にわたるオーストラリアでのデータを用いて、食料、その他の非耐久財、自動車、家庭用耐久財、および家賃といった五つの広汎な商品群について検討した。二つの期間——一九五九年から一九七四年と、一九七四年から一九八九年——が別々に考察されたが、どちらにおいても有意なヴェブレン効果が観察された。実際この研究は、ヴェブレン効果というものがアメリカの市場に限られたものではないことを立証するとともに、調査の結果から得られた事柄がより広い関連性と適用性をもつことを立証した。

それゆえ、こうした一九八〇年代の調査は、必要なデータが入手できるならば、従来のミクロ経済学的な分析がヴェブレン効果を特定し計量しうるということを示している。同じころ、他の研究者たち（Bagwell and Bernheim, 1991, 1992）は、ヴェブレン効果を新しい顕示的消費の理論に組み入れようとしていた。この研究はその後ひとつにまとめられ、一九九六年に雑誌『アメリカン・エコノミック・レヴュー』に発表された。

一九九〇年代までに、ヴェブレン効果が奢侈財の市場においてとくに顕著であるという、統計的であるとともに依然として逸話的でもある証言は広く受け容れられるようになった。社会科学においてますます消費者行動に関する研究が盛んになってきていることが、そうした行動の重要性を証拠立てていた。にもかかわらず、こうした市場の新しい現実を経済理論の中にくみいれることは困難であったし、一九九六年において彼らが示した顕示的消費に対する理論的解釈は、そのような困難さを反映していた。

ヴェブレン効果は、「富を示したいという欲望のゆえに、機能的に同等の財に対して、高い価格をすすんで支払おうとする態度」として定義された。ヴェブレン効果がなければ、高価なブランド品は、もはや手ごろなブランド(budget brands)よりも本来的に優れたものとはみなされることがなく、たんに同質財の中で値段の高い商品というものにすぎなくなるだろう。こうした仮定をおくならば、奢侈財の生産者が高い値段で奢侈財を売ることから得る経済的利益は、その商品の限界費用よりもずっと高く計上されるはずである。また彼らのモデルにおいては、ある特定の顕示的商品を売る能力のある潜在的売り手たちは、すべて必要な生産技術を用いることができること、また受容されやすい顕示的財は、同じ品質の物を生産することのできるたくさんの企業によって生産されることが仮定されている。さらに彼らのモデルにおいては、ブランド名は効用に直接的な影響を与えないということと、消費者や仲介業者は、企業によって提示されるすべての価格を観察しうるということが仮定されているとともに、消費者は、そうした価格に基づいて、富や地位のシグナルである支払能力によって、顕示的な購買決定をするということが仮定されている。その上、それぞれの家計は一つの売り手から一定の顕示財を入手するとき、他の条件が等しければ、品質を重視しつつ、もっとも低い価格で顕示財を購買するであろうことも仮定されている。

ヴェブレン効果と顕示的消費に関するこうした理論的取り扱いは、確かに数学的な美しさをもっているが、しかし地位表示財の市場を記述するには説得力をもつものではなかった。第一に、消費者の購買決定において大きな影響力をもつブランド名やデザイナー名の価値を割り引いて考えるということは、現実的ではない。地位表示財の市場においては、社名やデザイナー名やブランド名がもつ評判は、かなり大きな効果を効用に与えることが明白であり、またこうした価値は、地位志向的消費や見せびらかし行為を現実に考察する際には必ず考慮されるべきことである。このことは、たとえ選好されるブランドが、おそらく同じ品質の財とくらべても、さらには地位表示財の「名声（cachet）」を欠く財と比べてさえ、本来的に優れているわけではないとしても、当てはまるのである。

第二に、売り手および潜在的な売り手たちが、技術という点で、また顕示的消費者から見ればステータスを割り与えている財の供給能力という点で、完全競争をしているという仮定は支持されうるものではない。実際には、企業の評判は、それが高い地位を認められたブランド名と結びつくとき、しばしば地位表示財の供給に関して独占市場に近い利益をもたらし、その独占利益は、短期や中期では排除されない。

第三に、このモデルは、消費者の購買決定における流通業と小売り業の評判の重要性を認識していない。家計が唯一の売り手を通して購入するという前提は、「各々の取引を行うのには何ほどかの費用がかかる限りにおいて」

正当なものとしてみなされているが、しかしこの「費用」は、明らかに経済的なものとされており、心理的・社会的なものとはされていない。実際には、近代的で顕示的な見せびらかし行為がもつ価値の一部は、買い手に名声を与えるような高級な小売店で、地位表示財を購入するところを見られるということから引き出されているのである。純粋に経済理論的概念で測られた購買行為の費用は、めったに消費者の勘定には入らない。イメージがすべてなのであり、それは小売りの取引にまで及んでいる。

上述のモデルは、限られた範囲では、ヴェブレン効果を生み出す条件を理論化することに成功している。そこでは、実際の市場の条件とモデルの中で設定された仮定を明確に対比することができるし、またしばしばそのように対比されるようになった。しかしながらこのモデルには、たとえそうした仮定がどれほど非現実的なものであるにしても、そうした仮定においてのみ、市場におけるヴェブレン効果は観察しうるのであり、またそうした仮定は「実際の世界」にはその根拠をまったくもたなくてもよい、ということが含意されている。

> ある特殊な前提の下でヴェブレン効果を生み出すことができるという事実は、それらの効果が実際問題として観察されやすいものであるということを必ずしも意味しない。事実、ヴェブレン効果を生み出すために必要な条件は、にわかには信じがたいという印象を与えるだろう。(Bagwell and Bernheim, 1996: p. 364)

実際、市場に関する前提をもっと増やせば、顕示的消費が理論上に現れる度合も増加することが期待できる。この意味において、このモデルは、地位に向けられた家計の顕示的な消費性向を誇張しているのではなく、むしろ控えめに述べているのである。

この論文の著者たちは、地位消費をとりまき、それに影響を与えている市場の現実に気づいており、「特権的な」小売業者の果たす役割、ブランドの評判、付随するスノッブ的価値の重要性、さらには一群の顕示財の中から財を選択する際における、消費動向と消費布置連関の重要性などについて明確に認識していた。しかしながら彼らは、それ以前の研究者たちと同様に、人間行動の社会学および心理学に強く根づいている消費者行動の例外的な形態を、従来の計量経済分析の観点から簡単に説明することはできなかった。

しかし他方で政策的含意に関して言えば、このモデルは新たな視点を提出するものであった。とりわけ、市場行動における顕示的消費の推進力が、供給ではなく需要によってもたらされるということを、このモデルは発見した。さらにこの発見は、連携してこうした市場の利益を搾取しようとする企業に、超過（過度の）利益がもたらされているという重要な認識を導いた。だが、超過利益は、企業間の戦略的な連携関係から生じているのではなく、需要の特性から生じているのであるから、たとえ高い収益性が存在したとしても、それは企業の陰謀や寡占を意味するものではない。さらに、需要を喚起する市場の特性は、課税政策に対しても重要な意味を帯びている。

> 奢侈的なブランド品の均衡価格は、供給ではなく需要が推進力となっている。すなわち、奢侈品は、消費者が選好した価格で――税率が変化しても変わらない税込み価格で――販売されている。したがって、奢侈財に対する消費税は、商品一単位に対する税が、消費者の選好した価格と限界費用の差を超過しないかぎり、またその税が特価品に対して課税されないかぎり、純利益に課税される歪められていない税と同じようなものを意味する。（Bagwell and Bernheim, 1996: p. 368）

ある特定の生産物に対する税の効果は、それだけを取り出してみると、歪みをもたらすようには見えないかもしれない。しかしどのような奢侈財に対してであれ、その税率を上げることの結果は不確定であることが分かる。なぜなら、顕示的な消費者たちは、消費の一貫した布置連関を形成している多くの財を横断しながら需要を拡張しようとする性向をもっているからである。したがって結局、ある特定の財に課された特定の税を避けるために生じる、にわたって奢侈税を適用することが必要となる。

需要転換を抑止するためには、そのような諸々の布置連関の中にあるほとんどの生産物を包摂するように、広範囲にわたって奢侈税を適用することが必要となる。

一九九〇年代初頭の経済学において、地位志向的消費に関する分析は、ヴェブレン効果と、消費者の効用関数に価格が組み込まれた状況に直接関係がある顕示的消費に、もっぱら集中していた。この分析において仮定されていたことは、個人というものは、地位のための消費によって、地位の獲得を確実にしようと望むということである。すなわち、個人の購買や消費は、現存の社会的優越性を確実にするか、あるいは上昇転化をつうじて社会的立場の向上を確保するかのどちらかを意図しているとされた。つまり、ヴェブレン流の顕示財を消費するための二つの動機――上流階級の人々が他の人々と差をつけようとする場合の「妬ませるような比較」と、消費者が上流階級の人々にあこがれる場合の「金銭上の張り合い」――が、顕示的な経済行動に刺激を与えるものとみなされていたのである。

階層間の移動が、顕示財を過剰に購入し、富を見せびらかすことによって実現され、しかもそうした階層移動を分析することが重要であるとするならば、経済学者たちは、そうした行動を分析し説明するために、生産物の価格について、所得について、さらには富の格差について関心を向けざるをえなかった。しかし一九八〇年以後、地位を上昇させようとする野心も依然として顕著であったが、実際の見せびらかしの消費は、より幅広い基礎をもつようになり、経済学者によって採用されてきた比較的狭義のヴェブレン解釈の範囲を超えて拡がりを示した。

一九五〇年にライベンシュタインは、ヴェブレン効果、そして排他的でありたいと望む個人の欲求によって生み出されたスノッブ効果、さらには消費者がとりわけ関係をもちたいと思う人々やグループと同じことをしたいという願望によって生みだされるバンドワゴン効果という、効用における三つの「非機能的な」外部効果を特定した。

この最後の外部効果、すなわち、順応への欲求は、われわれが見てきたように、経済学の思想にとって新しいものではない。すでに一八世紀においてアダム・スミスは、「慣行化された礼儀作法」と他の人々の意見に関心をもつことは大切なことであると認めていたし、また地位に結びついた商品を所有したり、それを見せびらかしたりすることも正当なこととして認めていた。スミス以後の人々も同様に、集団的規範への順応が必要であることに気づいていたが、しかしこうした事柄が本質的に社会的・心理学的なものであったために、経済理論の中にうまく組込まれることはなかった。ところが一九八〇年までには、従来の階層障壁が緩み、集団形成と帰属の自由が増大するにつれて、ライベンシュタインのいうバンドワゴン効果は消費パターンを決定する上でより重要なものとなった。

順応主義の経済的・社会的な行動への影響は、一九八〇年代のはじめに、何人かの人たちによって研究された(Akerlof, 1980; Jones, 1984)が、研究の関心は、職場関係の性質や、順応主義者の職務的効果におかれていた。しかし一九八〇年代の終わりまでに、消費者としての個人に対して、また順応への欲求がもたらす消費の影響に対して、学問的な関心が再び向けられるようになった。

ハーシュマン(Hirschman, 1985)は、個人の帰属意識がしばしばそれ自体として目的になり、そしてそれが経済的・社会的な生活において高い優先順位を与えられていると述べ、バンドワゴン効果の重要性を認めた。また、順応する必要のために購入されたり消費されたりする財は、「アソシエーション財」と呼ばれた(Basu, 1989)。さらに、経済学のモデルに社会規範に関する概念を組み入れたり、市場以外でなされる地位志向的な営みを、経済学のモデルでうまく解釈する方法を見つけたりするための、様々な試みもなされた(Cole, Mailath and Postlewaite, 1992)。その上、「局所的順応行動」――個人が自分自身の情報に関わりなく、ある共同体や会員制の集団内の重要な人物の行動に従うこと――と呼ばれるものの結果についても調査が行われた(Bikhchandani, Hirshleifer and Welsh, 1992)。こうした重要な人物たちは、しばしば流行の仕掛け人である場合が多いが、そのような仕掛け人の統率力が一人の個人や小さな集団に対してだけ向けられている場合には、ごく少数の流行の仕掛け人たちによって発信された行動の変化に応じて、消費者の行動に大きな変化が生じることがある。こうした「あたかも階段状の滝に流れるような情報の伝達」は、しばしば消費パターンにおける大きな変化の原因となる。また、明白な理由なしに生じうる流行の変化に対する反応があまりにも盲目的であるために、こうした反応は、従来の経済学の用語法では、少なくとも、合理的であるというよりは非合理的であるとみなされていた。

一九八〇年代の状況と雰囲気によって高められ、流行の様々な変化と関連しているこうした順応への欲求は、需要パターンの大規模で急激な変化を生み出すとともに、ある一定の財やサーヴィスの需給の均衡を変化させるのであり、必ずや市場価格に重要な変化をもたらすであろう。それゆえ、バンドワゴン効果によって生み出される地位表示財市場の一部は、比較的不安定であり、大きな短期の変動に陥りやすいとみなされた。しかし、こうした地位表示財をめぐる市場がどれだけ不安定であるかに関しては、意見の相違が存在した。

一九八〇年代における社会学的な研究によって、決まり文句で言えば社会は不安定になってきているとともに、価値や信念や規範も急激な変化にさらされるようになってきていることが示された。経済学の観点からこうした変化の意義が分析された際、社会的・文化的な変化の速度が速くなるにつれて、消費者の選択それ自体も急激で頻繁に起きる変化の影響を受けるようになったと主張された。しかし、この解釈においては、社会的・経済的な事象の基底的な安定性があまりにも低く評価されているという理由で、他の人々はこの解釈に同意しなかった。

実際に、どの程度まで規範を遵守し固執するかは、様々な活動によって大きく異なっている。事実、社会的な習慣と一時的な流行との違いは主としてその程度にある。習慣というものは、人口の大部分によって遵守されているということと、それがとても永続的であるという二つの際立った特徴をもつ。これとは対照的に、人口のごく一部の人たちは、一時的な流行に従っており、彼らの行動規範は非常に移ろいやすいものである。(Bernheim, 1994: p. 862)

順応主義者の行動が比較的安定しているかどうかに関する論争は、広範な共同社会の内部で支配的な社会集団や流行と一体化しようとする欲求が、一九九〇年代においても消費者行動や消費者選択に対して強力な影響を与えているという事実を明るみに出した。その結果、ライベンシュタインがバンドワゴン効果と表現したものは、現在では普通に認められるようになり、消費者需要を形成し方向づけるという点で非常に重要なものとされるようになった。

市場行動におけるこうした変化は一般によく理解されるようになり、経済学に関する論文の中でも議論されることが多くなった。にもかかわらず、順応理論は、地位志向的消費や見せびらかし行為に関する議論と同様な理論的扱いを受けてはいない。すなわち、ほとんどの顕示的消費論は、いまだに順応行動というものを、従来からの用語法にしたがって、価格支配的なヴェブレン効果を生み出す消費として、また順応やメンバーシップよりも差異を強調するために支払う消費として定義している。しかし現在、必要とされているものは、消費者の意思決定に関する統一モデルを用いた、ヴェブレン効果やスノッブ効果やバンドワゴン効果を一括して処理できるような、社会的に動機づけられた購買と消費に関するより包括的な経済分析である。とりわけ（集団間における）「垂直的」ならびに（集団内における）「水平的」な地位志向の相互作用および相互依存は、新たな消費理論の文脈において記述され、説明される必要がある。

第10章　展　望

一九九三年の段階では、「経済学における消費理論は、一九世紀以来、本質的に変化していない。……今日の経済学徒はいまでも、アルフレッド・マーシャルの学徒が理解したやり方で、限界効用の比と価格比を等しくするように要求されている」といった主張が可能であった（Fine and Leopold, 1993: p. 47）。

経済学の需要理論が変わらないのは、所与の経済的制約（すなわち価格と収入の制約）の下での最適かつ合理的な意思決定の集合として消費者の選択を解釈するという、従来からのやり方を踏襲しているからである。消費者はいまでも、互いに独立して意思決定をし、他人の考えや行為と無関係に、個人の効用最大化に励む存在とみなされている。こうした経済行動に関する中心的仮定を前提にすれば、社会的に動機づけられた消費の形態、すなわち純粋な理論経済学の用語においては「非合理的」とみなされるような消費の形態を研究する必要はないだろうし、実際そうした研究はほとんどなされていない。それゆえ、地位志向的消費に関する経済学が、こうした無関心によって長いあいだ損害を被ってきたことは、何ら驚くべきことではない。

地位志向的消費は、理論レベルではほとんど関心を払われることはなかったが、しかし市場がこうした行動を理解し、受容していたことは疑いえない。消費者たちは、たとえ地位に対する消費がつねに「他の人々」を基準にしてなされるものであっても、それが普遍的なものであることを充分に知っていた。同様に、産業団体や政府機関は、地位志向的消費を市場のひとつの現実として認めており、様々な機会を捉えて対策を講じてきた。

今日では、一般に製造業者や小売り業者や広告代理店は、社会的ステータスや名声に対する継続的な需要に見合うように、財やサーヴィスを供給し販売している。こうした活動は、しばしば経済学者たちによって無視されたり些細なものとみなされてきたが、一定の共同社会の内部での取引や海外との交易において、実際には重要な部分を占めていた。たとえば一九八九年の段階で、奢侈財――その大部分は地位のために購入される――を製造するフランスの製造業者たちは、世界市場において四七％のシェアを占めていた。ちなみに競合する他国のシェアは、イタリア（一四％）、ドイツ（一三％）、イギリス（一二％）、アメリカ（九％）であった。また同年、奢侈財の販売額は年間で五二〇億ドル（US）に達しており、一四の市場部門のうち、フランスの製品は八部門において四〇％以上のシェアを占めていた。

フランスの商業的利益にとって地位志向的消費が重要であることが認識されるようになったのは、一九五四年にコルベール協会（ルイ一四世の大蔵大臣にちなんで名づけられ、一九五七年にコルベール委員会と改称された）が、フランスの奢侈財製造業者たちの利益を促進し保護するために設立されたときであった。コルベール委員会は、販売における主要な決定要因が地位志向的な消費者行動にあるとして、「奢侈財の顧客は、ある一定の社会階層（milieu）のメンバーであることを表現するために奢侈財を用いる」ことを認めた。同時に委員会は、地位表示財への需要が、すべての社会階層においてみられるとともに、「それはすべての人のなかにあるエリート主義的な側面に関わっている」という認識を示した。

奢侈財にとって魅力的な市場が適切に運営されることは、フランスの商業的利益に適っていたため、フランス政府に出入りする特権がコルベール委員会に与えられた。実際、一九六一年から一九七六年にかけて、この委員会は様々な政府の会議によばれ、第四回、第五回、第六回、第七回の国民経済計画に実質的な貢献をなし、経済の重要な部門である奢侈財部門に特別な利益をもたらした。こうした委員会と政府との密接な結びつきは今日でも続いている。

このように、地位志向的消費や地位表示財に対する需要の特殊な性質を公的に承認することは、他国においてもみられる。一九九二年、イギリスにおける独占と合併に関する委員会は、高級な香水が小売店へどのように供給されるかを調べるように求められ、次のような見解を示した。

厳選された販売経路をもち、高価な包装と体裁がほどこされたプレミアム価格のつくようなブランド品は、大手の化粧品会社や香水会社によって広告され、強力に宣伝され、販売されている。消費者がこうしたブランド品に魅了されるのは、香水の品質とそのブランド・イメージの両方からである。(Monopolies and Mergers Commission, 1993: p. 10)

消費者の効用は、使用に際して手にとってわかるような生産物の性質から生じるだけではなく、もっと捉えどころのない、生産物の帯びている社会的な価値の認識からも生じているということを、この見解は明確に認識している。さらに重要なことは、この委員会が、イメージや排他性や地位が重要であるような商品に対する購買決定に際して、消費者は他の消費者たちが何を購入しているかを知ることによって著しく影響を受けていると結論づけたことである。

こうした観点からすれば、高級な香水の需要に対する評価には、次のような二つの特殊な影響が関連しているように思える。それらは「スノッブ」効果と「顕示的価格」効果である。スノッブ効果がみられる生産物について言えば、もしそれらの生産物の価格が下がったために超過需要が生じたり、消費者からみて排他性が失われたりしたならば、きわめて多くの消費者が市場から撤退するだろう。それゆえ需要の価格弾力性は、スノッブ効果がない生産物よりも小さいだろう。

顕示的価格効果がみられる生産物に関して言えば、消費者は、その生産物の価格を、少なくとも生産物の品質と同じくらい重要視している。生産物を購入するということは、豊かさやステータスを表示することであり、消費者はそのような顕示的消費から心理的な利益を得る。こうした消費の結果について分析する際には、生産物は、実際の価格（消費者が実際にそれに対して支払う価格）と顕示的な価格（他人がこれぐらいの価格と考えていると消費者には思われる価格）の二つの価格をもつものと考えられる。実際の需要は、この実際の価格と顕示的な価格の両方に依存しているが、消費者というものは、生産物のイメージとその顕示的な価格との関連にかなりのこだわりをみせる。それゆえ、ある一定の価格の範囲内においては、需要曲線は右上がりになるだろう。というのも、（たとえば）一定の範囲内で価格を引き下げると、たいていの場合、需要は増加するよりも減少するであろうからである。(Monopolies and Mergers Commission, 1993: p. 25)

高級な香水に対する需要の性質に関するコルベール委員会の説明は、一九五〇年にライベンシュタインによって提出された、地位志向的な生産物需要に関するより一般的な分析の影響を受けている。実際この説明において、ライベンシュタインの用語が多く使用されており、しかも元になったライベンシュタインの論文が重要な参考文献として明示的に扱われている。後に委員会は、供給業者たちの権威あるネットワークに属していない（そしてそれゆえ通告された再販価格を受け容れることに同意していない）あるイギリスの小売業者たちによる、高級な香水を製造する業者たちは不公平な制限を設けて香水の供給を拒んでいるという主張を退けた。委員会はこの主張を退けるに当たって、フランスのイヴ・サン・ローランに味方し、厳選された販売経路や再販価格の維持は、高級な香水を求める消費者の長期的利益を確保するための本質的な要素だとした、先のEC委員会の判断（一九九一年）を引き合いに出した。しかしもっと重要なことは、コルベール委員会とEC委員会という二つの委員会が、ステータスや名声への顧慮というものが消費者の購買決定を支配しているような市場の存在を、またそうした市場のもつ重要性を、さらにはそうした市場を取りまく特別な状況を明確に認識していたことである。

地位表示財の市場が経済的にみて重要な市場であるということは、いまや世界的規模の現象となっている模造品貿易の隆盛によっておそらく証明されるであろう。というのも、奢侈財の模造品を製造することが利益につながるということは、きわめて多くの消費者が地位表示財を求めていることの何よりの証拠であるからである。模造品は、生産物の手にとってわかるような性質（古典的な功利主義の用語法で測られ、使用する際には生産物のよさによって決められる性質）と、それとはまったく別の生産物の社会的な威信的価値とのあいだに、消費者が設けている区別を際立たせる。地位志向的消費というものを好ましく思わない人々は、奢侈的な財やサーヴィスの需要というものを、最高水準のデザインと機能をもった生産物に対する需要としてしばしば考えがちである。だが実際には、模造品の消費者たちは、特定のブランド名と結びついた権威にしか価値を認めていないし、購入する財が模造品であり、多くの場合品質の劣るものであることを充分に承知していることが多い。つまり消費者たちは、模造品を購入する際、奢侈的なブランドに帰属している地位にかかわる属性と、品質にかかわる属性を分けて考えているのであり、また「本家本元」の高品質なブランドと同様の地位と権威を表示しながらも低価格で売られている、品質に信頼のおけない模造品を購入することで、地位にまつわる要素のみを購入しようとしているのである。グロスマンとシャピロ（Grossman and Shapiro, 1988）が指摘するように、「地位表示財の模造品は、……その模造品を購入した当事者をたぶらかしているのではなく、その模造品が消費されるのを眼前にし、思惑通り（実のところは誤って）その模造品に魅了されている観察者をたぶらかしているのである」。

このように、模造品の生産物市場が存在しているのは、顕示的な財やサーヴィスの購入や見せびらかしをとおして表現される、地位に対する世界的規模の需要を満たすためである。また顕示的な財やサーヴィスの総効用ならびに総価値は、認知された社会的承認と権威によって測られる。さらに、現在では、世界貿易のなかで模造品の市場は拡大し続けている部門であり、商業活動の観点からみて新たな重要性を獲得するに至っている。一九八〇年代になると、模造品の売り上げ高は、毎年およそ六〇〇億ドルに達し、その取り扱い高は地位表示財の需要の大部分を占めているとみなされている（雑誌『ビジネス・ウィーク』一九八五年より）。一九八〇年代以降、模造品の製造業はいっそう組織化されるようになり、従来から模造品の生産と供給に関わってきた国々においては、模造品の取引が製造活動を代表するものとなってきている。一例をあげれば、「イタリア製」のデザイナー・グッズの模造品は、一九九五年に、イタリアだけでも六京イタリア・リラ（二二兆イギリス・ポンド）の儲けを出したと試算されている。このことは、模造品の製造は、イタリアにおいて深く根づいており、フランスの奢侈品製造業の大部分の犠牲によって、イタリア人に二万人の雇用を生み出すという「二重経済（parallel economy）」をもたらしているとする、コルベール委員会が一九九二年に示した主張を裏づけている。

生産物が模造されることの社会的・経済的な影響が広く認識されるようになり、合法的な商業関係者と政府機関は共同して法的強制力を強化し、非合法な物品の押収を促すような政策を実施しようとしている。こうした動向は、われわれの研究関心からすれば、国際貿易において地位財——それが本物であれ模造品であれ——の購買と消費がますます重要なものになってきているとともに、現代の経済理論や経済思想においても取り上げるべき重要な課題であるという主張を裏づけるものである。

実業界も政府もいまや、経済活動全体のなかで、地位志向的消費が重要な要素であることを日常的に認識するようになった。しかし他方で、税制の領域では、このことはもっと早くから明確に認識されてきた。ジョン・レーは、早くも一八三四年に、価格の上昇は、それがもしステータスを確保し、富を見せびらかすために購買される財に対して課される奢侈税に起因するものであれば、需要に対して負の影響を与えず、そうした課税は誰の不利にもならずに歳入を増やす理想的なものになるであろうと主張した。さらにジョン・スチュアート・ミルは、たとえ課税によって奢侈的な財やサーヴィスに対する需要が減少したとしても、それは人々の支出をいっそう健全で有意義な消費へ向けることになるのだから有効な政策であろうと述べた。また後に、ピグーは『厚生経済学』(Pigou, 1920) の中で、「他の人々がもっていないものを所有する」ために需要される財への課税は、経済的厚生を全体的に増加させるであろうと述べている。しかし彼は、消費税に関するその後の著作のなかでこの議論を発展させることはなかった。

一九世紀末から二〇世紀初頭にかけて、富と所得は不平等に分配されていたが、その時代の奢侈品や「贅沢品」に対する課税をめぐる議論は、度を超した誇示に耽る、経済力の豊かな少数者の過剰な顕示的消費を抑えることに焦点を当てるのが常であった。こうした課税は、道徳的・倫理的な理由から、それが主として擁護できないゆきすぎた消費をする「民衆の中の浪費階級」に重く課されるものであるとして、称讃する人もいた (McGoun, 1919)。しかし他方で、こうした課税は、たとえどんなに道徳的に魅力的なものであるにしても、非常に豊かな少数のエリート消費者にのみ課せられるのであるから、全体的には増収につながらないであろうし、財政的には魅力的なものではないであろう、と主張する人もいた。

しかし一九五〇年以降になり、所得が増加するとともに、富の再分配も一挙に拡大することによって一般の消費者たちも豊かさを享受するようになると、奢侈税の利点と欠点は大きく変化することになった。地位志向的消費に広く関心が集まるようになれば、地位表示財から得られる税収もかなりの額になるであろうといったことが議論されるようになった。さらにまた、課税によって地位表示財への需要が減少するならば税収が減るとしても、地位表示財への課税はあらゆる社会的・経済的階層の多くの消費者によってなされる浪費を減らすであろうから、こうした課税そのものは社会的に有用な目的を果たしていると主張された。

一九七〇年代までには、何人かの政府の税制専門家たちは、地位表示財として認められる奢侈財への課税は消費者たちに何ら負担をかけることなく、非常に望ましい財源になりうると主張した（Miller, 1975）。また、価格は地位表示財の効用にとって重要な要因なのであるから、高い税率は生産者の資産を減らすどころか増加させると主張された。このことは、もっぱらステータス・シンボルのために購入される財に対して当てはまるだけでなく（Ng, 1987）、社会的地位の価値からその効用の一部を引き出すような通常の財にも当てはまるとされた。

一九八五年から一九八九年にかけて、ヨーロッパや東洋やアメリカでは、ゆきすぎた顕示的消費に対して奢侈財への課税がさらに強化された。こうした事態によって、増加する地位表示財への需要に関心がもたれ、また一九八〇年代にヴェブレン効果を分離して計測する方法論が確立されると、適切な消費税をうまく取り立てることにもつながった。

消費税を支持する議論は、そのような政策がすでに充分に確立されたヨーロッパにおいては、もはや論争的なものではなくなっていた。しかし合衆国では、消費税は需要に不必要な歪みをもたらすという考えゆえに、従来から消費税に対する反感があり、消費選択の「管理」を行おうとするよりは所得に課税する方が好ましいとみなされてきた。しかしながら一九八〇年代の末ごろまでに、一部のアメリカの経済学者たちは、地位表示財への需要が非常に強い場合には、その消費が他の人に対して明らかに負の外部効果をもつような生産物に対する、選択的な課税は有益であるという新しい考え方を打ち出した。

所得の代わりに地位表示財に課税することは、貯蓄への大きな動機づけとなる。またこうした課税は、他人の相対的な地位に対する関心から発生する貯蓄不足を解消する手助けになるであろう。さらに、衣服や分譲マンションや自動車といったものは、いまよりも費用がかかるようになり、これに対して保険や医療といったものは、いまよりも費用がかからなくなるだろう。所得税から消費税への変更は、人々が所得を地位表示財に費やすよりも、それ以外の財に費やすような動機づけを生み出す。もしステータスへの関心が人々にとって本当に重要であるならば、課税の変更は、現在の資源配分を改善することになるだろう。(Frank, 1985: p. 249)

消費税を支持するフランクや他の人々は、地位志向的な消費者たちが価格に対して充分敏感であり、地位表示財への支出をやめ、より実用的な（比較的高価でない）財やサーヴィスの購入に支出をまわすだろうと主張した。この見解は、相対的な地位についての関心が、事実上、課税による価格の上昇によって相殺されてしまうと想定している点で論争的なものであった。実際、多くの行動科学者たちは、この見解に異議を唱えた。だが、いずれの分析が正しいかは別として、合衆国においてみられるような過度で過剰な誇示的消費を前提にすれば、そこでの消費税の導入は魅力的な選択肢であろう。もし相対的地位についての関心が増税に抗するほどのものであるならば、税収は実質的に増加するであろうし、逆にもし税の効果が地位財への需要を減少させるならば、税収は地位表示財の需要の減少に比例して減少するだろう。だがしかし、結果として資源の再分配は、社会全体から見れば、正の利益を与えるとみなしうるであろう。それゆえアメリカの立法府議員は、地位志向的消費に関するかぎり、課税の適切な変更によって需要を管理することの利点について充分に納得したのである。

一九九〇年に発令された［財政支出削減を目的とする］包括的財政調整法においては、奢侈財に対する消費税が導入された。この税には、税収全体をただちに増加させる狙いがあったと同時に、中期的には過度の顕示的支出を抑制させるという期待がこめられていた。そこで、店頭価格がある一定の金額を超え、それらを購入することは（主観的に）奢侈的だとみなされるような、自動車や船舶や航空機や宝石や毛皮などの販売に対して、税率一〇％の消費税が課されることになった。この消費税は、二〇〇〇年一月よりも前に販売されたものすべてに適用されるはずであったが、しかし結局、一九九三年一月に廃止されてしまった。

この税制が廃止された理由は、公式には、一九九〇年代初頭における商工業の不況によって、奢侈財製造業者がひどい打撃を受けたということと、一九九三年までに、この消費税は負担が重く不公平だと考えられるようになったということにあった。事実、この税は、もし予言できたとすれば、課税の一貫性が問題視されるような、諸々の望ましくない副作用をもたらしたことであろう。

第一に、奢侈財への課税には大きな歪みがあることが証明された。すなわち、この新たな課税によって消費者たちは、課税を適用されなかった地位表示財へと支出パターンを変化させただけであり、税収は増加せず、また顕示的消費も減少しなかった。要するに、消費者たちは、一九八〇年代にソロモンやその他の人々によって指摘された地位表示財の消費布置連関のなかで、支出を他の財にシフトさせただけなのである。結局、課税された商品の販売は歪んだ影響を受け、その結果として生じた景気停滞は、あらゆるレベルの消費支出を著しく減少させた一九九〇年から一九九二年にかけての不況によって、ますますひどくなった。

課税によってもっとも打撃を受けた奢侈財製造業者は、このような新たな状況に対して、次のような二つの仕方で対応した。すなわち、ある生産者たちは、過度の顕示的消費が長期的に減少することを心配し、デザインと生産を従来よりも主流の（すなわちあまり高価ではない）生産ラインに移行させた。これに対して別の生産者たちは、奢侈財部門における市場シェアを確保するために、消費税の金額をすべてアメリカの消費者に還元するという販売促進キャンペーンをして闘いつづけた。このキャンペーンで、彼らは、税込みの「顕示的価格」が地位の観点からみて高いけれども、消費者にとって購入時の実質価格が以前と変わらないことを保証した。

一九九三年における奢侈税の廃止は、政治的な手段として、奢侈税は永続的に価値あるものではなかったということと、需要と供給のパターンを明らかに歪めたということを意味していた。とはいえアメリカにおいては、奢侈税は決定的な政策的失敗をもたらしたわけではなく、一九九〇年から一九九三年にかけての実験の失敗は、むしろ奢侈税そのものを算出できないという理由から生じたものにすぎない。はじめて奢侈税が導入されたのは、景気循環のうちで最悪の時期、すなわち奢侈財に対する全般的な需要が減少する不景気に経済が突入したときであった。また第二に、この奢侈税は地位志向的消費の布置連関全体に広く適用されなかったので、消費者たちは別の顕示的な地位表示財を選択することによって、社会的ステータスや名声のための消費を放棄しなくとも、この税を免れることができた。もし奢侈税が、景気循環の好転した時期に段階的に導入され、消費布置連関全体にわたって課税され、税を免れることがきわめて困難である場合には、その効果はまったく異なっていたかもしれない。しかし、時期や範囲についての条件がどうであれ、奢侈税はビジネスの動向や戦略的計画を変化させるから、市場では受け容れることのできない歪みをもたらすと主張する人もいるだろう。だからもし今後、地位財に対する奢侈税が政策手段として用いられることになれば、それが顕示的消費や地位表示財の供給にどのような影響を及ぼすかが主要な関心事となるであろう。

これまで論じてきた様々な例から、市場において、消費者は地位をめぐる消費や顕示的消費に夢中になっているということが、いまや充分に認識されたと思う。こうした消費が活発なのは、消費財の製造業者たちが、地位の象徴としての財やサーヴィスをできるだけ広範な人々に消費するよう促しているからである。また政府は、増加する地位財への需要がもたらす社会的・経済的影響に対して、ますます関心をもつようになってきている。しかしこうした認識や活動とは対照的に、経済理論と経済思想の研究においては、地位志向的消費はほとんど無視されたままである。その結果、現代社会の経済活動の重要な部分は、理論的説明を欠くこととなり、地位をめぐる消費や顕示的消費のような活動が帯びている社会的・経済的・政策的な含意はほとんど探究されないでいる。

すでに指摘したように、経済学におけるいわゆる合理的意思決定論は、純粋な経済理論からすれば非合理で邪悪にさえみえる消費者行動についてまったく論及してこなかった。さらに、最近の経済学における強調点や方向性の変化は、状況をむしろ悪化させてしまっている。

地位志向的消費に関する研究を妨げてきた重要な要因は、過去半世紀にわたって生じた経済理論の高度な数学化である。一九四五年以後の変化は大規模なものであった。ドブリュー（Debreu, 1991）は、一九四四年から一九七七年のあいだに、数理経済学の分野における専門的な雑誌は急激な割合で増加し、九年ごとに雑誌の数を倍増させるほど成長してきたと指摘している。この経緯と相即的に、経済学という職業における地位と名誉は、数理経済学者たちに、すなわち計量経済学や数理経済学において卓越性を示すことのできる研究者たちに移っていった。そして、計量経済学会（ＥＳ）のフェローに選ばれることが、アメリカにおいてはとくに重要な意義をもつようになった。一九九〇年には、

米国科学振興協会の経済分野における一五二人の会員のうち、八七人が計量経済学会のフェローであった。また、アメリカの全米科学アカデミーには経済学の分野に四〇人の会員がいたが、そのうち三四人が計量経済学会のフェローであった。一九六九年から一九九〇年にかけて、ノーベル経済学賞は三〇人に与えられたが、そのうち二五人の受賞者が計量経済学会のフェローであった。アメリカ経済学会のジョン・ベイツ・クラーク賞は、一九四七年にポール・サミュエルソンに与えられて以来、二一人の経済学者に与えられてきたが、そのうち二〇人が計量経済学会のフェローであった。（Debreu, 1991: pp. 1–2）

アメリカにおける数理経済学の隆盛は、ヨーロッパや他の地域にもそのまま移植され、共通の合意の下に、多くのすぐれた研究を産出するという学術的環境が生まれた。しかしこうした学術的雰囲気は、経済活動におけるきわめて「行動習性的」な要素を研究したり、また正確な数理計算や計測ができないような要素を研究したりするためには適したものではなかった。数理的に不確実なものに対するこうした偏見は、消費や消費者選好形成に関する社会学や心理学の側から消費理論の分野に関心をもった人々に対して、明らかに不利に働いた。またこうした偏見のゆえに、研究者たちは、消費者行動の数理モデル化――それはしばしば、市場の多様な現実を犠牲にして達成される――を辛抱強く試みざるをえなかった。

数学によって経済学者は、近づきがたい複雑さをもった経済システムをうまく研究できるように、一つの言語と一つの方法を与えられる。しかし数学は、苛酷な支配者である。それはたえず、より弱い前提とより強い結論とより広い一般性を必要としている。経済理論は、数学的形態を取りながら、こうした要求に対して屈するように仕向けられている。(Debreu, 1991: p. 4)

数理経済学と計量経済学が強調されることによって、地位および見せびらかしのための消費の原因と結果に関する研究は、少なくとも経済学の主流から取り残されたことは疑いえない。しかしそれほど数理的でない領域においては、経済学は依然として、――少なくとも経済学者には――しばしば合理的計算を拒むようにみえる消費者需要のパターンをうまく扱えていない。なるほど社会学者や心理学者は、社会的な考察を重視して、様々な消費の形態を探究することに大きな満足を見出してきた。また彼らは、二〇世紀における物質文化とその帰結を理解することに、非常に重大な貢献をなしてきた。だから理想を言えば、もし地位志向的消費の経済的な側面が重要なものであるとするならば、経済学は他の行動科学や社会科学とうまく折り合いをつける途を見出さなければならないだろう。

経済的な動機や活動をいっそう広い文脈で解釈すべきであるという主張は、何も目新しいものではないが、しかしその大部分は無視されてきた。経済学の伝統を考慮すれば、このことは何ら驚くべきことではない。完全に統合された消費者行動の理論——とりわけ、人類学や社会学や心理学や経済学を包含したもの——など、実現できないと主張するのはもっともなことである。そしてまた、分離した部分を合計しても、個々の分野における説明がもつ価値よりも大きな価値をもつような全体を作り上げることはできないと主張することも、もっともなことである。しかし、そのような学際的なアプローチがもっと公式に研究されるべきだと提案することはできる。ところがとりわけ経済学者たちは、不思議なことに、そうした提案に対してさえ抵抗しているのである。

経済学の内部におけるこのような抵抗は、完全に統合された消費理論を探究することに対してだけではなく、経済学と他の分野との共同研究を盛んにすることに対しても向けられている。雑誌『エコノミック・ジャーナル』における経済学と心理学の関係を概観した論文では、共同研究を大きく妨げる力となっているのは、主流派の経済学者と心理学者の方法論的な相違である、と指摘されている（Earl, 1990）。さらに由々しきことは、数理経済学者たちが、別な形態の数学を用いて、消費者行動に関するいっそう大きな洞察力を獲得するための新たな機会と可能性を獲得しようとしていないことである。それどころか彼らには、自分たちの研究の中に心理学を取り込むことが、自分たちの研究を脅かすものとみなす傾向がある。こうした経済学者たちの留保を前提にすれば、今後の共同研究の展望は、かなり制限されているように思われる。

多くの経済学者たちは、学際的な研究という理念そのものから自分たちを遠ざけて、不協和を低減させるために、様々な戦略を行使しているように……みえる。このような戦略は、モデル構築における実証性と簡明性の哲学を重んじて、背後にあるプロセスを理解する必要性を軽視しているのかもしれない。すなわちこうした戦略は、従来の公理と矛盾するようなものは……どんな現象であれ、それを「経済学の範囲外」のものであるとみなそうとしているのかもしれない。(Earl, 1990: p. 751)

経済学と心理学の実り豊かな共同研究を拒んでいる障壁についてのこうした観察は、その内容をただ言い換えるだけで、次のような提言になるだろう。すなわち、経済学者は、社会学者や人類学者や哲学者や職業意識をもった経営学者たち――彼らはすべて、消費ならびに消費者の選好形成に対して、絶えず真剣な関心をよせている――と、もっと積極的に協力すべきだということである。現在、経済学の側でより大きな順応をなすことが、緊要な課題となっている。経済学自体の利益のためにも、また、社会的に動機づけられた地位志向的消費がもっている経済的なファンダメンタルズを正確に理解するためにも、さらに地位志向的消費の原因と結果についていっそう理解を深めつつ、政策的論議に移行していくためにも、経済学者は消費者研究に関する広範で新しいプログラム（agenda）に合意しなければならない。

すでに示したように、このようなプログラムの要求は、目新しいものではないし、経済学者以外の人々に限られたものでもない。経済学という分野においても、消費に関するいっそう広範かつ包括的なアプローチが必要であるということは、しばしば主流派の人たちが「一匹狼」とみなしてきた経済学者たちの小集団によって、二〇世紀をつうじて絶えず叫ばれてきた。しかし彼らの働きかけはほとんど成功しなかった。消費の社会心理学は、「時々、変則的事例を扱うために必要な下位分野として、周辺に位置づけられた」までであった(Earl, 1990)。このことは依然として真実であり、ステータスを与える消費財が世界的規模での実体的な需要を有しているにも関わらず、経済学はこれを「変則的なもの」とみなして、焦点を当てないできた。逆説的ではあるが、経済理論は、そうした活動を比較的些細などうでもよい事柄として周辺に追いやることをつうじて、自らを孤立化させてしまうだろう。しかしもし経済学者たちが、現代の消費者需要をめぐる解釈に対してすぐれた貢献をしようとするならば、彼らは消費に関するいっそう包括的で学際的な研究に対して前向きに対処する必要がある。そうなったときはじめて、地位志向的消費は、今日の複雑な経済システムの重要な構成部分として、適切に位置づけられることになるであろう。

訳者あとがき

本書は、Roger Mason, *The Economics of Conspicuous Consumption——Theory and Thought since 1700* (Edward Elgar, 1998) の全訳である。

本書の著者であるロジャー・メイソンからの私信によれば、彼は、一九四〇年四月三日生まれで、イギリスのマンチェスター大学の経済学部を卒業後、シェフィールド大学の経済学部に講師として勤務した。その後、サルフォード大学に移り、そこで博士号を取得するとともに、現在、同大学の経営学部の消費理論の教授として活躍している。消費理論や経済思想史の分野で数多くの論文を執筆しているが、本書以外の主な著書として、

Conspicuous Consumption: A Study of Exceptional Consumer Behaviour (St. Martin's Press, 1981)

Robert Giffen and The Giffen Paradox (Philip Allan, 1989)

などがある。

一七世紀末のダッドリー・ノース卿から一九九〇年代のミクロ経済学者による顕示的消費行為への理論的対応まで、ほぼ四〇〇年に亘る時代に生きた代表的な経済学者を考察の対象とし、顕示的消費理論の歴史を、少数の特権的な人々の放埒というその起源から、大衆消費社会における消費需要の主要な決定因としての今日の在り方まで扱っている本書は、示唆に富むユニークな経済学史の入門書であるとともに、多くの読者の関心を惹くに足る論点を

含む優れた教養書でもある。

本書において、人間存在に占める消費の役割が語られているとはいえ、無論、『顕示的消費の経済学』という本書のタイトルが示しているように、バタイユの『呪われた部分』において展開されているような、人間存在の消尽（燃焼）性（consumation）が語られているわけではない。本書が考察対象としているのは、商品の購入による消費（consommation）についてである。その意味で、本書は、考察対象という点で、ボードリヤールの『消費社会の神話と構造』と重なりを持つとはいえ、考察視角という点ではそれと著しく異なっている。ボードリヤールの仕事が社会学的あるいは社会哲学的な視角からの消費分析であったとするならば、メイソンの消費分析は、徹頭徹尾、経済理論的もしくは経済理論史的な視角からのものである。端的に言えば、本書において、メイソンは「消費の社会学」ではなく「消費の経済学」を語らんと欲しているのである。

彼は、経済学者たちが、これからも、対人効果（interpersonal effect）や相互依存的選好（interdependent preference）を伴う顕示的な消費行為を、言い換えれば、社会的称讃や社会的承認への願望に根ざす消費行為を、「社会学」あるいは「社会心理学」の対象であるとして、自らの学問領域から排除し続けるならば、経済学は学問的孤立化を招かざるを得ないであろうと警告する。メイソンのこうした警告は納得できるものである。というのも、「我々が富を追求し貧困を避ける」のはもっぱら「人類の感情を顧慮すること」によるとスミスが述べているように、経済的行為は、正統派経済学が想定しているように、必ずしも効用を極大化しようとする独立した主体の合理的判断によって成立しているわけではないからである。

この点について、思想史研究の碩学であるアーサー・O・ラヴジョイは、『人間本性考』の中で、人間のあらゆる行為は不合理で非合理な欲望によって操られており、経済的行為もこうした欲望の支配から免れることは難しいとしている。すなわち、人間のあらゆる行為は、仲間たちから承認されたり称讃されたりすることへの欲望である「承認願望（approvativeness）」や、自分自身を高く評価しようとする欲望である「自己称讃（self-esteem）」、さらには他の人々より抜きんでようとする欲望である「競争心（emulation）」という、人間本性における最も根源的な欲望に操られており（彼はこれらの欲望を総称して「プライド」と呼んでいる）、人々が、顕示的な消費行為をしたり、所有欲を際限なく肥大化させるのも、他人から優越性を認められたいとか、他の人々より抜きんでたいという、こうした根源的な欲望の為であるとしている。

ラヴジョイが指摘しているように、これらの根源的な欲望の故に、人類が、必要性の限度を越えて財を生産してしまったり、自ら充分に所有しているにもかかわらず常にそれ以上の財を欲したりするのであるとすれば、アルバート・O・ハーシュマンが、『情念の政治経済学』の中で、「情念と利益」という視点から、経済活動の非経済的源泉について語っているのも納得できることである。そして、メイソンが本書において問題としているのも、まさに「顕示のための消費」というこうした経済活動の非経済的源泉についてなのである。

彼は、経済学の歴史を振り返り、経済学者たちによる執拗な排除にもかかわらず葬り去られずにきた問題、すなわち「顕示的消費という問題」を理論的に取り扱おうとする際に、経済学の歴史につき纏ってきた抗争に焦点を当てる。その際、彼は、方法的個人主義の下で、数学的明証性を追求するあまり、社会的差別化を意図した消費の経済的影響を理論的に考察することを避け、言い換えれば、経済活動の非経済的源泉についての考察を割愛し、社会科学としてのリアリティーを喪失していった、マーシャル経済学の系譜に対してとりわけ執拗で辛辣な論評を加えている。そしてその出来映えは、類書にない理論的切れ味を示しており、経済理論というものが一層の拡がりをもって展開しうる可能性を我々に告げている。またマスメディアが発達した大衆消費社会における消費の現実をリアルに捉えるためにも、メイソンの指摘は極めて示唆的である。なるほど、対人効果や相互依存的選好への洞察なくして、経済学は的確に現実を捉えることはできないに違いない。

さらに本書は、たとえば、ほとんど知られていないアメリカの経済学者ジョン・レーに対して、ヴェブレンの顕示的消費論の理論的先駆者という、学説史上の位置づけを行ったことにも示されているように、随所で、経済学史研究に新たな奥行きを与えており、大変、新鮮で刺激的である。

翻訳は、序章、第一章、第二章、第三章、第四章を鈴木が、第五章、第六章、第七章を高が、第八章、第九章、第一〇章を橋本が担当し、訳者がそれぞれ担当した部分について責任を持つという前提の下で、最低限の全体的な訳文・訳語の調整を鈴木が行った（なお、原書の明らかな誤植または引用の誤りと思われる箇所については適宜訂正して訳出した）。翻訳に際して、内田成子氏にご教授を受けた。また、横浜市立大学大学院博士課程の板井広明君には、邦訳文献を確認して貰い巻末の「参考文献」を作成して戴いた。記して感謝する次第である。

最後に、本書の出版を快諾して戴くとともに、様々なご配慮を戴いた名古屋大学出版会の橘宗吾氏、そして編集を担当して戴いた三木信吾氏に心からお礼申し上げたい。

二〇〇〇年七月五日

鈴木信雄

《訳者紹介》

鈴木信雄（すずき・のぶお）

現　在　千葉経済大学教授

著訳書　『アダム・スミスの知識＝社会哲学』(名古屋大学出版会, 1992年), ラヴジョイ『観念の歴史』(共訳, 同, 2003年) 他

高　哲男（たか・てつお）

現　在　九州大学教授

著訳書　『ヴェブレン研究』（ミネルヴァ書房，1991年），ヴェブレン『有閑階級の理論』（筑摩書房，1998年）他

橋本　努（はしもと・つとむ）

現　在　北海道大学助教授

著　書　『自由の論法』（創文社，1994年）『社会科学の人間学』（勁草書房，1999年）他

顕示的消費の経済学

2000年10月20日　初版第1刷発行
2003年8月20日　初版第3刷発行

定価はカバーに表示しています

訳　者　鈴木信雄　高　哲男　橋本　努

発行者　岩坂泰信

発行所　財団法人　名古屋大学出版会

〒464-0814　名古屋市千種区不老町1名古屋大学構内
電話(052)781-5027/FAX(052)781-0697

Printed in Japan

印刷・製本 ㈱太洋社

ISBN4-8158-0391-9

乱丁・落丁はお取替えいたします。

人名・書名索引

ア 行

カ 行

サ 行

タ・ナ行

ハ　行

マ　行

ラ・ワ行

事項索引

ア 行

カ 行

サ 行

タ　行

ハ　行

マ 行

ヤ・ラ行

参考文献

Akerlof, G. (1980), 'A Theory of Social Customs, of which Unemployment May be One Consequence', *Quarterly Journal of Economics,* 94 (June), 749-75.

Alcaly, R. E. and A. K. Klevorick. (1970), 'Judging Quality by Price, Snob Appeal and the New Consumer Theory', *Zeitschrift für Nationalekonomie,* 30 (July), 53-64.

Allingham, M. G. and M. Morishima. (1973), 'Veblen Effects and Portfolio Selection' in M. Morishima (ed.), *Theory of Demand: Real and Monetary,* Oxford: Oxford University Press, 242-270.

Appleby, Joyce (1978), *Economic Thought and Ideology in Seventeenth Century England,* Princeton, NJ: Princeton University Press.

Bagwell, L. S. and B. D. Bernheim. (1992), 'Conspicuous Consumption, Pure Profits and the Luxury Tax', Working Paper 4163, National Bureau of Economic Research.

Bagwell, L. S. and B. D. Bernheim. (1991), 'Conspicuous Consumption, Pure Profits and the Luxury Tax: Some Surprising Consequences of Perfect Competition', Working Paper in Economics, The Hoover Institution, Stanford University.

Bagwell, L. S. and B. D. Bernheim. (1996), 'Veblen Effects in a Theory of Conspicuous Consumption', *American Economic Review,* 86 (June), 349-373.

Barbon, Nicholas. (1690), *A Discourse of Trade,* London.『交易論』(『経済学古典選書』第 2 巻) 久保芳和訳，創元社，1948 年。／『交易論・東インド貿易論』(『初期イギリス経済学古典選集』第 2 巻) 久保芳和・田添京二・渡辺源次郎訳，東京大学出版会，1966 年。

Bartels, Robert. (1965), 'Development of Marketing Thought: A Brief History', in G. Schwarz (ed.), *Science in Marketing,* New York: John Wiley & Sons, 47-69.

Basmann, R. L., D. J. Molina and D. J. Slottje. (1983), 'Budget Constraint Prices as Preference Changing Parameters of Generalized Fechner Thurstone Direct Utility Functions', *American Economic Review,* 73 (June), 411-413.

Basmann, R. L., D. J. Molina and D. J. Slottje. (1985), 'Measuring Veblen Primary and Secondary Effects Utilizing the Fechner-Thurstone Direct Utility Function', *mimeo,* Texas A & M University.

Basmann, R. L., D. J. Molina and D. J. Slottje. (1988), 'A Note on Measuring Veblen's Theory of Conspicuous Consumption', *Review of Economics and Statistics,* 70 (August), 531-535.

Basu, K. (1989), 'A Theory of Association: Social Status, Prices and Markets', *Oxford Economic Papers,* 41 (October), 653-671.

Baudrillard, Jean. (1970), *La Société de Consommation,* Paris: Gallimard.『消費社会の神話と構造』今村仁司，塚原史訳，紀伊國屋書店，1979 年。

Becker, Gary S. (1962), 'Irrational Behavior and Economic Theory', *Journal of Political Economy,* 70 (February), 1-13.

Becker, Gary S. (1965), 'A Theory of the Allocation of Time', *Economic Journal,* 75 (September), 493-517.『経済理論――人間行動へのシカゴ・アプローチ』宮沢健一・清水啓典訳，東洋経済新報社，1976 年，所収。

Becker, Gary S. (1974), 'A Theory of Social Interaction', *Journal of Political Economy,*

82 (November/December), 1063-1093.

Belk, Russell W. and R. W. Polloy. (1985), 'Images of Ourselves: The Good Life in Twentieth Century Advertising', *Journal of Consumer Research,* 11 (March), 887-897.

Bentham, Jeremy. (1789), *An Introduction to the Principles of Morals and Legislation,* reprinted (1879), Oxford: Clarendon Press.『道徳および立法の原理序論』堀秀彦ほか訳，河出書房，1955年。／『世界の名著　ベンサム・J.S.ミル』(抄訳) 関嘉彦責任編集，中央公論社，1967年，所収。

Bentham, Jeremy. (1801), *The True Alarm,* book 1, ch. 5, reprinted in W. Stark (ed.) (1954), *Jeremy Bentham's Economic Writings,* vol. 3, London: George Allen & Unwin.

Bernheim, B. D. (1994), 'A Theory of Confomity', *Journal of Political Economy,* 102 (5), 841-877.

Bikhchandani, S., D. Hirshleifer and I. Welsh. (1992), 'A Theory of Fads, Fashion, Custom, and Cultural Change as Informational Cascades', *Journal of Political Economy,* 100 (5), 992-1026.

Bocock, R. (1993), *Consumption,* London: Routledge.

Bourdieu, P. (1984), *Distinction: A Social Critique of the Judgement of Taste,* (R. Nice (trans.)), Cambridge: Harvard University Press.

Bourne, F. S. (1963), 'Different Kinds of Decisions and Reference Group Influcnce', in P. Bliss (ed.), *Marketing and the Behavioral Sciences,* Allyn & Bacon, 247-255.『行動科学とマーケティング』土岐坤訳，ダイヤモンド社，1972年。

Bowley, Marian. (1937), *Nassau Senior and Classical Economics,* reprinted (1967), London: George Allen and Unwin.

Bowman, M. J. (1939), 'Considerations in Developing a General Course in Consumption', *Journal of Marketing,* 4 (July), 20-22.

Butel-Dumont, G. M. (1771), *Théorie du Luxe: ou traité dans lequel on entreprend d'établir que le luxe est un ressort nonseulement utile, mais même indispensablement nécessaire à la prospérité des états,* London & Paris.

Carver, T. N. (1918), 'The Behavioristic Man', *Quarterly Journal of Economics,* 33 (November), 195-201.

Chamberlin, E. H. (1933), *The Theory of Monopolistic Competition,* reprinted (1969), Cambridge Mass.: Harvard University Press.『独占的競争の理論――価値論の新しい方向』青山秀夫訳，至誠堂，1966年。

Cherington, Paul T. (1913), *Advertising as a Business Force,* New York: Doubleday, Page.

Chiang, A. C. (1959), 'The "Demonstration Effect" in a Dual Economy', *American Journal of Economics and Sociology,* 18 (April), 249-258.

Chipman, J. S. (1960), 'The Foundations of Utility', *Econometrica,* 28 (April), 193-224.

Clark, J. M. (1918), 'Economics and Modern Psychology', *Journal of Polilical Economy,* 26 (January), 136-166.

Clark, John Bates. (1898), 'The Future of Economic Theory', *Quarterly Journal of Economics,* 13 (October), 1-14.

Clark, John Bates. (1907), *The Essentials of Economic Theory, As Applied to Modern Problems of Industry and Public Policy,* New York: The Macmillan Co.

Cole, H. L., G. J. Mailath and R. Postlewaite. (1992), 'Social Norms, Savings Behavior and Growth', *Journal of Political Economy,* 100 (6), 1002-1125.

Comité Colbert (1992), *Rapport d'Activités Perspectives 1991-2.*

Condillac, Etienne Bonnot de. (1789), *Le Commerce et le Gouvernement,* Oeuvres IV, Paris.

Congleton, Roger D. (1989), 'Efficient Status Seeking: Externalities and the Evolution of Status Games', *Journal of Economic Behavior and Organization,* 11, 175-190.

Cournot, Augustin. (1838), *Researches into the Mathematical Principles of the Theory of Wealth,* reprinted (1960, N. T. Bacon (trans.)), London: Hafner Publishing Co.『富の理論の數學的原理に關する研究』中山伊知郎譯，同文館，1927 年。岩波書店，1936 年。

Coyer, G. F. (1756), *La Noblesse Commercante,* Paris.

Creedy, John and D. J. Slottje. (1991), 'Conspicuous Consumption in Australia', *Research Paper,* 307 (June), University of Melbourne.

Cummings, John. (1899), 'Review of The Theory of the Leisure Class', *Journal of Political Economy,* 8 (September).

Cunynghame, Henry. (1892), 'Some Improvements in Simple Geometrical Methods of Treating Exchange Value, Monopoly and Rent', *Economic Journal,* 2 (March), 35-52.

Debreu, Gerard. (1991), 'The Mathematization of Economic Theory', *American Economic Review,* 81 (March), 1-7.

Dickinson, Z. Clark. (1919), 'The Relation of Recent Psychological Developments to Economic Theory', *Quarterly Journal of Economics,* 33 (May), 377-421.

Dorfman, Joseph. (1934), *Thorstein Veblen and His America,* New York: The Viking Press.『ヴェブレン：その人と時代』八木甫訳，CBS 出版，1985 年。

Dorfman, Joseph. (1973), *Thorstein Veblen: Essays, Reviews and Reports,* Clifton, NJ: Augustus M. Kelley.

Douglas, M. and B. Isherwood. (1978), *The World of Goods,* reprinted (1980), London: Penguin Books.『儀礼としての消費——財と消費の経済人類学』浅田彰・佐和隆光訳，新曜社，1984 年。

Downey, E. H. (1910), 'The Futility of Marginal Utility', *Journal of Political Economy,* 18 (April), 253-268.

Duesenberry, James. (1949), *Income, Saving and the Theory of Consumer Behavior,* reprinted (1967), Cambridge, Mass.: Harvard University Press.『所得・貯蓄・消費者行為の理論』大熊一郎訳，巌松堂書店，1955 年。

Earl, Peter E. (1990), 'Economics and Psychology: A Survey', *Economic Journal,* 100 (September), 718-755.

Edgeworth, F. Y. (1881), *Mathematical Psychics: An Essay on the Application of Mathematics to the Moral Sciences,* London: Kegan Paul.

Edgeworth, F. Y. (1907), 'Appreciations of Mathematical Theories I', *Economic Journal,* 17 (June), 221-231.

Engel, J. F., D. T. Kollat and R. D. Blackwell. (1968), *Consumer Behavior,* New York: Holt, Rinehart, Winston.

European Communities Commission. (1991), *The EC Commission Decision on Yves Saint Laurent Parfums,* 16 (December), 1991, 92/33/EEC.

Ewen, Stuart. (1990), 'Marketing Dreams: The Political Elements of Style', in A. Tomlinson (ed.), *Consumption Identity & Style,* London: Routledge, 41-56.

Fairchilds, Cissy. (1993), 'The Production and Marketing of Populuxe Goods in Eighteenth-Century Paris', in J. Brewer and R. Porter (eds.) (1993), *Consumption*

and the World of Goods, London: Routledge, 228-248.
Featherstone, M. (1991), *Consumer Culture and Postmodernism,* London: Sage Publications.『消費文化とポストモダニズム』川崎賢一・小川葉子編著訳，池田緑訳，恒星社厚生閣，1999 年。
Festinger, Leon. (1957), *A Theory of Cognitive Dissonance,* Evanston, III.: Row, Peterson & Co.『認知的不協和の理論：社会心理学序説』末永俊郎監訳，誠信書房，1965 年。
Fine, Ben and Ellen Leopold. (1993), *The World of Consumption,* London: Routledge.
Fisher, Irving. (1892), *Mathematical Investigations in the Theory of Value and Prices,* New Haven: Yale University Press.『価値と価格の理論の数学的研究』久武雅夫訳，日本経済評論社，1981 年。
Fisher, Irving. (1898), 'Cournot and Mathematical Economics', *Quarterly Journal of Economics,* 12 (January), 119-138.
Foley, Caroline A. (1893), 'Fashion', *Economic Journal,* 3 (September), 458-474.
Frank, L. K. (1924), 'The Emancipation of Economics', *American Economic Review,* 1 (March), 17-38.
Frank, Robert H. (1985a), *Choosing the Right Pond: Human Behavior and the Quest for Status,* New York: Oxford University Press.
Frank, Robert H. (1985b), 'The Demand for Unobservable and Other Nonpositional Goods', *American Economic Review,* 75 (March), 101-116.
Fraser, W. (1981), *The Coming of the Mass Market, 1850-1914,* London: Hamish Hamilton.『イギリス大衆消費市場の到来：1850-1914 年』徳島達朗・友松憲彦・原田政美訳，梓出版社，1993 年。
Friedman, Milton. (1957), *A Theory of the Consumption Function,* Princeton: Princeton University Press.『消費の経済理論』宮川公男・今井賢一共訳，巌松堂，1961 年。
Gaertner, Wulf. (1973), 'A Dynamic Model of Interdependent Consumer Behaviour', Ph. D. dissertation, University of Bonn.
Galbraith, J. K. (1958), *The Affluent Society,* reprinted (1965), Bombay: Asia Publishing House.『ゆたかな社会』鈴木哲太郎訳，岩波書店，1960 年。／「ゆたかな社会」鈴木哲太郎訳，都留重人監訳『ガルブレイス著作集』第 2 巻所収，TBS ブリタニカ，1980 年。
Giddens, A. (1991), *Modernity and Self-identity: Self and Society in the Late Modern Age,* Cambridge: Polity Press.
Gilboy, E. (1938), 'The Propensity to Consume', *Quarterly Journal of Economics,* 53 (November), 120-140.
Goffman, E. (1959), *The Presentation of Self in Everyday Life,* Garden City: Doubleday Anchor Books.『行為と演技：日常生活における自己呈示』石黒毅訳，誠信書房，1974 年。
Goldsmith, S., G. Jaszi, H. Kaitz and M. Liebenberg. (1954), 'Size Distribution of Incomes since the Mid-thirties', *Review of Economics and Statistics,* 36 (February).
Grossman, G. M. and C. Shapiro. (1988), 'Foreign Counterfeiting of Status Goods', *Quarterly Journal of Economics,* 102 (February), 79-100.
Guillebaud, C. W. (ed.) (1961), *Alfred Marshall's Principles of Economics,* ninth variorum edition, vols. 1 and 2 (text and notes), London: Macmillan.
Hayakawa, H. and Y. Venieris. (1977), 'Consumer Interdependence via Reference Groups', *Journal of Political Economy,* 85 (3), 599-615.
Hendler, R. (1975), 'Lancaster's New Approach to Consumer Demand and Its Limitations', *American Economic Review,* 65 (1), 194-199.
Hicks, J. R. and R. G. D. Allen. (1934), 'A Reconsideration of the Theory of Value',

Economica, I (New Series) (February), 52-76.

Hicks, J. R. (1939), *Value and Capital,* 2nd Edition (1946), Oxford: Clarendon Press.『価値と資本：経済理論の若干の基本原理に関する研究』安井琢磨・熊谷尚夫訳，岩波書店，1995 年

Hirsch, Fred. (1976), *Social Limits to Growth,* Cambridge: Harvard University Press.『成長の社会的限界』都留重人監訳，日本経済新聞社，1980 年。

Hirschman, A. O. (1985), 'Against Parsimony: Three Easy Ways of Complicating Some Categories of Economic Discourse', *Economics and Philosophy,* vol. 1.

Hirschman, Elizabeth and Michael R. Solomon. (1982), 'Competition and Cooperation among Culture Production Systems', in D. Hunt (ed.), *Marketing,* Chicago: American Marketing Association, 269-272.

Hollingworth, H. L. (1913), *Advertising and Selling,* New York: Appleton-Century.

Houthakker, H. S. (1961), 'The Present State of Consumption Theory', *Econometrica,* 29 (October), 704-39.

Howard, J. A. and J. N. Sheth. (1969), *A Theory of Buyer Behavior,* New York: John Wiley & Sons.

Hoyt, Elizabeth E. (1951), 'Want Development in Underdeveloped Areas', *Journal of Political Economy,* 59 (June), 194-202.

Hume, David. (1739), *A Treatise of Human Nature,* reprinted in L. A. Selby-Bigge (ed.) (1888, reprinted 1967), Oxford: Clarendon Press.『人性論』大槻春彦訳，岩波書店，1948-52 年。

Hume, David. (1751), *Enquiries Concerning the Human Understanding and Concerning the Principles of Morals,* vol. 2 (posthumous edition, 1777), reprinted in L. A. Selby-Bigge (ed.) (1894, third revised edition 1975), Oxford: Clarendon Press.『道徳原理の研究』松村文二郎・弘瀬潔訳，春秋社，1949 年。／『道徳原理の研究』渡部峻明訳，哲書房，1993 年。

Hume, David. (1752), *Of Refinement in the Arts,* reprinted in E. Rotwein (ed.) (1955), *David Hume: Writings on Economics,* Edinburgh: Thomas Nelson & Sons, 19-32.『ヒューム 経済論集』(『初期イギリス経済学古典選集』第 8 巻) 田中敏弘訳，東京大学出版会，1967 年，所収。／『市民の国について』(下) 小松茂夫訳，岩波書店，1982 年，所収。

Ireland, Norman J. (1992), 'On Limiting the Market for Status Signals', mimeo, University of Warwick.

James, R. Warren. (1965), *John Rae: Political Economist,* vols. 1 and 2, Toronto: University of Toronto Press.

James, J. (1983), *Consumer Choice in the Third World.* London: Macmillan.

James, J. (1987), 'Positional Goods, Conspicuous Consumption and the International Demonstration Effect Reconsidered', *World Development,* 15 (4), 449-462.

James, S. F. and W. Beckerman. (1953), 'Interdependence of Consumer Preferences in the Theory of Income Redistribution', *Economic Journal,* 63 (March), 70-83. (Comment: H. G. Johnson, p. 83).

Jevons, William Stanley. (1871), *The Theory of Political Economy,* reprinted (fifth edition) (1965), New York: Augustus M. Kelley.『経済学の理論』(『近代経済学古典選集』第 4 巻) 小泉・寺尾・永田訳，日本経済評論社，1981 年。

Johnson, H. G. (1952), 'The Effects of Income Redistribution on Aggregate Consumption with Interdependence of Consumers' Preferences', *Economica,* 19 (May), 131-147.

Jones, Stephen R. G. (1984), *The Economics of Conformism,* Oxford: Blackwell.

Kalman, Peter J. (1968), 'Theory of Consumer Behavior When Prices Enter the Utility Function'. *Econometrica,* 36 (July／October), 497-510.

Katona, George. (1949), 'Analysis of Dissaving', *American Economic Review,* 39 (June), 673-688.

Katona, George. (1951), *Psychological Analysis of Economic Behavior,* reprinted (1963), New York: McGraw Hill.『欲望の心理経済学：その国際比較研究』石川弘義・原田勝弘訳，ダイヤモンド社，1977 年。

Katona, George. (1953), 'Rational Behavior and Economic Behavior', *Psychological Review,* (September), 307-318.

Katona, George. (1960), *The Powerful Consumer,* New York: McGraw-Hill.『消費者行動：その経済心理学的研究』社会行動研究所訳，ダイヤモンド社，1964 年。

Katona, George. (1964), *The Mass Consumption Society,* New York: McGraw-Hill.『大衆消費社会』社会行動研究所訳，ダイヤモンド社，1966 年。

Katz, E. and P. F. Lazarsfeld. (1955), *Personal Influence,* Free Press of Glencoe.

Kaye, F. B. (ed.) (1924), *Mandeville's Fable of the Bees: or, Private Vices, Publick Benefits,* Oxford: Clarendon Press, 1966.

Keasbey, Lindley M. (1903), 'Prestige Value', *Quarterly Journal of Economics,* 17 (May), 456-475.

Keynes, John Maynard. (1930), 'Economic Possibilities for Our Grandchildren', in *The Collected Writings of J. M. Keynes,* vol. IX *Essays in Persuasion,* Royal Economic Society: Macmillan, 321-332.『説得論集』宮崎義一訳，東洋経済新報社，1981 年，所収。

Keynes, John Maynard. (1936), *The General Theory of Employment, Interest and Money,* London: Macmillan.『雇用・利子および貨幣の一般理論』(『ケインズ全集』第 7 巻) 塩野谷祐一訳，東洋経済新報社，1983 年。

Keynes, John Maynard. (1936), *The General Theory of Employment, Interest and Money,* reprinted by The Royal Economic Society (1973), *The Collected Writings of John Maynard Keynes* vol.VII, London: Macmillan.

Knight, Frank H. (1925a), 'Fact and Metaphysics in Economic Psychology', *American Economic Review,* 15 (June), 247-266.

Knight, Frank H. (1925b), 'Economic Psychology and the Value Problem', *Quarterly Journal of Economics,* 39 (May), 372-409.

Krelle, W. (1972), 'Dynamics of the Utility Function', *Zeitschrift für Nationalekonomie,* 32, 59-70.

Kyrk, Hazel. (1939), 'The Development of the Field of Consumption', *Journal of Marketing,* 4 (July), 16-19.

Ladd, G. W. and M. Zober. (1977), 'Model of Consumer Reaction to Product Characteristics', *Journal of Consumer Research,* 4 (September), 89-101.

Laermans, R. (1993), 'Learning to Consume: Early Department Stores and the Shaping of Modern Consumer Culture, 1860-1914', *Theory, Culture and Society,* 10, 79-102.

Lancaster, Kelvin J. (1957), 'Revising Demand Theory', *Economica,* (New Series) 24 (November), 354-360.

Lancaster, Kelvin J. (1966a), 'A New Approach to Consumer Theory', *Journal of Political Economy,* 74 (April), 132-157.

Lancaster, Kelvin J. (1966b), 'Change and Innovation in the Technology of Consumption', *American Economic Review,* 56 (Papers and Proceedings) (May), 14-23.

Lancaster, Kelvin J. (1971), *Consumer Demand,* New York: Columbia University Press.

『消費者需要：新しいアプローチ』桑原秀史訳，千倉書房，1989年。
Laumann, E. O. and J. S. House. (1970), 'Living Room Styles and Social Attributes: The Patterning of Material Artefacts in a Modern Urban Community', *Sociology and Social Research,* 54 (April), 321-42.
Lazer, W. (1964), 'Life Cycle Concepts and Marketing', in S. A. Greyser (ed.), *Toward Scientific Marketing,* Chicago: American Marketing Association, 130-139.
Leavitt, H. J. (1954), 'A Note on Some Experimental Findings about the Meaning of Price', *Journal of Business,* 27 (July), 205-210.
Leibenstein, Harvey. (1950), 'Bandwagon, Snob and Veblen Effects in the Theory of Consumers' Demand', *Quarterly Journal of Economics,* 64 (May), 183-207.
Levy, Sidney. J. (1959), 'Symbols by Which We Buy', in L. H. Stockman (ed.), *Advanced Marketing Efficiency,* Chicago: American Marketing Association, 409-416.
Levy, Sidney J. (1981), 'Interpreting Consumer Mythology: A Structural Approach to Consumer Behavior', *Journal of Marketing,* 45 (Summer), 49-61.
Liebhafsky, H. H. (1980), 'Preferences as a Function of Prices and Money Income', *Varta,* 1, 5-6.
Lipsey, Richard G. and G. Rosenbluth. (1971), 'A Contribution to the New Theory of Demand: A Rehabilitation of the Giffen Good', *Canadian Journal of Economics,* 4, 131-163.
List, Friedrich. (1841), *The National System of Political Economy,* reprinted (1974), New York: Garland Publishing Co.
Locke, John. (1692), *Some Considerations of the Lowering of Interest,* London. 『ロック利子論・貨幣論』(『初期イギリス経済学古典選集』第4巻) 田中正司・竹本洋訳，東京大学出版会，1978年，所収。
Lucas, R. E. B. (1975), 'Hedonic Price Functions', *Economic Inquiry,* 13 (June), 157-78.
Mack, Ruth P. (1952), 'Economics of Consumption', in B. F. Haley (ed.), *A Survey of Contemporary Economics,* vol. II, Homewood. Illinois: Richard D Irwin Inc.
Mair, Douglas. (1990), 'John Rae: Ugly Duckling or Black Swan?', *Scottish Journal of Political Economy,* 37 (3), 275-287.
Malthus, Thomas. (1821), *Letter to David Ricardo, July 16,* reprinted in P. Sraffa (ed.) (1955), *The Works and Correspondence of David Ricardo,* vol. IX, Letters 1821-1823, Royal Economic Society, Cambridge University Press.『書簡集 1821年7月-1823年』(『リカードウ全集』第9巻) 中野正監訳，雄松堂書店，1975年，所収。
Mandeville, Bernard. (1705), *The Grumbling Hive: or, Knaves Turn'd Honest,* London.
Mandeville, Bernard. (1714), *The Fable of the Bees: or, Private Vices, Publick Benefits,* Oxford: Clarendon Press. Further editions appeared after 1714 and a two-volume edition was subsequently published in 1733, reprinted in F. B. Kaye (ed.) (op. cit.). 『蜂の寓話：私悪すなわち公益』泉谷治訳，法政大学出版局，1985-1993年。
Marshall, Alfred. (1890), *Principles of Economics,* London: Macmillan.『経済学原理：序説』永沢越郎訳，岩波ブックセンター信山社，1985年／『経済学原理』馬場啓之助訳，東洋経済新報社，1965-1967年。
Marshall, Alfred. (1890), *Principles of Economics,* London: Macmillan. References to this and to subsequent editions of Principles are in C. W. Guillebaud (ed.) (1961), ninth variorum edition, (op. cit.)
Marshall, Alfred. (1897), 'The Old Generation of Economists and the New', *Quarterly Journal of Economics,* 11 (January), 115-35.『マーシャル經濟學論集』宮島綱男監譯，寶文館，1928年，所収。／『マーシャル経済学選集』杉本栄一編，日本評論社，1940年，

所収。
Marshall, Alfred. (1907), 'The Social Possibilities of Economic Chivalry', paper given to the Royal Economic Society, 9th January, reprinted with additions in the *Economic Journal,* 17 (March), 7-29.『マーシャル經濟學論集』宮島綱男監譯，寶文館，1928 年，所収。／『マーシャル経済学選集』杉本栄一編，日本評論社，1940 年，所収。
Martineau, Pierre. (1958), 'Social Classes and Spending Behavior', *Journal of Marketing,* 23 (October), 121-130.
Marx, Karl. (1867), *Capital: A Critique of Political Economy,* vol. I, book 1 'The Process of Production', third German edition (Friedrich Engels (ed.)), reprinted (1954, S. Moore and E. Aveling (trans.)), London: Lawrence & Wishart.『資本論』向坂逸郎訳，岩波書店，1958 年。／『資本論』(『マルクス＝エンゲルス全集』第 23 巻第 1 分冊) 大内兵衛・細川嘉六監訳，大月書店，1965 年。
Mason, Roger. (1981), *Conspicuous Consumption: a Study of Exceptional Consumer Behaviour,* New York: St Martin's Press.
Mayer, Thomas. (1966), 'The Propensity to Consume Permanent Income', *American Economic Review,* 56 (December), 1158-1177.
McCall, G. J. and J. C. Simmons. (1982), *Social Psychology: A Sociological Approach,* New York: The Free Press.
McClelland, D. C. (1961), *The Achieving Society,* Princeton: Van Nostrand.『達成動機：企業と経済発展におよぼす影響』林保監訳，産業能率短期大学出版部，1971 年。
McCracken, Grant. (1986), 'Culture and Consumption: A Theoretical Account of the Structure and Movement of the Cultural Meaning of Consumer Goods', *Journal of Consumer Research,* 13 (June), 71-84.
McDougall, William. (1909). *An Introduction to Social Psychology,* Oxford: Clarendon Press.『社會心理学概論』宮崎市八訳，アテネ書院，1925 年。
McGoun, A. F. (1919), 'The Taxation of Luxuries and the Rate of Interest', *Quarterly Journal of Economics,* 33 (February), 298-320.
McKendrick, Neil, John Brewer and J. H. Plumb. (1982), *The Birth of a Consumer Society: The Commercialization of Eighteenth-century England,* London: Europe Publications Ltd.
Meade, J. E. (1945), 'Mr. Lerner on the Economics of Control', *Economic Journal,* 55 (April), 51-56.
Menger, Carl. (1871), *Principles of Economics,* reprinted (1950, J. Dingwall and B. F. Hoselitz (trans.)), Glencoe, III: Free Press.『一般理論経済学』八木紀一郎・中村友太郎・中島芳郎訳，みすず書房，1982-1984 年。
Mill, John Stuart. (1848), *Principles of Political Economy,* reprinted in J. F. Robson (ed.) (1965), Toronto: Routledge and Kegan Paul.『經濟學原理』戸田正雄訳，春秋社，1955 年。／『経済学原理』末永茂喜訳，岩波書店，1959-63 年。
Miller, Edward. (1975), 'Status Goods and Luxury Taxes', *American Journal of Economics and Sociology,* 34 (April), 141-154.
Miller, M. B. (1981), *The Bon Marché: Bourgeois Culture and the Department Store, 1860-1914,* Princeton, NJ: Allen and Unwin.
Mirabeau, Marquis de. (1763), *Philosophie Rurale, ou Economie Générale et Politique de l'Agriculture,* Amsterdam.
Mitchell, Wesley C. (1910), 'The Rationality of Economic Activity II', *Journal of Political Economy,* 18, 197-216.
Mitchell, Wesley C. (1914), 'Human Behavior and Economics: A Survey of Recent

Literature', *Quarterly Journal of Economics,* 29 (November), 1-47.
Mixter, C. W. (ed.) (1905), *John Rae: The Sociological Theory of Capital,* New York: Macmillan.
Monopolies and Mergers Commission. (1993), *Fine Fragrances: A report on the supply in the UK for retail sales of fine fragrances,* Cm 2380, London: HMSO.
Moran, Thomas F. (1901), 'The Ethics of Wealth', *American Journal of Sociology,* 6 (May), 823-838.
Morgenstern, Oskar. (1948), 'Demand Theory Reconsidered', *Quarterly Journal of Economics,* 62 (February), 165-201.
Ng, Yew- Kwang. (1987), 'Diamonds are a Government's Best Friend: Burden-free Taxes on Goods Valued for their Values', *American Economic Review,* 77 (March), 186-191.
Nicosia, F. M. (1966), *Consumer Decision Processes: Marketing and Advertising Implications,* Englewood Cliffs, NJ: Prentice-Hall.『消費者の意思決定過程』野中郁次郎・羽路駒次訳，東洋経済新報社，1979 年。
North, Sir Dudley. (1691), *Discourses Upon Trade,* London: Thos. Basset at the George in Fleet Street.『交易論』(『経済学古典選書』第 2 巻) 久保芳和訳，創元社，1948 年。／『交易論・東インド貿易論』(『初期イギリス経済学古典選集』第 2 巻) 久保芳和・田添京二・渡辺源次郎訳，東京大学出版会，1966 年。
Nurkse, R. (1953), *Problems of Capital Formation in Underdeveloped Countries,* Oxford: Basil Blackwell.『後進諸国の資本形成』土屋六郎訳，巌松堂書店，1955 年。／『後進諸国の資本形成』土屋六郎訳，(改訳 5 版)，巌松堂出版，1977 年。
Pareto, Vilfredo. (1906), *Manuale d'Economia Politica,* Milan: Societa Editrice Libraria.『數學的經濟均衡理論』早川三代治譯，丸善，1931 年。
Parsons, Talcott. (1932), 'Economics and Sociology: Marshall in Relation to the Thought of His Time', *Quarterly Journal of Economics,* 46 (February), 316-347.
Patten, Simon N. (1889), *The Consumption of Wealth,* University of Pennsylvania Press.
Patten, Simon N. (1892), *Theory of Dynamic Economics,* University of Pennsylvania Press.『動態経済学原論』井関孝雄訳，文修堂，1924 年。
Patten, Simon N. (1893), 'Cost and Utility', *Annals of the American Academy of Political and Social Science,* III (January), 409-428.
Pekelman, D. and S. Sen. (1975), 'A Lancastrian Approach to Multiattribute Marketing Models', paper presented to the American Marketing Association, Rochester, New York.
Petty, Sir William. (1662), *A Treatise of Taxes and Contributions,* London.『租税貢納論：他 1 篇』大内兵衛・松川七郎訳，岩波書店，1952 年。
Phillips, R. J. and D. J. Slottje. (1983), 'The Importance of Relative Prices in Analyzing Veblen Effects', *Journal of Economic Issues,* 17, 197-206.
Pigou, A. C. (1903), 'Some Remarks on Utility', *Economic Journal,* 13 (March), 58-68.
Pigou, A. C. (1910), 'Producers' and Consumers' Surplus', Economic Journal, 20 (September), 358-370.
Pigou, A. C. (1913), 'The Interdependence of Different Sources of Demand and Supply in a Market', *Economic Journal,* 23 (March), 19-24.
Pigou, A. C. (1920), *The Economics of Welfare,* London: Macmillan.『ピグウ厚生経済学』気賀健三［等］訳，改訳重版，東洋経済新報社，1965 年。
Pigou, A. C. (1925), *Memorials of Alfred Marshall,* London: Macmillan.『マーシャル經濟學論集』宮島綱男監譯，寶文館，1928 年，所収。

Pigou, A. C. (1930), 'The Statistical Derivation of Demand Curves', *Economic Journal,* 40 (September), 384-400.

Pollak, Robert A. (1970), 'Habit Formation and Dynamic Demand Functions', *Journal of Political Economy,* 78 (July/August), 745-763.

Pollak, Robert A. (1976), 'Interdependent Preferences', *American Economic Review,* 66 (June), 309-320.

Pollak, Robert A. (1977), 'Price-Dependent Preferences', *American Economic Review,* 67 (March), 64-75.

Portes, A. (1973), 'Modernity and Development: A Critique', *Studies in Comparative International Development.*

Prais, S. J. and H. S. Houthakker. (1955), *The Analysis of Family Budgets,* Cambridge University Press.

Rae, John. (1834), *Statement of Some New Principles on the Subject of Political Economy, Exposing the Fallacies of the System of Free Trade and of Some Other Doctrines maintained in the 'Wealth of Nations'.* Boston: Hilliard, Gray & Co, reprinted in R. Warren James (1965), John Rae : Political Economist, vols. 1 and 2. Toronto: University of Toronto Press.

Ratchford, B. T. (1975), 'The New Economic Theory of Consumer Behavior: An Interpretative Essay', *Journal of Consumer Research,* 2 (September), 65-75.

Ricardo, David. (1817), *On The Principles of Political Economy and Taxation,* London: John Murray.『経済学および課税の原理』羽鳥卓也・吉沢芳樹訳，岩波書店，1987 年。

Riesman, David. (1950), *The Lonely Crowd,* New Haven: Yale University Press.『孤独な群衆』加藤秀俊訳，みすず書房，1964 年。

Robinson, Joan. (1933), *The Economics of Imperfect Competition,* Second Edition (1976), London: Macmillan.『不完全競爭の經濟學』加藤泰男訳，文雅堂書店，1956 年。

Robinson, Joan. (1943), Review of Norris, R. T. 'The Theory of Consumer's Demand', *Economic Journal,* 53 (April), 115-117.

Robinson, D. E. (1961), 'The Economics of Fashion Demand', *Quarterly Journal of Economics,* 75 (August), 376-398.

Rogers, Everett M. (1962), *Diffusion of Innovations,* reprinted (1983), London: The Free Press.『イノベーション普及学』青池愼一・宇野善康監訳，浜田とも子［ほか］訳，産能大学出版部，1990 年。

Roscher, Wilhelm. (1854), *Principles of Political Economy,* vols. 1 and 2, thirteenth (1877) edition reprinted (1878, J. J. Lalor (trans.)), New York: Henry Holt and Co.『國家經濟學講義要綱：歴史的方法に據る』山田雄三譯，岩波書店，1938 年。

Ross, E. A. (1899), 'The Sociological Frontier of Economics', *Quarterly Journal of Economics,* 13 (July), 386-395.

Samuelson, Paul. (1938), 'A Note on the Pure Theory of Consumer's Behavior', *Economica,* 5 (New Series) (February), 61-71.『消費者行動の理論』(『サミュエルソン経済学体系』第 2 巻) 宇佐美泰生［ほか］訳，勁草書房，1980 年，所収。

Samuelson, Paul. (1947), *Foundations of Economic Analysis,* Cambridge, Mass: Harvard University Press.『経済分析の基礎』(増補版) 佐藤隆三訳，勁草書房，1986 年。

Schama, Simon. (1987), *The Embarrassment of Riches: An Interpretation of Dutch Culture in the Golden Age,* London: Collins.

Schlesinger, A. M. (1951), *The Rise of Modern America 1865-1951,* New York: Macmillan.

Schumpeter, Joseph. (1909), 'On the Concept of Social Value', *Quarterly Journal of*

Economics, 23 (February), 213-232.
Scitovsky, Tibor. (1945), 'Some Consequences of the Habit of Judging Quality by Price', *Review of Economic Studies,* 2 (11/12), 100-105.
Seligman, Edwin R. A. (1901), 'Social Elements in the Theory of Value', *Quarterly Journal of Economics,* 15 (May), 321-47.
Senior, Nassau William. (1836), *Outline of the Science of Political Economy,* fifth edition (1863), London: Charles Griffin and Co.
Small, A. W. (1894), 'Relations of Sociology to Political Economy', *Journal of Political Economy,* 3, 169-184.
Smith, Adam. (1759), Theory of Moral Sentiments, reprinted in D. D. Raphael and A. L. Macfie (eds.) (1976), *Adam Smith: The Theory of Moral Sentiments.* Oxford: Clarendon Press.『道徳情操論』米林富男訳，未来社，1969-1970 年。／『道徳感情論』水田洋訳，筑摩書房，1973 年。
Smith, Adam. (1776), *An Inquiry into the Nature and Causes of the Wealth of Nations,* reprinted in R. H. Campbell and A. S. Skinner (eds.) (1976), *Adam Smith: The Wealth of Nations,* Oxford: Clarendon Press.『国富論』大河内一男監訳，中央公論社，1978 年。／『諸国民の富』大内兵衛・松川七郎訳，岩波書店，1959-1966 年。
Snow, A. J. (1924), 'Psychology in Economic Theory', *Journal of Political Economy,* 32 (August), 487-496.
Solomon, Michael R. and B. Buchanan. (1991), 'A Role-Theoretic Approach to Product Symbolism: Mapping a Consumption Constellation', *Journal of Business Research,* 22, 95-109.
Solomon, Michael R. and H. Assael. (1987), 'The Forest or The Trees?: A Gestalt Approach to Symbolic Consumption', in J. Umiker-Sebeok (ed.), *Marketing and Semiotics: New Directions in the Study of Signs for Sale,* Berlin: Mouton de Gruyter, 189-217.
Sombart, Werner. (1913), *Luxus und Kapitalismus,* Munich & Leipzig: Duncker & Humblot.『奢侈と資本主義』田中九一譯，而立社，1925 年。
Sommers, M. S. (1964), 'Product Symbolism and the Perception of Social Strata', in S. A. Greyser (ed.), *Toward Scientific Marketing,* Chicago: American Marketing Association, 200-216.
Stigler, George. (1950), 'The Development of Utility Theory', *Journal of Political Economy,* 58 (August and October). Reprinted (1965) in *Essays in the History of Economics,* Chicago: University of Chicago Press, 66-155.『効用理論の発展』丸山徹訳，日本経済新聞社，1979 年。
Stigler, George J. (1961), 'The Economics of Information', *Journal of Political Economy,* 3 (June), 213-225.
Stigler, George J. and Gary S. Becker. (1977), 'De Gustibus Non Est Disputandum', *American Economic Review,* 67 (March), 76-90.
Strasser, S. (1989), *Satisfaction Guaranteed: The Making of the American Mass Market,* New York: Pantheon Books.
Stuart, H. W. (1895), 'The Hedonistic Interpretation of Subjective Value', *Journal of Political Economy,* 4, 64-84.
Thirsk, Joan. (1978), *Economic Policy and Projects: The Development of a Consumer Society in Early Modern England,* Oxford: Clarendon Press.『消費社会の誕生：近世イギリスの新企業』三好洋子訳，東京大学出版会，1984 年。
Tipper, H., H. L. Hollingworth. G. B. Hotchkiss and F. A. Parsons. (1915), *Advertising:*

Its Principles and Practices, New York: Ronald Press.

Tosdal, Harry R. (1939), 'Bases for the Study of Consumer Demand', *Journal of Marketing,* 4 (July), 3-15.

Tugwell, R. G. (1922), 'Human Nature in Economic Theory', *Journal of Political Economy,* 30 (June), 317-345.

Veblen, Thorstein. (1892), 'Some Neglected Points in the Theory of Socialism', *Annals of the American Academy of Political and Social Science,* 2 (November), reprinted in Veblen, T. (1919, edited edition 1961), *The Place of Science in Modern Civilization,* New York: Russell and Russell, 387-408.

Veblen, Thorstein. (1894), 'The Economic Theory of Woman's Dress', *Popular Science Monthly,* (November), 198-205.

Veblen, Thorstein. (1898a), 'Why is Economics Not an Evolutionary Science ?', *Quarterly Journal of Economics,* 12 (July), 373-397.

Veblen, Thorstein. (1898b), 'The Beginnings of Ownership', *American Journal of Sociology,* 4 (November), 352-365.

Veblen, Thorstein. (1899a), 'The Preconceptions of Economic Science I', *Quarterly Journal of Economics,* 13 (January), 121-150.

Veblen, Thorstein. (1899b), 'The Preconceptions of Economic Science II', *Quarterly Journal of Economics,* 13 (July), 396-426.

Veblen, Thorstein. (1899c), 'The Barbarian Status of Women', *American Journal of Sociology,* 4 (January), 503-514.

Veblen, Thorstein. (1899d), *The Theory of the Leisure Class,* reprinted (1957), London: George Allen and Unwin.『有閑階級の理論』高哲男訳，筑摩書房，1998 年。

Veblen, Thorstein. (1899e), 'Mr. Cummings's Strictures on 'The Theory of the Leisure Class', *Journal of Political Economy,* 8 (December), reprinted in L. Ardzrooni (ed.) (1934), *Essays in Our Changing Order,* New York: Augustus M. Kelley.

Veblen, Thorstein. (1900), 'The Preconceptions of Economic Science III', *Quarterly Journal of Economics,* 14 (February). 240-269.

Veblen, Thorstein. (1901), 'Gustav Schmoller's Economics', *Quarterly Journal of Economics,* 16 (November), 69-93.

Veblen, Thorstein. (1908), 'Professor Clark's Economics', *Quarterly Journal of Economics,* 22 (February), 147-195.

Veblen, Thorstein. (1909a), 'Fisher's Rate of Interest', *Political Science Quarterly,* 24 (June), reprinted in L. Ardzrooni (ed.) (1934), *Essays in our Changing Order,* New York: Augustus M. Kelley, 137-147.

Veblen, Thorstein. (1909b), 'The Limitations of Marginal Utility', *Journal of Political Economy,* 17 (November), reprinted in W. C. Mitchell (ed.) (1964), *What Veblen Taught,* New York: Augustus M. Kelley, 151-75.

Viner, Jacob. (1925), 'The Utility Concept in Value Theory and Its Critics', *Journal of Political Economy,* 33 (August), 369-387.

Walras, Leon. (1874), *Elements of Pure Economics,* reprinted (1954, W. Jaffe (trans.)), Homewood Ill.: Irwin.『純粋経済学要論：社会的富の理論』久武雅夫訳，岩波書店，1983 年。

Ward, Lester. (1900), 'Book review of The Theory of the Leisure Class', *American Journal of Sociology,* 5 (May), 829-837.

Wells, D. Collin. (1899), 'Book review of The Theory of the Leisure Class', *Yale Review,* (August).

Whewell, William. (1850), *Mathematical Expositions of Some Doctrines of Political Economy, Second Memoir,* Cambridge Philosophical Society Transactions.

Wieser, Friedrich von. (1914), *Social Economics,* reprinted (1927, A. Ford Hinrichs (trans.)), London: George Allen and Unwin.

Williams, R. (1982), *Dream Worlds: Mass Consumption in Late Nineteenth Century France,* London: University of California Press.『夢の消費革命：パリ万博と大衆消費の興隆』吉田典子・田村真理訳，工作舎，1996 年。

Wind, Yoram. (1976), 'Preference of Relevant Others and Individual Choice Models', *Journal of Consumer Research,* 3 (June), 50-57.

Woods, W. A. (1960), 'Psychological Dimensions of Consumer Decisions', *Journal of Marketing,* 24 (January), 15-19.